“十四五”职业教育国家规划教材

现代推销实务

（第6版）

李红梅　主　编

電子工業出版社
Publishing House of Electronics Industry
北京·BEIJING

内容简介

本书系统而精练地阐述了走进推销职场、制订推销计划、寻找客户、接近客户、推销洽谈、处理客户异议、促成交易和推销管理。书中“制订推销计划”和“推销管理”独自成章，符合市场的需要且适应形势的发展。

本书尽量简化理论知识，以“必需、够用”为度，旨在为学生学习和推销人员培训提供一本工作手册。书中有大量实例，还设置了任务引入、讨论、注意、练习与实训、阅读材料、友情推荐等栏目。

本书可作为职业院校市场营销、物流服务与管理、电子商务等专业的教材，也可作为各种层次成人教育、企业培训的教材及推销人员的自学用书。

图书在版编目（CIP）数据

现代推销实务 / 李红梅主编 . —6 版 . —北京：电子工业出版社，2022.4

ISBN 978-7-121-43355-9

Ⅰ . ①现… Ⅱ . ①李… Ⅲ . ①推销－中等专业学校－教材 Ⅳ . ① F713.3

中国版本图书馆 CIP 数据核字（2022）第 073661 号

责任编辑：潘 娅 文字编辑：张 彬
印 刷：三河市华成印务有限公司
装 订：三河市华成印务有限公司
出版发行：电子工业出版社
北京市海淀区万寿路 173 信箱 邮编 100036
开 本：880×1230 1/16 印张：14.5 字数：325 千字
版 次：2006 年 8 月第 1 版
2022 年 4 月第 6 版
印 次：2023 年 9 月第 4 次印刷
定 价：48.00 元

凡所购买电子工业出版社图书有缺损问题，请向购买书店调换。若书店售缺，请与本社发行部联系，联系及邮购电话：（010）88254888，88258888。

质量投诉请发邮件至 zlts@phei.com.cn，盗版侵权举报请发邮件至 dbqq@phei.com.cn。

本书咨询联系方式：chitty@phei.com.cn。

前言

中国共产党第二十次全国代表大会报告强调：培养造就大批德才兼备的高素质人才，是国家和民族长远发展大计。功以才成，业由才广。

随着社会对推销人员需求的不断增加，许多来自不同岗位的人也步入了推销这一领域。他们当中的绝大多数人都有着令人钦佩的勇气和饱满的工作热情，但是，由于种种原因，最后坚持下来的却寥寥无几。据调查，每年应聘推销岗位的人，被录用的人数占应聘人数的60%，而最后坚持下来继续从事推销工作的却只有3%。可见，要做好产品销售业务是多么不易。没有经过正规学习与培训的人是难以胜任推销这一职业的。

本书在完整地阐述推销基本理论知识的同时，设置大量阅读材料、友情推荐等内容，以强化理论与实践的结合、学习知识与开发智力的结合、动脑思考与动手操作的结合，真正体现职业教育的特色。

本书由李红梅担任主编，广西工商职业技术学院市场营销教学团队成员参与编写。

在本书编写过程中，编者参考了大量资料，特向有关单位和个人表示感谢。在编写的过程中，为了实现立体化教材的建设，同时得到了许多企业的大力支持，特别向赛云九洲科技股份有限公司、广西布道天下信息产业有限公司表示感谢！

由于编者水平有限，编写时间仓促，书中难免有疏漏与不妥之处，敬请有关专家和读者批评指正。

为了方便教师教学，本书还配有教学指南、电子教案及习题答案。请有此需要的教师登录华信教育资源网（www.hxedu.com.cn）免费注册后再进行下载 。

编　者

目　录

项目1

走进推销职场

知识要点

◎ 现代推销的含义
◎ 现代推销的主要方式
◎ 现代推销的主要模式
◎ 推销观念
◎ 现代推销的作用
◎ 现代推销的流程
◎ 推销人员的基本素质

能力要点

◎ 掌握产品市场推广的各种方式

任务引入——芈乐走进推销职场

芈乐在大学里主修市场营销专业，毕业实习时进入一家商贸公司，该公司经营范围比较广，涉及化妆品、服装、小家电等。芈乐很幸运，公司的推销冠军欧立经理是他的实习指导老师。欧经理第一次与芈乐见面时就强调，要想从事推销工作，必须先了解它，然后认可它，最后征服它。推销工作要求业务人员具有吃苦、坚持不懈的韧性，"吃得苦中苦，方得人上人"。机遇对每个人来说都是平等的，只要你是有心人，就一定能成为行业的佼佼者。"

接下来，芈乐参加了公司举办的为期2天的新人培训课程。

某营销管理者言：你的销售业绩，决定你的职场价值。既然推销具有如此的魅力，就让我们一起走进推销的世界去探索它的奥秘。

1.1 现代推销的含义

1.1.1 什么是现代推销

一项统计数据表明：营销人员中80%的人从事推销工作，也就是说，广大的营销人员主要从事的是推销工作，营销是核心，推销是主体。那什么是推销呢？

对于推销，相信每个人都很熟悉，因为在人们的生活中，线下的实体店、线上的网站处处都有推销的存在。或许有一天，你也会加入推销大军。

你也许会说，推销嘛，就是卖东西，就是想办法把手里的产品变成钱。道理是对的，但不准确，我们讲的是现代推销。为什么同样的产品有的人能很顺利地推销出去，而有的人费了九牛二虎之力却不能成功？要想顺利地把产品变成钱，必须把客户放在首位，真正理解并用心去体会究竟什么是现代推销。

所谓现代推销，就是指推销人员帮助客户认识和了解产品并激发其需求欲望，从而引导客户购买产品的活动过程。

“推销术”既可以帮助你推销产品、提升业绩，又可以促进你与家人、朋友的沟通交流。让我们一起走进推销的精彩世界吧！

1.1.2 怎样理解现代推销的含义

对推销下定义，并不是把简单的问题复杂化，而是通过对概念的介绍让推销人员树立正确的推销观念，培养其现代推销意识。

吴女士走进一家服装专卖店，专卖店快打烊了，店里的几名店员都显得很忙碌，有的在对账，有的在盘点货物，还有的正在清理店面。吴女士拿起一条裙子看了看，感觉不错，就问：“这条裙子是多大尺码的，我能穿吗？”其中一位店员抬起头来打量了她一眼，说：“适合你这身材的尺码，恐怕没有。”吴女士有点儿尴尬，但因为想买就又追问了一句：“到底有没有？能不能找找看？”那位店员很不耐烦地答道：“不是跟你说了吗？你穿不了。”接着又加了一句：“你快点儿看行吗？我们快要下班了。”吴女士非常生气地放下裙子，气愤地说了句“什么态度”，随后推门而出。

李先生路过上海某商场，看到广告条幅上写着“店庆！部分产品 5～6 折”，他怦然心动，走进了商场。李先生挑了很多东西，还打算再试一套衣服，这时他发现商场就要打烊了，只好把衣服还给店员。店员问道：“这套衣服您不满意吗？”李先生说：“你们快下班了，恐怕来不及试穿。”店员回答道：“您尽管放心地试，我们和收银员都会耐心地等您。”等李先生试完衣服，已经超过商场打烊时间一刻钟了，客户却只有他一位，李先生交钱时，忍不住问：“你们不怕耽误下班吗？”收银员微笑着回答：“不会的，服务好每位客户，既是商场的规定，也是我们应该做到的。”从商场三层往下走，每层楼梯口都有两位促销员在送客。伴随着促销员的一声声“谢谢，欢迎再次光临”，那真诚、愉悦的声音，让李先生的心中十分感动。

面对上述情况，如果你是推销人员，你会怎么做呢？是耐心接待还是催促？

从以上案例中我们可以体会到现代推销与传统推销之间存在的区别。

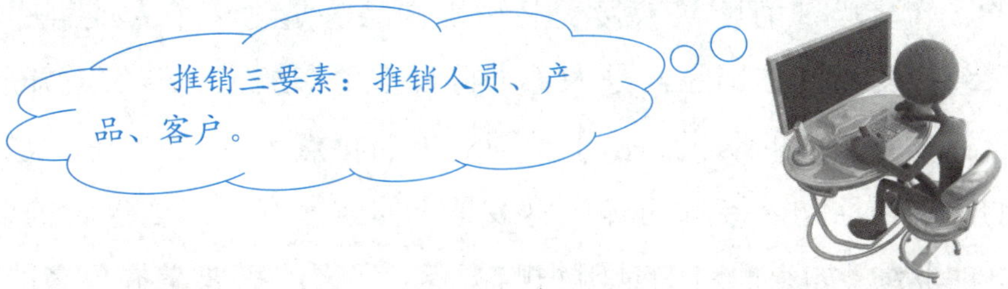

推销人员、产品、客户是推销活动中的三个基本要素，也是推销活动得以实现的必要因素。

1. 推销人员

从狭义上来看，推销人员是指主动向他人推销的推销主体，主要是指专门从事商业性推销的职业人员。企业对推销人员的称呼一般为业务员、业务代表、营业员、推销员等，也有部分企业为了让推销人员的称呼更专业或更接地气，称之为顾问、专员、导师等。

从广义上来看，从现代企业的角度出发，推销人员不但包括直接推销产品的人员，而且包括间接从事推销活动的人员。可以说，企业的每名员工都是推销人员，现代推销讲究全员营销。企业所要推销的不仅仅是产品本身，还包括企业形象、产品形象等。归纳起来，推销人员的主要任务涉及以下几个方面。

（1）推销产品。这是推销人员的核心任务。

（2）提供服务。推销人员不但要将产品推销给客户，而且要通过提供各种售前、售中、售后服务，帮助客户解决各种困难和问题，满足客户多层次、多方面的需求。推销人员通过提供各种服务，赢得客户的信赖，提高企业的声誉，有利于进一步巩固市场，并为开拓新产品打下基础。

（3）传递信息。推销不但要满足客户对产品的需要，而且要满足客户对产品信息的需要，并及时向客户传递关于产品、企业、行业等的真实、有效的信息。互联网时代，社群就是一个非常好的与客户交流信息的平台。

（4）反馈信息。现代推销过程是一个供求信息的双向沟通过程。推销人员是企业联系市场的纽带，是企业获取情报的重要渠道。作为企业的推销人员，应该及时、准确地收集市场信息并反馈给企业营销部门，以便企业能够对市场做出正确的营销决策。

2. 产品

推销的产品包括有形产品和无形产品。有形产品指实体产品，是看得见外观、触摸得到形状的有形物品。无形产品主要指服务产品，如家政服务、婚姻介绍、信息服务、学习培训、法律咨询等。推销的前提是了解所推销的产品。产品知识越丰富，成功说服客户的概率就越大。很难想象一个对计算机一窍不通的人能成为一名计算机推销高手，一个对饲养一无所知的人能将饲料卖得火爆。当然也有人能借助外力达到推销产品的目的，但从长远来看，只有了解更多的产品知识，才能成为一名推销高手。

3. 客户

依据购买者所购推销品的性质及使用目的，可将推销对象（客户）分为个体购买者与组织购买者两个层次。个体购买者购买或接受某种推销品，是为了个人或家庭成员消费使用；而组织购买者购买或接受某种推销品，是为了维持日常生产加工、转售或开展业务需要，通常有赢利或维持正常业务活动的动机。由于推销对象的特点不尽相同，采取的推销对策也有差异。如果从事的是直销活动，接触的客户更多是个体或家庭，那么这时需要有非常好的推销口才才能取得好的业绩；如果面对的是组织购买者，那么就需要掌握更多的商务谈判技巧，才能取得成功。

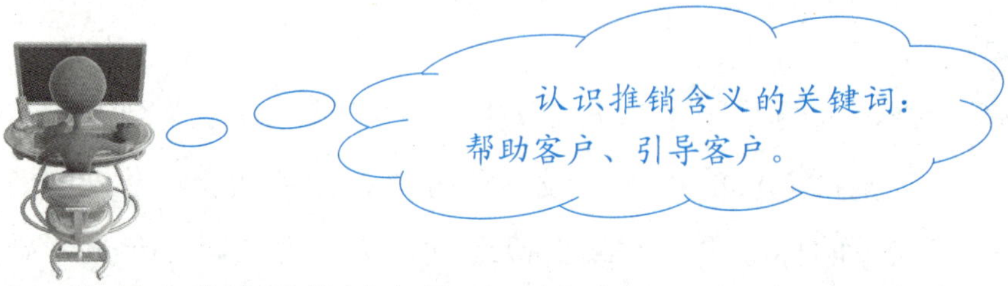

（1）帮助客户。有的企业为了推销产品而不择手段，不但侵犯了客户利益，而且严重损坏了企业形象，短期内也许获得了利益，但从长远来看得不偿失，失去了客户对企业的好感与信任。现代推销要求推销人员站在客户的立场上，帮助客户分析各种方案，指导客户选择最优方案，从而成为客户的朋友和顾问。

现在很多行业都流行“顾问”一词，推销房地产的叫置业顾问、投资顾问，推销保险的叫家庭顾问，推销书籍或培训项目的叫教育顾问。名称的改变不但使客户觉得更亲切，而且真正将客户奉为“上帝”，最大限度地帮助客户。现代推销追求的是企业和客户双赢，推销人员既要为企业获得利润，也要帮助客户做出最佳选择。

（2）引导客户。推销过程是一个既简单又复杂的过程。说它简单是因为程序很简单：准备→推销→总结，是一个简单的三部曲；而说它复杂是因为每步的过程都比较复杂，各种因素都可能影响到推销的最终结果，任何一个环节出错都会导致失败。客户的购买行为可能只在一瞬间发生，但在购买之前却会经历很多心理变化，这就要求推销人员了解客户的消费心理，合理地引导客户，切忌急功近利。俗话说“心急吃不了热豆腐”“欲速则不达”。

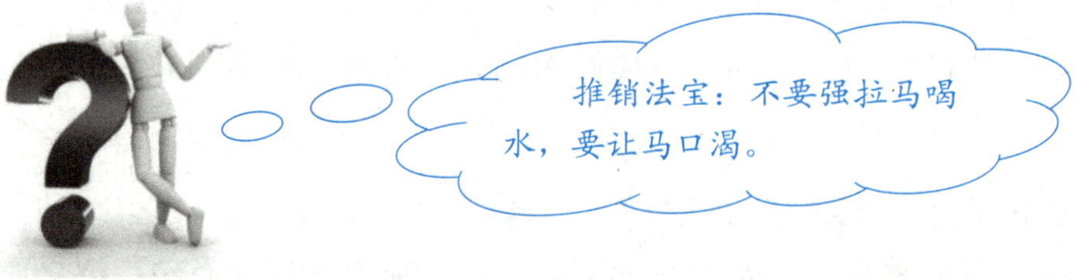

引导的另一层含义是指推销人员在推销过程中要注意客户的情绪反应，很多没有经验的推销人员容易犯的一个错误是从头到尾一个人在表演。他们自以为口才很好，不给客户半点发言的机会，理由是要控制推销过程，要占据主动，结果连客户怎么想的都不知道，失败也就很正常了。

一位成功的推销人士总结了“五步推销法”：一推激情，二推感情，三推产品，四推价格，五推数量。想一想，有道理吗？

1.1.3 市场营销、促销、推销、销售的关系

市场营销学于 20 世纪初期产生于美国，20 世纪 70 年代末 80 年代初开始传入我国。1900 年，美国纽约大学首先开设了“推销学”课程。1958 年，海因兹 · 姆 · 戈德曼编写的《推销技巧》一书出版，标志着现代推销学的产生。

在现实生活中，我们经常可听到“市场营销”“促销”“推销”“销售”这四个词，但不少人把这四个词混为一谈。从理论上分析，这几个词的含义还是有差异的。

1．市场营销

市场营销是指企业依据消费者需求，为生产适销对路的产品、扩大市场所进行的一系列经营活动。在市场营销组合观念中，4P 分别是产品（Product）、价格（Price）、渠道（Place）、促销(Promotion)。促销仅是市场营销策略之一。市场营销关注企业整体营销活动的战略研究，促销仅关注某次营销活动的战术研究。

2．促销

促销是指企业利用各种有效的方法和手段，使消费者了解和注意企业的产品，激发消费者的购买欲望，并促使其实现购买行为的活动。具体来说，促销策略可以分为四种，即人员推销、广告、营业推广和公共关系。

3．推销

推销主要分为人员推销与非人员推销。由此可见，推销并不等于促销，人员推销仅是促销方式的一种，是大多数企业开展促销活动的首选方式。

4．销售

通俗地讲，销售是推销的升级版。在日常生活中，人们经常把“推销”与“销售”两个词互换使用。虽然两者的核心都是“把企业生产和经营的产品或服务出售给消费者”，但推销更注重技巧，而销售更注重推销过程的战术研究。

1.2　现代推销的作用

由现代推销的含义可以总结出现代推销具有以下作用。

1．对社会而言，推销是社会经济发展的一个重要推动力

推销使产品实现流通，通过流通，产品才能实现价值与使用价值的统一，社会再生产才能实现并不断进行；推销是协调市场供给与需求平衡的重要手段，通过推销人员的大量推销活动，企业把产品推销给目标客户，使客户在需要的时间和地点获得产品，同时把市场信息反馈给企业，使企业合理进行生产；推销能引导社会消费，在推销过程中，推销人员向客户介绍有关产品知识，客户接受了产品，也就接受了推销人员的价值观和标准。

2. 对生产企业而言，推销是实现企业生产劳动价值的主要手段

只有通过推销活动，才能使企业的生产与经营活动价值得到货币形式的实现。通俗地讲，只有通过推销活动，企业生产的产品才能实现交换，变成钱。

3. 对推销人员而言，推销意味着机遇和财富

“打工皇后”吴士宏的传奇经历就能说明这一点。

只有初中学历的吴士宏在英语过关后，以码货员的身份进入 IBM（国际商业机器公司），后来学习做 IBM 的推销工作，从此她的人生发生了翻天覆地的变化，从推销人员、推销经理一直到推销渠道总经理，后来被微软重金挖走。

1.3 现代推销的方式

对一个企业而言，要把所生产的产品推销给客户，必须考虑推销方式，可以是实体推销，也可以是电话推销或网络推销、会议推销等。不同类型的企业，不同的产品，不同的销售对象，采用不同的推销方式。

例如，图书要销售出去，必须有一定的售书渠道。虽然图书是一种特殊的产品，但它与普通产品一样都有线上、线下和线上与线下相结合的发行渠道。线上主要指各大电子商务平台销售渠道，如当当、亚马逊、淘宝、京东、抖音直播带货等；线下指各大、中、小型实体书店，如新华书店、西西弗及机场、高铁、各院校外的实体书店等。

我国的汽车销售渠道主要有三种。一是特许经营专卖店营销渠道。这是生产企业极力推行的一种营销模式，因为专卖店一般是实行单一品牌销售的 4S 店，即整车销售、售后服务、配件供应和信息反馈。对于这种 4S 店来说，生产企业除了考虑销量，还希望树立品牌的形象。二是普通经销商营销渠道。普通经销商一般会销售多种品牌的汽车。三是汽车园区营销渠道。汽车园区能较好地吸引汽车消费者群体，因为汽车园区的功能齐全，在汽车销售、维修、配件等方面，更能显示汽车文化、科技、交流、旅游、娱乐等功能，对于客户来说非常方便。

产品从企业到消费者手中经过的所有环节构成推销渠道。中间环节越多，渠道越长；中间环节越少，渠道越短。渠道的长短不同，推销方式也就不一样。是长渠道有利于推销还是短渠道有利于推销，不能一概而论，要视具体情况而定。企业可以采用哪些具体方式来推销自己的产品呢？一般来说，主要有以下几种。

1.3.1 零级渠道推销方式

所谓零级渠道，就是指产品从生产企业直接到达消费者手中，中间不经过任何环节，也

就是通常所说的直销。

直销不需要通过批发商、零售商等中间商。优点是省去了很多中间费用，也不需要对中间商进行管理，产品价格相对低一点，能够吸引消费者。缺点是必须建立一支自己的推销队伍并承担其管理费用，如安利、雅芳等公司就是采用直销的方式推销产品的。直销的具体方式主要有以下几种。

1. 上门直销

生产企业派推销人员直接上门推销产品，这是一种典型的人员推销方式。这种方式针对组织时效果较好，针对家庭或个人时则局限性较大，特别是第一次上门推销，往往会遭到拒绝。因此，上门推销要依靠推销人员的各种社会关系，否则很难接近客户。绝大部分消费品都可以采用上门推销的方式，这是企业运用较广泛的一种方式。上门推销并不是指推销人员随身携带样品，很多时候只需要带上相关资料即可。而对于那些人们经常购买的生活用品，如食用油、大米、小食品等，就不适合且完全没有必要上门推销。即使有时候有些企业会派人上门赠送试用品，但目的是让其试用后到商场购买，这种行为不是直销而是促销活动，企业也不会经常采用。

2. 专卖店直销

专卖店是生产企业为了推销自己的产品而开设的实体店，一般采用连锁方式经营，店面招牌、价格都是统一的。现在有很多企业的专卖店采用的就是连锁店加盟形式，除了人员不是企业的，其他都是一样的，特别是价格，必须保证统一售价。专卖店有利于树立产品形象和企业形象，但费用较高，比如服装、食品等特别适合采用专卖店的方式进行推销。

3. 网络直销

网络直销是指生产企业通过互联网直接接触最终客户，而不通过批发商或零售商的运作方式。开展网络直销有三种主要方式：直销企业建立网站、直接网络派送和电子直邮营销。

4. 会议直销

会议直销是指生产企业利用各种产品订货会、展销会、交易会、洽谈会进行产品推销。

> 在广西南宁举行的“中国－东盟博览会”就是利用会议吸引来自东盟十国及我国各地的商家进行商务洽谈，再结合“南宁国际民歌节”，最终达到“文艺搭台，经贸唱戏”的推销效果。

5. 电话直销

电话直销出现于 20 世纪 80 年代的美国。随着以消费者为主导的市场的形成，以及电话等通信手段的普及，很多企业开始尝试这种市场手法。电话直销不等于随机拨打大量电话，靠碰运气去推销产品，因为这样往往会引起客户的反感，结果适得其反。有猎头专家认为：

电话直销是指通过电话，来有计划、有组织，并且高效率地扩大客户群、提高客户满意度、维护客户等市场行为的手法。

6. 电视直销

电视直销是指由厂家或代理商直接操作，以电视节目形式出现的推销方式，有情节、有故事，并经过精心设计和包装，既含信息，又有广告。优点是欣赏性、娱乐性较强，一般选在收视率较高的频道和时段插播。

7. 直播带货

直播带货是电子商务营销模式，是指通过一些互联网平台，使用直播技术进行产品线上展示、咨询答疑、导购销售的新型服务方式。在具体形式上，可由店铺自己开设直播间，或由职业主播进行。直播带货可以帮助消费者提升消费体验，为许多质量有保证、服务有保障的产品打开销路，但必须符合有关法律法规。2020 年 6 月，中国商业联合会发布通知，要求由该会下属媒体购物专业委员会牵头起草制定《视频直播购物运营和服务基本规范》和《网络购物诚信服务体系评价指南》两项标准，成为行业内的全国性标准。

8. 其他方式

除了以上几种直销方式，企业还可以采用自动售货机直销（如可口可乐、百事可乐、戈德售货机等）、流动直销（如报纸、鲜花等）等方式。

讨论

现在的直播带货，是网络新时代的电视购物吗？

1.3.2 一级渠道推销方式

一级渠道是指产品从生产企业到消费者手中要经过的一道中间环节，即零售商环节。生产企业不直接推销产品，而是利用零售商的推销渠道推销，即生产企业将产品先卖给零售商，零售商加价后出售给客户，我们平常所购买的产品一般都是从零售商处购买的。对于生产企业而言，虽然最终推销给客户的产品价格要高一些，不利于市场竞争，但省去了很多麻烦，既不用自己建立零售网点，又可以利用零售商的品牌、信誉来获得消费者的信任。

零售商的种类很多，大型商场、超级市场（简称超市）、杂货店、专业商店等都属于零售商，对普通老百姓而言，主要在前三种地方购买。因此，作为生产企业的推销人员，如果要推广新产品，那么铺货的主要对象也就是大型商场、超级市场和杂货店这三种。所谓铺货，就是生产企业建立推销网络，寻找零售商并使其推销自己产品的过程。铺货的主要目的是建立零售网络，特别是日用消费品，应尽可能多地与零售商建立关系，使消费者随时随地都能买到自己企业的产品。

选择一级渠道的生产企业并不直接与消费者打交道，而是与零售商进行交易，双方合作的方式主要有两种：经销和代销。经销是指生产企业将产品以出厂价卖给零售商，零售商自己规定零售价再转卖给消费者。由于是零售商自己定价，同一城市、同一产品的零售价就可能完全不一样。有的生产企业为了防止价格混乱，规定零售商必须执行统一零售价，而给零售商的价格是在统一零售价的基础上实行折扣政策。由于数量、支付方式、合作关系不同，折扣价格也不同，对于推销成绩好的零售商，在年终时往往还有各种奖励。

由于市场竞争激烈，大多数生产企业都采用代销的方式铺货，即生产企业先给零售商一批货铺底，等到第二批货到的时候，零售商再将第一批货的货款付给生产企业。同样，第二批货的货款在第三批货到的时候再付，有些销路不好的产品还可以退给生产企业。这样，零售商的所有风险都由生产企业承担。生产企业之所以这么做，是因为现在的市场基本属于买方市场，竞争激烈，很多产品都供过于求。也有少数生产企业的产品知名度高、销路好，零售商愿意现款购货。

1.3.3 二级渠道推销方式

二级渠道推销方式主要有两种。

1．生产企业→批发商→零售商→消费者

有的生产企业认为，若使用一级渠道推销方式，自己铺货要花费太多的人力和时间，特别是在外地，要先熟悉当地的基本情况，招聘大量的推销人员，还要对所有已铺货的零售商进行管理。因此，这些生产企业就在当地选择几家规模较大的批发商进行交易，直接跟批发商打交道，然后由批发商将产品批发给零售商，零售商再卖给消费者。

2．生产企业→代理商→零售商→消费者

与第一种推销方式的唯一区别是第一个环节不同，生产企业不是选择批发商而是选择代理商。批发商与代理商最大的区别是批发商不直接管理零售商，他们与零售商的交易是一手交钱，一手交货。而代理商要直接管理零售商，他们直接代表生产企业，跟生产企业的关系与批发商相比更为紧密，可以说是同生死、共荣辱。因此，代理商非常注重产品形象，在这一点上代理商和生产企业是站在同一条战线上的。此外，代理商并不直接推销产品给消费者，而批发商有时会违背游戏规则进行零售。一般来说，代理商往往代理多家产品，虽然一个生产企业的产品销路不好并不会让代理商活不下去，但会影响利润。所以，选择代理商比选择批发商更适合生产企业。也正因为有此区别，生产企业给代理商的价格自然比给批发商的价格更低，并且相应的激励政策也更多。

1.3.4 三级渠道推销方式

三级渠道是最长的一种渠道，即生产企业→代理商→批发商→零售商→消费者。显而易见，如果采用这种渠道推销产品，中间要经过三个环节，费用最多，导致最后的零售价偏高，那么，哪些企业愿意采用这种方式来推销产品呢？一般来说，在市场竞争非常激烈

的领域，规模较大的企业为了扩大或巩固市场占有率会采用这种渠道。这类产品主要是日用品，消费者可以从多种途径购买，既可以在商场、超级市场购买，也可以在小卖部、批发市场购买，如小食品、洗衣粉等。国内很多城市都建立了不少批发市场，批发商既做批发，也做零售，零售价往往比零售商的价格要便宜，消费者为了节约费用，很多时候会选择到批发市场购买，既有批量购买，也有零星购买。生产企业为了尽可能地拉拢客户，对批发商和零售商都非常重视，但为了保证价格不乱，就会选择这种渠道。

1.3.5 微商推销方式

微商是基于移动互联网的空间，借助社交软件工具，以人为中心、以社交为纽带的新商业。2019 年 1 月 1 日，《中华人民共和国电子商务法》正式实施，微商纳入电子商务经营者范畴，消费者维权有法可依。微商经营的大多是一些快消品。中国电子商会微商专业委员会发布的《2016—2020 年中国微商行业全景调研与发展战略研究报告》显示，美妆、针织、母婴、大健康、农特产品占据微商的主要市场份额。

上述几种推销渠道的推销方式如图 1.1 所示，每种渠道都有自己的优势和不足，不同的企业、市场情况、目的，适合不同的渠道，企业应该根据产品特点并结合自身实际情况合理地选择推销渠道。我们只讨论了渠道的长短，而没有涉及渠道的宽度。所谓渠道的宽度，是指每个环节的数量，即代理商、批发商、零售商的数量有多少。渠道的宽度有一个适度原则，每个环节的数量太多可能会影响各自的利益，打击其积极性；每个环节的数量太少又容易受彼此制约。

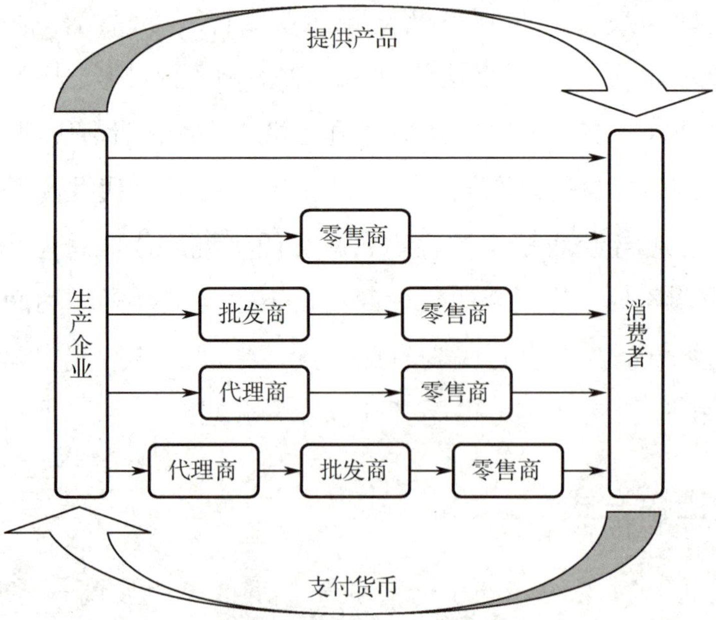

图 1.1　推销渠道的推销方式

1.4　现代推销的流程

作为一名推销人员，尤其是新手，必须了解推销的流程，并认真做好，才能成功地推销产品。现代推销的流程如图 1.2 所示。

图 1.2　现代推销的流程

1.4.1 准备工作

推销切忌打无准备之仗，尤其是新手，必须做好充分准备后才能去拜访客户。那么，在正式推销前应该做哪些准备工作呢？

（1）必须充分了解和熟悉自己的企业和产品，包括竞争对手和市场上同类产品的优点、缺点，明确本公司及产品拥有的优势和存在的不足。

（2）了解消费者的消费现状和趋势，特别是对本公司产品的评价。

（3）拟订推销计划，分析推销要点。

（4）做好各种物质准备，包括样品、宣传资料、价格表、订货单、名片、公文包、小礼品等。物质准备应全面、细致，考虑细节问题。推销中的每个细节都可能成为影响最后结果的关键因素。

（5）做好心理准备，调整好自己的心态，保持乐观和自信，对推销中可能会遇到的各种状况做出充分估计。例如，客户是哪一种类型？客户会提一些什么问题？客户最关心什么？应该怎样应对客户？

只有做好充分的准备工作，才能在推销过程中占据主动，控制进程，最终取得较好的效果。做好准备工作并不能保证达成交易，因为存在很多不可控因素，但如果准备工作做得不充分，则推销成功的可能性就会更小。

1.4.2 制订推销计划

在推销之前要制订一份推销计划，明确自己的推销目标。所谓目标，就是对一项工作完成时所预期的效果的描绘。推销人员出访一定要确立目标。推销计划是实现推销目标的具体实施方案，是企业整体计划的重要组成部分，是指导推销活动的依据，也是推销管理的重要内容。制订推销计划对推销工作具有重要意义，它不但是企业考核推销人员工作的依据，而且是推销人员取得良好推销业绩的前提和基础。很多人认为，推销是艺术，用不着制订计划。

其实，这是对推销的极大误解。推销前就详细地做好计划，对推销成功起着重要的作用，漫无目的的推销活动极少能取得成功。

1.4.3 寻找客户

推销人员必须明确产品应该推销给谁，哪些是目标客户，哪些是潜在客户，应该如何寻找这些客户并对他们进行筛选，进而有针对性地开展推销工作。如果漫无目的地进行推销，那么不但效率很低，而且会影响企业和产品的形象。

寻找客户首先要寻找潜在客户。凡是通过购买产品而从中受益的人都属于潜在客户。推销人员根据产品特征和企业营销策略来寻找潜在客户，然后依据客户的购买能力、需求状态和决策权，对潜在客户进行筛选并确定哪些是目标客户，最后对目标客户开展推销活动，努力使他们成为现实客户。

1.4.4 接近客户

当找到目标客户后，需要给每个客户建立档案并进行分类管理，特别是大客户，要详细了解客户的具体情况，收集的资料越多越好，但前提是资料必须准确、真实。对客户的基本情况进行调查和分析之后，才能有针对性地制订拜访方案。在正式拜访客户之前，最好进行预约，以免使客户感到唐突。不期而至的拜访很容易遭到拒绝，也会给以后的推销工作造成障碍。

并非每个客户都很容易接受拜访，因此，推销人员必须运用各种方法和技巧去巧妙地接近客户，首先让客户接受自己，继而开始推销。“推销产品之前先推销自己”，这是推销人员必须遵守的准则。只有顺利地接近客户，才有机会展示产品，如果强行推销，那么很可能会失去一个客户，并破坏企业形象。一些单位的门口贴有“谢绝推销”“闲人免进”等字条，也是由于强行推销所致的。图 1.3 就是在一家医院大厅柱子上拍到的公告。因此，拜访客户前最好先与客户预约，以免遭遇被轰出门的尴尬。

图 1.3　某医院公告

1.4.5 推销洽谈

推销洽谈是推销的核心部分，前面所有的工作都是为这一步服务的。在这个环节，推销人员向客户详细介绍企业和产品的情况，充分说明双方合作的利益，最后能否达成交易除了依靠产品的自身优势，更取决于推销人员在洽谈中的表现。推销洽谈强调双赢，千万不能有战胜对方的想法，应该让对方意识到合作能给他带来哪些好处。推销洽谈需要推销人员施展浑身解数，充分运用洽谈技巧，说服客户接受自己的方案。需要强调的是，达成交易是衡量推销成功的主要指标，但不是唯一指标，即使最后没有立即达成交易也不能简单地说推销失败。因为虽然这一次没达成交易，但如果建立了良好的关系，就为今后达成交易奠定了基础。任何企业的主要业绩支持都来自老客户，推销注重长远利益而不是短期利益，千万不能因小失大。推销人员要学会利益比较。

1.4.6 处理客户异议

在推销过程中遇到客户提出异议是非常正常的事。客户异议是推销人员在推销过程中导致客户不赞同、提出质疑或拒绝的言行。例如，你想去拜访客户，客户却说没有时间；你在努力询问客户的需求，客户却隐藏其真正的动机；你向客户介绍产品，客户却带着漠然的表情等，这些都属于异议的范畴。刚从事推销工作的人员对异议往往抱有负面看法，甚至对异议怀有挫折感与恐惧感。但是，有经验的推销人员却能坦然面对客户异议，并从中得到更多的信息。例如，从客户异议中能判断客户是否真正有需求；从客户异议中能了解到客户对你的接受程度；从客户异议中可以获得更多的信息。推销人员应该有克服客户异议的决心和信心。

1.4.7 促成交易

促成交易是推销过程的重要一环。事实上，推销人员都希望自己洽谈的每笔推销业务最终能达成交易。对推销人员来说，能否有效地促成交易直接关系到其推销业绩的好坏。为了能够有效地促成交易，推销人员要从职业态度、推销理念及行为举止等方面提高自己，使自己表现得更加专业，同时保持更多的热情，树立坚定的信心，积极主动。对推销人员来说，具备有效促成交易的基本功底十分重要。此外，如果还能掌握有效促成交易的策略与技巧，则无异于如虎添翼，对于提高推销业绩有很好的促进作用。

1.4.8 客户管理

推销人员必须学会科学地管理客户。客户意味着财富，特别是大客户，根据“二八定律”，20% 的大客户为企业创造 80% 的利润。因此，推销人员应该经常与客户尤其是大客户进行沟通，真正成为客户的朋友，而对于那些暂时没有达成交易的客户也要保持联络，加强交流，建立一种并非纯粹买卖关系的友谊，为以后的合作奠定基础。

1.4.9 推销管理

理想的推销队伍应该能征善战、组织力强、荣誉感强，并在行动上与企业保持高度一致。然而一些企业的推销人员自由、散漫，有人把这种作风称为“疲沓文化”。因此，纠正推销人员的不良风气，实施有效的推销管理是迫切而必要的。作为推销队伍的新兵来说，不但要埋头苦干，而且要在工作中积累推销经验，思考和学习推销管理的策略和方法，为从事推销管理工作奠定坚实的基础。

1.5 推销模式

推销模式是指将整个推销过程划分为几个固定的阶段，在每个阶段采用不同的策略和手段。推销模式是研究推销的专家根据不同推销人员的成功经验，通过多年的归纳、总结而最后形成的一种具有实际指导意义的标准化推销程序。这里主要介绍三种推销模式：爱达（AIDA）模式、迪伯达（DIPADA）模式和埃德帕（IDEPA）模式。

1.5.1 爱达模式

如图 1.4 所示，爱达模式将整个推销过程分为四个步骤：引起客户注意、激发客户兴趣、刺激客户的购买欲望、促使客户采取购买行动。

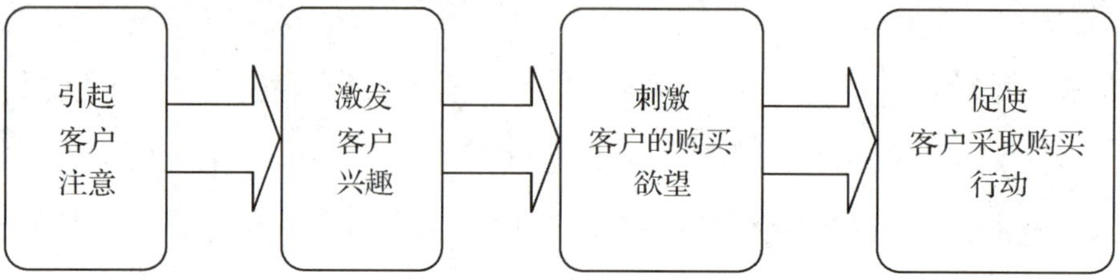

图 1.4　爱达模式

1. 引起客户注意（Attention）

推销人员要想引起客户的注意，首先，应该注重自己的穿着打扮，给客户留下良好的印象。对于推销人员的着装建议如下：职业装的颜色和款式尽量稳重、大方；装饰品不宜过多；保持头发整洁，尽量不留长发；保持皮鞋干净；最好带一个稍大一点的公文包。其次，讲好第一句话。开场白的好坏在很大程度上影响到最终的推销结果，推销人员除了应具有不卑不亢的态度、彬彬有礼的举止，还应精心设计面对客户的开场白。

2. 激发客户兴趣（Interest）

引起客户注意后，接下来就要想办法使客户对所推销的产品产生兴趣。介绍和示范是提高客户兴趣的有效手段，两种手段往往同时使用，即推销人员边示范、边介绍。直播带货的火爆，也少不了介绍和示范的功劳。

示范是提高客户兴趣的有效手段，俗话说“耳闻为虚，眼见为实”，现场示范能够让客户非常直观地感受产品的性能。推销人员做示范时应注意如下方面。

（1）尽可能进行示范。

（2）示范应专业、熟练。

（3）尽可能使示范既充分展示产品特性，又具有一定的戏剧性。

（4）让客户参与，如让客户试听音乐 CD、试驾汽车、免费品尝糖果等。

提高客户兴趣的关键在于提高客户对产品本身的喜爱程度，唤起客户的需求并使这种需求意识越来越强烈，但这并不代表客户就能立即购买，还需要推销人员对客户进一步刺激。

3. 刺激客户的购买欲望（Desire）

客户对产品产生浓厚兴趣只表示他具有强烈的需求意识，而要最后形成购买行为，还要满足两个条件：购买能力和决策权。在这个阶段，推销人员要做的就是根据客户的实际情况为客户提供多种选择方案并帮助客户下决心做出选择。分期付款和按揭是解决购买能力不足的有效办法。如果客户在决策时犹豫不决，可能是因为缺乏信心，就需要推销人员加以激励。

4. 促使客户采取购买行动（Action）

客户一旦产生强烈的购买欲望，采取购买行动就是迟早的事，但推销人员并不能掉以轻心，有时候，客户会在最后关头突然变卦，出现“煮熟的鸭子飞了”这种令人痛苦的事情。这个阶段属于成交阶段，推销人员可以使用一些技巧促使客户采取购买行动。例如，提醒客户如果现在不购买，那么很可能以后会涨价、断货；或者告诉客户现在是优惠期，马上购买会比较划算；也可以通过开票的动作或询问客户“那就这一件了”等来促使客户立即采取购买行动。

1.5.2 迪伯达模式

如图 1.5 所示，迪伯达模式将整个推销过程分为以下六个步骤。

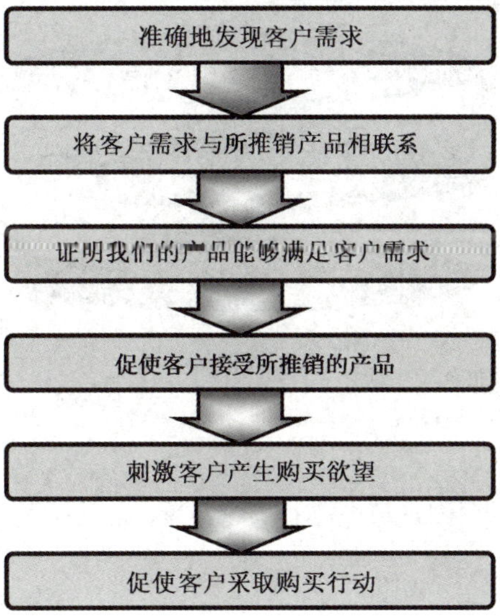

图 1.5　迪伯达模式

1. 发现（Discovery）

要准确地发现客户的真正需求。例如，客户购买汽车，推销人员必须了解清楚客户买车的主要用途是什么，是解决上下班问题，还是作为商务工具；是私人购买，还是单位购买；是否经常跑长途等。如果不了解客户的需求特征，那么很可能在一开始介绍时缺少针对性。

2．结合（Identification）

要将客户需求与所推销的产品紧密联系起来。例如，让买车的客户清楚地知道他需要的车在我们这里肯定有，可以为他推荐几款相对适合的车供他选择，并建议购买其中的一款。

3．证明（Proof）

要通过大量数据比较，引导客户认同我们的观点。例如，证明我们给他推荐的那一款车是最适合他的。

4．接受（Acception）

要促使客户接受所推销的产品。

5．欲望（Desire）

推销人员要根据实际情况，运用各种方法、技巧来刺激客户的购买欲望。

6．行动（Action）

要想办法使客户立即采取购买行动。

1.5.3 埃德帕模式

如图 1.6 所示，埃德帕模式将整个推销过程分为以下五个步骤。

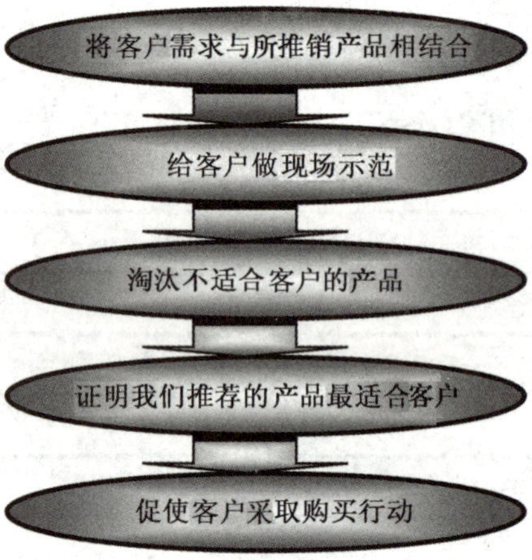

图 1.6　埃德帕模式

1．结合（Identification）

要将客户需求与所推销产品相结合。

2．示范（Demonstration）

要给客户做现场示范。

3．淘汰（Elimination）

要淘汰不适合客户的产品。

4．证明（Proof）

要证明我们推荐的产品最适合客户。

5. 行动（Action）

要促使客户采取购买行动。

这一推销模式更适用于柜台推销。

1.6　推销人员应具备的素质和能力

企业形象和推销人员形象是相辅相成的，要塑造一个良好的企业形象，就必须塑造良好的推销人员形象，而优秀的推销人员更要具备良好的素质和能力。那么，一名优秀的推销人员应具备什么样的素质和能力呢？

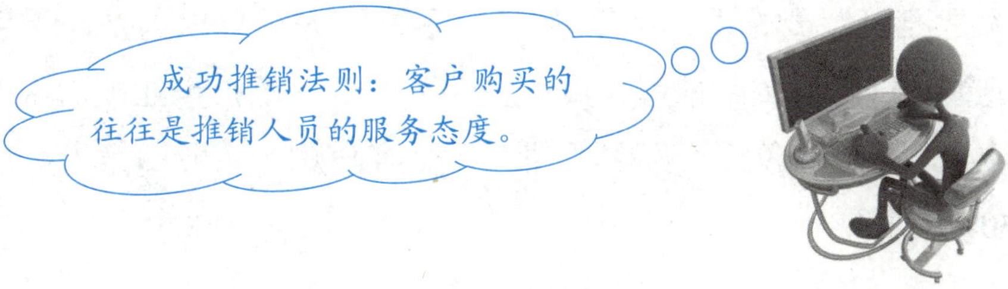

1.6.1　素质要求

优秀的推销人员综合素质都很高。对企业而言，他们是企业的宝贵财富，不但为企业创造大量利润，而且通过自身良好的公众形象使企业的社会形象得以提升。如图 1.7 所示为推销人员应具备的素质。

图 1.7　推销人员的素质要求

1. 敬业精神

推销人员必须热爱自己的事业。一名充满敬业精神的推销人员往往也是一个对企业无比忠诚的人，而一个忠诚的推销人员往往能得到客户的尊重。一生中售出数十亿美元保单的保险泰斗班 • 费德雯、被称为日本推销之神的原一平、创造人寿保险奇迹的推销女王柴田和子、华裔保险典范林国庆等人均是敬业的典范。

2. 自信心

“相信自己、相信自己的产品、相信自己的企业”是推销人员必须做到的。在优秀的推销人员的脸上，客户通常看不到一丝失望、哀伤、惶恐与紧张。他们永远充满活力，精神抖擞，带着微笑，目光坚定，即使遭遇挫折和打击，他们也始终相信自己终究会成功。没有谁愿意看到脸上写满失意和惆怅的推销人员，因此，推销人员应学会用自信的微笑去感染和征服客户。当然，自信并不等于自傲。自信根植于有学识、有涵养。

3．团队意识

现代推销是全员营销，需要各部门相互协作，全体人员相互支持，仅靠推销人员单枪匹马、孤军奋战是不可能成功的。强大的宣传攻势、完善的售后服务、良好的企业形象加上优质的产品，这些都是推销成功必不可少的要素。一个企业的推销业绩也不是由一个人就可以完成的，你可以认为自己是所有推销人员中最优秀的，但绝不可以认为企业的业绩全由你一个人完成。尊重你的伙伴就等于尊重你自己，一名不能与伙伴善处的推销人员，即使能力再强，最终结果也只能是不断跳槽，而一名不断跳槽的推销人员是很难获得大家尊重的。安利公司对人才的要求很严格，五大基本要求之一就是具有团队的合作精神。

4．诚信观念

“做人之道，以诚为本。”在我国加入世界贸易组织后，企业的市场行为日益与国际接轨，也要求推销行为不断规范。诚实守信是基本准则，特别是对待客户，他们是推销人员利益的来源，甚至可以说是推销人员的“衣食父母”。个别推销人员自以为是，采用欺骗手段获得客户的信任，这纯粹是玩火自焚。推销人员切忌为了盲目追求推销业绩而不择手段，更不能认为只要自己业绩好，企业形象好不好无所谓。一个客户购买企业的第一款产品时，60% 是相信推销人员，40% 是相信产品。

一位人寿经纪人曾经说：“你认为我是怎么推销出那些种类繁多的保险产品的？我的客户 90% 都没有时间真正去了解他们投保了一些什么，他们只提出希望有哪些保障，他们相信我会站在他们的立场上，替他们规划。我从来不花大量的时间解释保险的内容和细节，我认为我的推销技巧就是学习、培养、锻炼成一个值得别人信赖的人。”

还有推销人员总结出了经验：人们更喜欢从朋友而不是推销人员那里买东西，他们买的不仅是产品，还有信任！下面这位推销人员就很好地运用了这条推销法则。

一个售楼高手在谈到售楼的“秘诀”时说：“售楼首先要推销自己，要让客户先信任你，再信任你推荐的房子。我总是把客户当成自己的朋友，将房子的优势和不足都讲给客户听，并根据客户的需求帮他选房，而不是将楼盘吹得天花乱坠，给人以不实在的感觉。”

讨论

为什么说“推销产品是从推销自己开始的”？

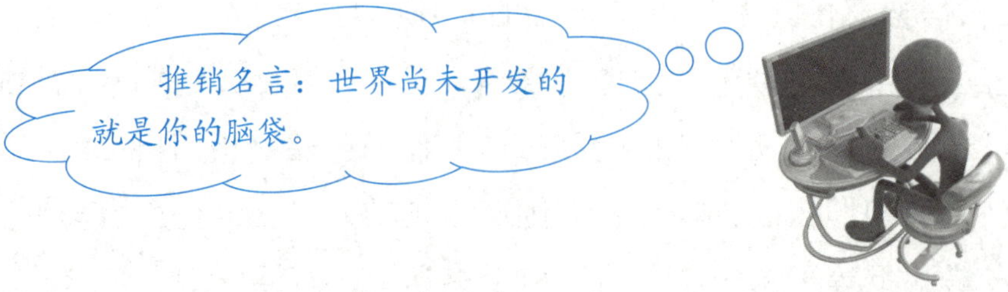

1.6.2 能力要求

优秀的推销人员不但要具备良好的素质，而且要具备良好的综合能力，如图 1.8 所示。

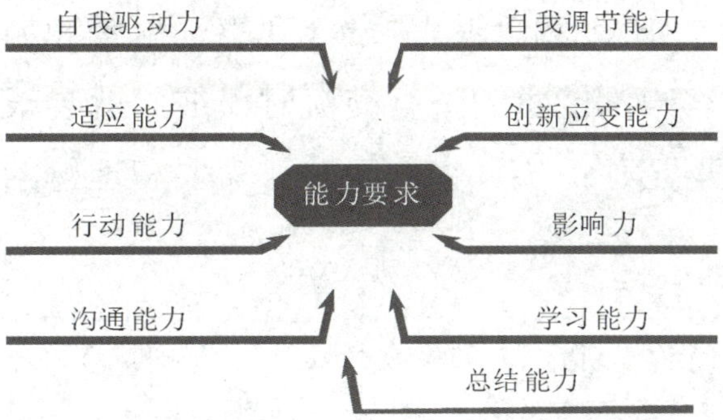

图 1.8　推销人员的能力要求

1. 自我驱动力

推销人员必须具有的推销特质之一就是自我驱动力，自我驱动力是建立在自信基础上的一种自我达成的成功精神。如果一名推销人员没有足够的自信心和强烈的成功欲望，只是为了物质上的需求，那么当他实现一定的推销业绩时，必然会失去前进的动力。一旦他达到了推销曲线的高峰就会停滞不前，对过去的成就沾沾自喜，不再去精心维护市场、管理市场。而具有自我驱动力的推销人员，主要目的就是发挥自身的潜能，对于市场上的任何困难，都会想尽办法克服，积极主动地开拓市场。金钱是外在驱动力的一部分，而成功的欲望则是自我驱动力的核心。自我驱动力可以增强推销人员开拓进取的精神，使推销人员在奔波劳累之中乐此不疲，以持久的热情从事推销活动，探索推销的成功之路。

2. 适应能力

从企业的内部环境来说，推销人员首先要能够适应企业，适应企业文化、运营理念、营销方针、人文环境等。从企业的外部环境来讲，推销人员还要适应市场的需要、经销商的发展需求、当地的风土人情等。推销人员只有适应推销职业、适应营销生活、适应企业的内外部环境，才能给自己准确定位，找到适合自己发展的方向。

3. 行动能力

如果你认为某件事情值得做，就要立刻行动，不要拖延，因为如果没有行动，那么一切都是空谈，犹豫、观望、盘算都只能成为羁绊你停滞不前的“枷锁”。一张地图不论多么精确，永远都不会带着它的主人在地面上移动半步；一个问题不论是难是易，永远都不会在你不去思考的情况下有实质性突破；一个机会永远不会在单一的计划中让你获得真正的成功。一个推销高手曾说：“行动在前方，思考在路上。”他倡导的就是先做，然后边做边“纠偏”，边做边总结。也就是说，只有行动才能使一切具有现实意义。

4. 沟通能力

推销本身就是推销人员与客户之间的一种沟通行为，推销人员将产品及相关信息传递给客户，并搜集客户的反馈意见，这就要求推销人员具备良好的语言表达能力、逻辑思维能力、观察判断能力及交际能力。推销人员只有具备了这些能力才能够准确、全面地介绍产品及相关信息，做到条理清晰、层次分明、逻辑性强，使客户能很快了解推销意图。沟通不但要求会“说”，而且要求会“听”和“看”，学会观察、思考和分析问题。双向沟通才是真正的沟通，当推销人员与客户都能主动进行交流时，彼此就会很容易建立信任和友谊，达成交易也就是迟早的事了。记住：要以客户喜欢、需要和理解的方式沟通，不要只采用自己喜欢的方式。

因新型冠状病毒（以下简称“新冠”）肺炎疫情反复，推销部门的郑经理减少了到全国各地拜访客户、推介产品的频率，但业务还正常开展。

“因为疫情关系，我们去不了客户那，客户也来不了咱们这，要保证业绩，就必须动脑子。”郑经理总结。推销人员一开始采用电话、视频的方式与客户沟通，用产品照片、使用手册等介绍产品，但客户普遍反映不直观，对于产品的了解太抽象，也没有参与感。

“后来我们就想到了真人演示，制作视频发给客户。”郑经理说。推销人员开始在办公室内录制产品使用视频，但客户很快又提出了问题：这个产品没有放在实景里，而是在一个办公室里，不知道买回来后具体怎么用。

对此，郑经理也想到了对策：找一个和客户相似的场所进行实景演示。他说：“我们的产品是医疗类产品，找到一个和此客户同类型、同体量的医院，将产品放入实景中，请医院工作人员进行实际操作，这样客户的感受更直观。客户提得较多的疑问，就在视频中情景再现，一一解答。”郑经理表示，通过这样的方式，合作成功率一直维持在较高水平。

看到这里，你应该也会有所感悟，要想成为一名成功的推销人员，必须提高自己的沟通能力。

5. 自我调节能力

再优秀的推销人员也有遭遇挫折的时候，当遇到工作失意、家庭不幸或其他不顺心的事情时，优秀的推销人员能够很好地进行自我调节。“不要为打翻的牛奶哭泣”，牛奶打翻了，无论你再怎么哭泣，也已经打翻了，无可挽回，唯一能做的就是重新倒一杯。自我调节并不是压抑自己的感情，而是要学会如何控制自己的情绪，学会选择以多种方式来宣泄。

6. 创新应变能力

推销是一门技术，更是一门艺术。应根据不同的客户采用不同的方法和技巧，这就要求推销人员必须掌握和熟悉客户的消费心理特征，而客户的消费心理是随着时代的变化而不断变化的，因此，推销人员必须具有创新能力，尤其是推销方法和手段的创新。如果一名推销人员总是按照固定模式进行推销，客户会感到厌倦，推销人员自身也会缺乏激情。此外，在推销洽谈中，有很多因素影响推销进程乃至推销结果，这些因素并不是一成不变的。虽然可以在推销前进行充分的准备，尽量将推销中可能会出现的意外情况考虑周全，但仍然有很多情况是出乎意料的，这就要求推销人员具有很强的应变能力，能够随时处理各种突发事件。例如，在面临新冠肺炎疫情危机时，越有创新能力的企业生命力越强；反之，企业很快就倒下。

7. 影响力

所谓影响力，就是一个人在与他人的交往中，影响和改变他人的心理和行为的能力。一个有影响力和感召力的人，很容易让别人对他产生信任感，一个让别人产生信任感的人，就很容易说服别人购买自己的产品。当然一个人的影响力不是天生的，是在用自己的学识和个性征服客户的过程中提升的。

8. 学习能力

在瞬息万变、一日千里的商业社会中，客户的需求在不断变化，如果推销人员只凭以往的经验，没有及时补充新知识、了解新行情，那么在竞争中很容易处于劣势，同时也难以对客户的最新需求提出最有效的解决方案。只有不满足、不停滞于已经取得的成就，不断地学习新知识和接受新事物的人，才能确保事业持续地获得成功。学习者不一定是成功者，但成功者必定是擅长学习者。推销人员要想更快地成长，就必须具备学习能力，从“战略”方面武装自己。不但要学习相关的经济法规及国家的宏观、微观经济政策等，而且要学习推销学、心理学、公关学等知识，完善自己的知识结构，达到从专才、通才到复合型人才的转变。例如，房产推销人员有必要对该房产周边环境、交通路网、区域配套、校区商圈、未来发展有一定的了解，带客看房前要提前踩盘，了解周边房源，还要知道房贷算法、建筑材质、银行利率、期房交易、房间构成、面积换算、房间布局、楼盘情况及详细的客户群需求。

一位国际级励志成功学大师的人生感悟是，“从没有任何人认识我，直到我的著作在亚洲畅销数百万册以上，这些成就都来自不断学习。我每年平均阅读 400 ～ 600 本书，并且上过非常多有关成功的课程。在短短 10 年之内，我的人生有了极大的改变。我深信，只要你想要成功，并且持续采取同样的行动，就可以得到同样的结果！”

9. 总结能力

总结能力是推销人员成功的跳板。推销人员不但要有吃苦耐劳的精神、坚忍不拔的意志，而且要有不断学习和不断实践的能力，而最为重要的一环是将平时所学的知识加以总结、融会贯通，进而触类旁通、举一反三。

一位用 7 年时间从业务新手成长为年推销额达 7 亿元的区域经理说：“推销人员分为两种类型：做的和不做的；做的推销人员又分为两种：认真做的和应付做的；认真做的推销人员又分为两种：做后总结的和做后没有总结的。最后，世界上的推销人员就有了成功和失败之分，前一类成功了，后一类失败了。一名优秀的推销人员应是善于总结的人。”

要成为一名优秀的推销人员，不但应具有以上素质和能力，而且要具有开朗的性格、坚定的毅力、丰富的知识、广泛的业余爱好、良好的修养、严谨的工作作风及强健的体魄，最好再有一点幽默感。

你也许会说，如果这些素质我都具备了，那么我不是很了不起吗？是的，如果你具备了以上这些素质和能力，你就是一名优秀的推销人员，这是我们的目标；而如果你有所欠缺，那么只能是合格的推销人员，但绝非优秀。在竞争日益激烈的当今社会，推销大军人才辈出，那些轻易就能满足而不思进取的推销人员，会被社会无情地淘汰。

1.7 推销观念

所谓推销观念，就是推销人员在推销过程中的指导思想和行动指南。既然是指导思想和行动指南，就会对推销行为起到指导和约束作用。有什么样的推销观念，就会有什么样的推销态度和推销行为。

将图 1.9 和图 1.10 进行对比，可以看出，旧的推销观念把客户关系摆在最不重要的位置，重点就是怎样把生意做成，所以结束推销占了 40%，产品介绍占了 30%，评估需求占了 20%，而客户关系却几乎被忽视，只占 10%；新的推销观念与旧的推销观念恰恰相反，结束推销只占 10%，产品介绍占 20%，评估需求占 30%，赢得信任占 40%。通过对比说明：推销产品之前必须先推销自己，先赢得客户的信任。

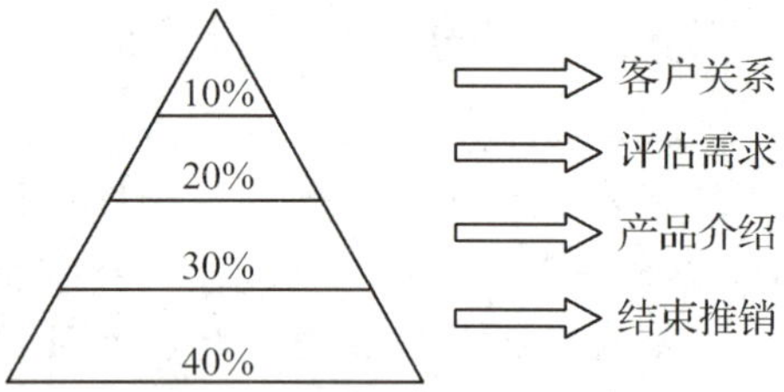

图 1.9　旧的推销观念

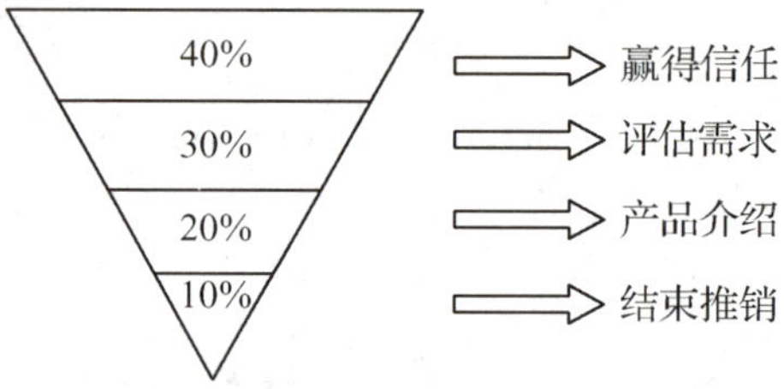

图 1.10　新的推销观念

随着生产的发展、科技的进步、推销环境的变化，推销观念的发展大致经历了三个阶段：产品导向推销观念、技巧导向推销观念、现代推销观念阶段。

1.7.1 产品导向推销观念

产品导向推销观念是指推销人员主要依靠产品本身的优势达成交易的观念。

在社会生产力低下、产品供不应求的卖方市场状况下，产品在市场上自然就成了“皇帝的女儿不愁嫁”的状态，这个时候是“生产什么，就卖什么；生产多少，就卖多少”，根本不必去考虑如何推销产品的问题。就像某汽车公司创始人曾神气地说：“不管客户需要什么，我的汽车就是黑色的。”

其实企业都期待这种“酒香不怕巷子深”的时代长存，但随着生产力的发展，这样的时代已经一去不复返了。

1.7.2 技巧导向推销观念

技巧导向推销观念是指推销人员认为只要掌握和运用好各种推销技巧就能达成交易的观念。

“不管是白猫还是黑猫，抓到客户就是好猫！”持有这种观念的推销人员非常注重推销技巧的提高，往往把推销成功归于自己推销技巧的高超，而把推销失败归于推销技巧的不成熟。他们往往不关心客户的真正需求，更关心自己的推销业绩，常常会把客户并不需要的产品卖给他们。在技巧导向推销观念下，企业和推销人员很少过问产品的售后情况。这种推销观念的产生与它存在的背景息息相关：社会生产力水平不高，市场竞争激烈，产品供应尚未达到极大丰富的状态，客户的购买行为还不成熟。

在现代市场经济条件下，如果推销人员仍存在这样的观念，那么他的职业生涯也不会太长。

1.7.3 现代推销观念

现代推销观念是指推销人员应以满足客户的某种需要为中心，向有相应需求的客户推销产品或服务的观念。

随着科学技术和生产力的迅速提高，产品供大于求，市场竞争激烈，出现了买方市场。这时，在推销过程中要同时考虑客户利益、推销人员和企业利益、社会利益。在这种观念指导下，企业会提供优质的售后服务，尽可能满足客户的需要。

现代推销观念包括整体观念、服务观念、竞争观念、时效观念等。随着社会形势的发展，现代推销观念的内涵会更加丰富。

练习与实训

1．判断题

（1）推销人员的首要任务就是最大限度地推销产品，为企业实现利润，无论采用什么手段和方法，推销业绩是检验推销成功与否的唯一标准。（　　）

（2）企业利益与客户利益不可能同时满足，推销人员站在客户的立场上推销产品只能是纸上谈兵。（　　）

（3）推销渠道越短越好，因为中间环节少了，各种费用就少了。（　　）

（4）产品形象、企业形象和推销人员的形象是相辅相成的，彼此可以相互促进。（　　）

（5）一名优秀的推销人员不但应该具备敬业精神、自信心、团队意识等基本素质，而且应该具有较强的语言表达能力、观察判断能力，并且爱好广泛、风趣幽默。（　　）

2．案例分析题

A 公司是一家生产节能灯的公司，公司规模并不大，准备打入 S 县市场。他们先派出大量推销人员深入该县，找到所有的灯具商，希望这些灯具商能够购买他们的产品，可是一无所获。通过调查，他们了解到这是因为节能灯生产商 B 公司已经占领了当地市场。两家公司的产品使用寿命和亮度都差不多，虽然 A 公司的产品比 B 公司的产品更节能，但由于 B 公司的产品已经被当地消费者普遍认可，而且价格更低，灯具商的利润更大，所以灯具商都愿意经销 B 公司的产品，而不愿意经销 A 公司的产品。A 公司想：产品的最终购买者是消费者，何不直接向消费者推销？可以先让消费者免费试用一个月，通过电费差价使消费者认可公司的产品，“不怕不识货，就怕货比货”，等到大家都感受到我们的产品比 B 公司的产品更好的时候，那些灯具商就会自己找上门来。于是，A 公司准备派出大量推销人员挨家挨户地进行推广，让消费者免费试用。

请问：你觉得 A 公司这种想法可行吗？如果你是该区域销售经理，你会如何策划产品的推广？

3. 论述题

你认为现代推销人员应具备哪些素质和能力？

4. 课堂实训

（1）课堂实训 1：根据学生意见将学生分为正、反两方，双方推选辩手进行辩论。

目的：训练学生的语言表达能力和灵活应变能力。

主题：① 推销人员“见人说人话，见鬼说鬼话”是否表明推销人员虚伪？

② 推销人员是否一定要能说会道？

注意事项：① 辩论可由教师主持，也可由学生主持。

② 可邀请其他教师参与评判，营造紧张气氛。

（2）课堂实训 2：每人 2 ～ 3 分钟，向全班同学及教师“推销自己”。

目的：了解学生的基本素质，促进师生沟通，让学生尝试在大庭广众之下演讲，增强学生的勇气和自信心。

5. 课外实战

学生自由组合，自定推销产品，在校内外体验上门推销。

注意事项：① 每组 3 ～ 5 人。

② 严格遵守法律法规和校规，注意推销礼仪。

③ 每名学生在推销结束后写一篇总结，各小组派代表分享推销体验。

阅读材料

推销人员的“九重身份”

这里所说的推销人员的“九重身份”，是指在销售过程中较常做的一些销售行为或扮演的角色。这些行为可能推销人员本身没有意识到，却是实实在在存在的。

1. 顾问

推销人员是用产品和服务来解决问题的人，而不是去找产品买主的人。推销人员要先了解客户的购买用途、使用情况、购买能力等，以顾问的身份去解决问题，提供一套最适合的解决方案给客户，帮助客户获得最大的利益，达成客户的目标，只有解决实际问题，才能赢得客户的信任和尊重。

2. 医生

在任何情况下，医疗过程都会遵循三个步骤：检查、诊断、开处方。医生如果没有经过这三个步骤，就是不合格的。推销人员要像医生一样去帮助客户诊断，在诊断的过程中兼顾客户的整体利益，找到妥善的解决方案，这就是伟大的销售之道。

3. 专家

优秀的推销人员能够让客户明白从他手中购买产品而不从竞争对手处购买产品的好处是什么；优秀的推销人员懂得更多的专业知识，可以给客户更多的建议、更好的服务。推销人员经常会遇到“专家式”的客户，有时甚至会被这样的客户问住。所以，推销人员要不断学习，加强自身的知识水平。

4. 朋友

朋友是非常具有亲和力的人，让人一见面就会感觉非常踏实可信。推销人员也要具备这种亲和力，给客户一种信任感。热情和坦率会让客户自动放下防备，将自己的心理需求展现在推销人员面前。真诚和微笑会让客户产生信任感和亲近感，不会对推销人员的动机和目的产生怀疑。这样的推销人员能够在较短的时间内获得客户的信任，能够与客户进行比较顺畅、亲近的交流。

5. 心理学家

推销其实就是一个心理揣摩和征服的过程，在这个过程中需要去分析、猜测对方的心思，摸清对方的心理底线，从而根据对方的想法来阐述我们的意见，并做到主动沟通、引导消费。

6. 情感大师

优秀的推销人员能够调动会谈气氛，使交流在一种轻松、愉快、感情融洽的氛围中进行，这样的交流无疑是最有效的，也是最能让客户接受的。这就要求推销人员善于利用自己的情感诉求来感染客户的情感诉求，使得双方的诉求都能够在一种真诚、友善、愉快的环境下得到充分表达，从而达成合作。

7. 沟通大师

在沟通的过程中要注意，沟通的关键点是要让客户表达，而推销人员要学会倾听，还要表现出专注、认真、感动，甚至通过肢体语言来表示赞赏、认同。还要学会询问，通过简单而适当的询问来引导客户的表达，从而获取你想要的信息。因此，推销人员要时刻谨记：沟通的最高境界就是“说到客户想听，听到客户想说”。

8. 表演家

有时必须通过现场的演示来展示产品的性能和特色。产品演示是一种常规的推销办法，推销人员不但要学会实物展示，而且要学会虚拟演示。有时，推销人员在与客户沟通的过程中，为了形象地表达产品的功能，必须通过某种演示来让客户明白，那么实物演示就是一种最直接的办法。

9. 故事大王

优秀的推销人员一定是知识面较广的，他们时刻关注客户的一些爱好和习惯，从而找出与客户的共同话题，通过共同话题来引起客户的兴趣和注意。当然，推销人员也不可能成为百科全书式的学者，但有一点是必需的，即要善于学习，可以不精，但要通过不断学习来扩宽自己的知识面。

以上几点，就是推销人员在营销过程中具备的九重身份，如果你能够具备这些身份，就能比他人先行一步，获得成功。

友情推荐

期刊：销售与市场

拓展微课：销售人员的心态

项目 2

制订推销计划

知识要点

◎ 推销计划的作用和类型　　◎ 推销计划的主要内容

◎ 部门推销计划的编制程序　　◎ 个人推销计划的编制程序

能力要点

◎ 能够客观分析部门推销计划　　◎ 能够独立编制个人推销计划

◎ 能够按计划实施推销方案

任务引入——芈乐制订推销计划

芈乐在接受了新人培训后，跃跃欲试想冲锋陷阵跑市场。欧经理向芈乐提问："你知道寓言故事'猴子下山'中为什么猴子'丢了玉米丢西瓜'吗？"芈乐想了想回答："因为猴子下山前没想好下山的目的。"欧经理点点头，说："志向是前进的驱动力，计划是前进的路线图。人有了计划，人生就有了方向。推销是一个复杂的沟通过程，既是艺术，也是科学，需要周密的计划才能确保成功，推销前辈有句常用的口号'计划你的工作和按你的计划工作'。"

芈乐接下来要学习的就是如何制订推销计划。

凡事预则立，不预则废。我们常看到一些推销人员轻松地接连转移销售阵地，他们虽然工作做得很出色，但并不艰苦；同时也常看到另一些推销人员手忙脚乱，穷于应付，他们虽然工作很努力，但效果却不理想。这主要是由他们在推销活动中的组织安排和计划上的差异造成的。推销工作的特点是自己可以比较自由地安排工作日程，决定每天的工作量。其优点是灵活，缺点是必须严格要求自己，要有坚强的意志，否则容易养成懒散的习惯，结果一事无成。严格要求自己的方法之一就是掌握科学的推销方法，拟订计划，执行计划，并对执行情况进行检查，以此来总结和改进计划。

美国大西洋石油公司的一项调查显示，优秀推销人员和劣等推销人员在交通时间相同的情况下，在时间安排上有明显的差别，如表 2.1 所示。

表 2.1　优秀推销人员和劣等推销人员的时间安排对比

推销人员类型	时间安排				
	事务处理及准备	等候面谈	开拓新客户	接触和交易	聊天
优秀推销人员	21%	6%	22%	40%	11%
劣等推销人员	13%	12%	11%	21%	43%

从表 2.1 中可以看出，优秀推销人员和劣等推销人员在时间安排上的明显差别是，优秀推销人员用于事务处理及准备、开拓新客户、接触和交易的时间多，而劣等推销人员用于等候面谈和聊天的时间多。这一调查结果说明，要想成为优秀的推销人员，必须合理分配时间。

2.1　推销计划的作用和类型

推销计划就是企业或推销人员根据实际情况，通过科学的预测，权衡客观需要和主观可能，提出在未来一定时期内要达到的推销目标，以及实现目标的途径。简单地说，就是对后续工作做事先安排。

2.1.1　推销计划的作用

推销计划在总体上起着规划全局的作用，但由于企业各部门和推销人员个体的工作重点不同，推销计划又有着不同的作用。

1．推销计划对部门的作用

（1）推销计划能让整个部门的各项活动有条不紊地进行。

（2）推销计划能更好地协调各个推销人员之间的关系。

（3）推销计划是部门考评推销人员的一个重要指标。

2．推销计划对推销人员个人的作用

（1）推销计划是推销人员取得良好推销业绩的前提和基础。

（2）制订推销计划可以使推销人员了解访问场所、洽谈的对象、谈话的内容、谈论的方法等，有助于迅速进行面谈。

（3）推销计划可以减少访问时无谓的时间消耗，缩短谈话过程，使推销人员将全部注意力专注于有效的推销。

（4）推销计划有助于推销人员在商谈前预先安排恰当的资料，增强对客户的说服力，同时能锻炼自己的工作能力。

（5）推销人员通过制订推销计划，可以真正做到换位思考，设身处地地为客户着想。推销人员制订推销计划必须了解客户的情况，理解客户的反应，才能在介绍、演示、说明等具体工作中有针对性地解决问题，提高沟通效果和工作效率。

（6）制订推销计划，可以让推销人员的工作井井有条。推销计划是对未来一段时间内工作的安排，有了计划，工作就不会杂乱无章。

2.1.2 推销计划的类型

1. 按照推销计划的职能范围划分

按照推销计划的职能范围，推销计划可分为部门推销计划和个人推销计划。

部门推销计划是对整个部门近期所有推销活动的一个总体规划和实施方案，是对企业营销计划的进一步分解和落实。

个人推销计划是推销人员具体推销工作的一个指南，是实施推销行为的一个方案。它能确保推销工作有序、高效地完成。

2. 按照推销计划的计划时间划分

按照推销计划的计划时间，推销计划可分为年计划、月计划和日计划。

推销计划可以在收集资料的基础上，对今后一年或几年的工作进行安排，这就是年计划；也可以对今后一个月或几个月的工作进行安排，这就是月计划；还可以按照每日来计划推销工作，这就是日计划。

一般来说，企业管理部门要求推销人员汇报年计划或月计划，并对计划的制订提出指导思想和修改意见，而日计划则由推销人员自己制订。日计划是年计划、月计划制订的基础，它的完成也是年计划、月计划完成的保证，所以日计划的制订至关重要。

推销计划依据期间的不同，还可以分为长期计划和短期计划，另外也有人增加一个中期计划。一般来说，3 ～ 5 年期的计划为长期计划；1 年期以下的计划为短期计划；1 ～ 3 年期的计划则为中期计划。

2.2 推销计划的主要内容

1. 推销目标

推销洽谈是个复杂的过程，这一过程的最终目标是推销成功，达成交易。但这一目标的实现往往是经过若干次推销访问才完成的。而每次推销访问也都应有明确的目标，每次访问的目标应是递进的、逐步接近推销成功的。因此，推销人员必须了解客户购买决策的过程，清楚客户在不同购买阶段需要解决的主要问题，确定每次访问应采取的对策和行动方案。

2. 拜访客户的路线

推销人员可将拜访客户进行适当的分类，如重点拜访客户和一般拜访客户，以及拜访某个地区的客户和拜访某个行业的客户。还可以按照客户对产品的反应态度分为反应热烈的客户、反应温和的客户、无反应的客户和反应冷淡的客户。在此基础上，推销人员可根据短期的推销目标，采取重点拜访的方式，专门与反应热烈的客户进行商谈。如果考虑长远的推销目标，则可采用平均拜访的方式，建立和发展与所有潜在客户的关系。考虑到应与某个行业或地区保持比较良好的关系，就可以进行有针对性的拜访和推销。然后，结合以上目标，再根据客户的地址和方位设计出最有效的推销行动日程表及客户拜访路线，争取以最少的时间、最高的效率完成推销目标。

3. 推销洽谈要点

确定推销洽谈要点的作用就是说服客户、引导客户、刺激客户完成购买。如果推销人员能把推销洽谈要点与客户的实际需求和利益结合起来，那么推销成功的可能性就大大提高。

4. 推销策略和技巧

在推销洽谈过程中，客户可能会提出各种问题，推销人员应事先估计洽谈中客户可能会提出哪些问题，应如何应对和解决这些问题。推销人员应从实际出发，巧妙地解决这些问题。例如，应该用什么样的方法接近客户？怎样在最短的时间内吸引客户的注意？如何激发客户的购买欲望？怎样使客户相信和接受产品？如何促使客户最终做出购买决定？以上这些问题都是需要推销人员考虑的。

5. 推销访问日程

根据洽谈双方的时间安排，拟好访问日程，掌握好谈判进度，也是取得推销成功的必要条件之一。

2.3　部门推销计划的编制程序

2.3.1 分析现状

企业的经营活动是在一定的环境和条件下进行的。首先，要对企业所处的环境和条件进行深入的调查、研究，充分收集资料，分析企业或部门所处的现状，为编制部门推销计划提供可靠的依据。

1. 企业环境分析

企业的生存和发展与现实的企业环境及环境的未来变化有着密切的关系。因此，对企业的销售部门来说，把握住企业环境的现状和将来的变化趋势，利用有利于企业发展的机会，避开不利因素，是谋求生存和发展的首要问题，也是部门推销计划得以顺利实施的前提。

构成企业环境的因素很多，包括主体环境因素、一般环境因素和地域环境因素。

（1）主体环境因素是指与企业的经营成果有利害关系的个人或集团，如股东、客户、金融机构、交易关系单位、竞争对手、外部机关团体等。

（2）一般环境因素是由政治因素、经济因素、文化因素和科学技术因素等社会因素构成的。

（3）地域环境因素是针对上述环境因素产生的地理位置而言的，包括国内环境因素和国际环境因素。不同的推销人员所负责的推销区域，由于经济、文化、教育水平不同，推销效果也不同。

对具体企业而言，从时间、费用和必要性来看，没有必要也不可能对所有环境因素进行分析。因此，首先要确定特定企业的特定环境内容，然后集中人力和财力，对影响较大的因素进行调查和分析。

有很多大型企业在对环境因素进行分析时，十分重视对将来因素突变的时间和方向进行预测，这是环境分析的结论。环境分析最终必须回答下列问题。

① 环境因素将在什么时候开始发生变化？发生的可能性有多大？

② 这种变化是企业的成长机会，还是不利因素？

③ 会给企业带来多大的影响？

④ 应该采取何种对策？

由此可以看出，环境分析是制订正确的企业发展战略的根本保证，也是推销计划顺利实施的保证。另外，销售部门应重点分析与本企业所推销产品有竞争关系的企业群体，以便作为选择计划方案的依据。

2. 企业、部门能力分析和业绩分析

销售部门在进行环境分析的基础上，应认真做好能力分析，预知企业和部门的现有能力对将来环境的适应程度，明确企业的优势和劣势，做到“知己知彼”，从而使企业的发展战略和新销售计划建立在切实可行的基础上。否则，企业将会丧失竞争能力，也会导致新业务的失败。因此，企业能力分析是制订新推销计划的重要前提之一。

企业和部门能力分析的步骤如下。

（1）将现有企业和部门能力与新推销计划必需的能力相对比，找出两者之间的差距，并制订提高企业能力的战略计划，使新推销计划得以顺利实现。为此，企业能力分析首先要明确企业能力的结构，即明确反映企业能力的因素有哪些。

（2）在分类基础上切实掌握企业和部门现有能力的实际情况，这关系到推销计划提出的合理性，是企业能力分析的关键。

（3）通过对企业能力的评价，发现企业和部门现有能力存在的问题，明确企业和部门的优势和劣势。

部门业绩分析是指部门在维持现有能力不变的状态下，预测其在将来变化的经营环境中所能取得的经营成果。显然，这种经营成果预测值一般是达不到部门的长远目标值的，这就要求部门所有成员共同努力，制订出适应环境变化的推销计划；否则，部门的推销目标便难以实现，甚至有被淘汰的风险。

2.3.2 确定推销目标

企业在掌握各方面的现有情况之后，就应该预测未来的发展趋势，以确定部门的推销目标。部门的推销目标为部门整个推销活动指明方向、明确要求。它的实现有赖于部门所有营销人员的共同努力，既是共同奋斗的方向，又是推销人员制订个人推销目标和推销计划的基本依据。

某企业 2021 年的实际销售额是 1 亿元，企业制订的 2022 年推销目标初定为 1.5 亿元，有 0.5 亿元的增加量。企业需要进一步认证这个推销目标的可行性。认证主要围绕以下三个方面进行。

（1）企业是否拥有达到这个增加值的资源。

（2）预计在未来一年内企业资源的变化情况。

（3）企业是否具备应对上述变化的能力和切实可行的举措。

部门的推销目标包括直接推销目标和间接推销目标两部分。

1. 直接推销目标

直接推销目标是部门在一定时期内，通过推销活动必须完成的重要任务及必须努力的方向。一般来说，部门的直接推销目标有以下三个。

（1）销售产品，获得利润。这是企业推销活动的基本目标。无论采用什么样的推销方式，进行什么样的推销活动，其基本目的都是让消费者接受并购买产品，从而获得利润。

（2）开拓新市场。企业不但要保持同现有客户之间的良好关系，而且要不断发掘和培养新客户，开拓新市场。这样才能为企业提供广阔的发展空间，才能有效地提高企业的销售额。

（3）提高市场占有率。在激烈的市场竞争中，由于竞争的各方在实力、战略、技术等各方面不断变化，因此，市场占有率也处在不断的变化中，有升有降。企业推销活动的目标之一就是通过努力来避免市场占有率的下降，并能不断提高本企业产品的市场占有率。

2. 间接推销目标

间接推销目标是为实现直接推销目标起推动作用的目标，主要有以下三个。

（1）提高企业信誉。企业信誉是企业的无形资产，良好的信誉会对推销工作产生巨大的促进作用。而信誉一旦受损，就将会给推销工作造成巨大的障碍。企业的推销活动与企业的信誉直接相关，推销活动所提供的各种服务项目、服务手段及服务态度等均会对企业信誉造成影响。因此，确立这种目标有利于约束和规范推销人员的言行、仪表，把提高销售额与维护企业形象有机结合起来，起到互相促进的作用。

（2）宣传、介绍产品。宣传、介绍产品是推销人员的本职工作。无论客户是否购买，只要他想了解，推销人员都应给予介绍，且不管消费者要了解的产品是否属于自己的推销范围，只要是本企业的产品，推销人员都要满足客户的要求，宣传企业的新产品、新服务项目，提高产品的知名度。

（3）收集、反馈市场信息。推销人员在进行推销产品活动的同时，要注意收集与本企业有关的市场需求信息、市场供求信息、市场行情信息、新产品开发信息等，并将这些信息及时反馈给企业有关部门，为企业的经营决策提供依据。

部门要在分析市场或预测市场需求的基础上，根据本企业和本部门的特点，结合现阶段工作的重点来选择推销目标。

2.3.3 分配推销任务

确定了推销目标，下一步就要分配推销任务了。应根据工作的需要和个人的特点来安排具体工作。

（1）根据推销人员的特点分配推销区域、推销产品和工作岗位。例如，按地域分，推销人员 A 负责成都地区，推销人员 B 负责重庆地区；按产品分，推销人员 C 负责职业装，推销人员 D 负责办公用品；按工作岗位分，推销人员 E、F、G 负责向外推销产品，推销人员 H 负责订单的处理等。

（2）根据业界的预测值，预测本部门的销售情况。

（3）根据各部门主管以及第一线负责人所提供的销售额进行判断，再确定下一年度的销售收入目标额。同时，为了保证能将目标付诸行动，还必须分配销售额。销售分配要注意不同产品的销售额不同，不同地域的销售额不同。

（4）进一步分配每位推销人员的销售定额，以便迅速、顺利地完成销售收入目标。

在如此细分销售收入目标额后，再按月份分配，拟订每个月份的目标额。然后，再依此销售目标制订实施计划，并成立相应的销售组织，做出合适的人事安排。

在实际操作过程中，企业往往是由总部或领导层自上而下地将任务分解到各个销售团队的，再由团队去具体分配推销任务。这样做的原因是，在一个销售团队中，很多推销人员所制订的目标依据的是自己过去业绩的完成情况，且非常保守，没有挑战性，甚至不用怎么努力就可以完成。可想而知，这样的销售团队在市场竞争中一定是一只“绵羊”。下面举例说明一个销售团队应如何分解推销任务。

假如，下个月你的销售团队的销售目标是 1 000 万元，团队有 5 名员工。

在每名员工制定目标的时候，他们都希望自己的目标低一点，这样压力就小一点。如果让每个人的销售额是 200 万元，那么加在一起就是 1 000 万元，如果有一个人完不成任务，那么整个团队的目标就很难完成。所以，应该调整目标分配方法，结合每个人的情况，进行适度调整。

第一位：能力一直不错，业绩一直不错，可以给他的销售目标定得高一些，可以定在 350 万元。

第二位：能力还可以，不如第一个，可以给他的销售目标定在 300 万元。

第三位：按照正常来做业绩，可以做到 250 万元。

第四位：目标定在 200 万元。

第五位：能力比较弱，给他减轻压力，可以定在 150 万元。

这样加在一起就是 1 250 万元，比总目标高，同时也结合了每个人的能力，这样的目标分解相对比较合理。

销售目标的分解不是简单的加减乘除，切忌平均分配，一定要结合每个人的能力，以及他们的挑战欲望和完成的情况来进行目标分解。

销售目标不要空口谈论，不要唱高调，更不要喊口号，企业的发展战略靠的是目标的达成。销售团队的士气、战斗力和目标的达成有很大的关系，若完不成目标，惩罚不是目的，销售团队的终极目标是不惜一切代价来达成销售团队的销售目标。因此，每次销售目标的制订都要有奖有罚，坚决兑现和执行，为了按规定执行奖罚，要签订目标责任书。

在一次销售团队培训的公开课上，一位企业老总是这样激励他的营销团队的：在企业的一个房间里面放满了员工吃、穿、住、用、行的物品，如洗衣粉、自行车、食用油、厨具设备等，若有员工在某件事情上做得比较突出，就在第二天的早会上以这些物品作为随机奖励。这就是对员工的过程激励，时刻都在鼓励上进者。

如果条件允许，那么最好将每个团队、每名员工的销售目标和计划完成情况挂在墙上展示，如图 2.1 所示，让每个人都知道。这会让进度不太理想的团队、员工有些动力和压力，逼迫自己前进。

图 2.1　业务人员业绩情况

2.3.4　编制综合推销计划

推销计划目标大都可以采取多种方案加以实施。因为在实际工作中，不确定、可变的因素很多，为了适应这种情况，应加强计划的适应性和灵活性。当情况发生变化之后，可以迅速、有效地采取应变方案。

根据部门所确定的计划目标和拟订的各种计划方案，应和其他综合计划部门进行购、销、调、存、人、财、物等方面的全面平衡考虑，编制正式的综合推销计划，并参考销售收入目标额、销售分配估计额、销售费用估计额，编制销售预算。

2.3.5 执行并检测计划

制订推销计划对很多部门来说并不是一件很复杂的事情，但执行起来却成了一件难事。推销计划的执行和检测是让推销计划落到实处的一项重点工作。

在实施推销计划之前要做详细的检查、确认，并根据推销人员具体工作的反馈情况及时做出适当的调整，切忌死板、教条。要随时将推销人员的执行结果与部门计划目标进行比较，发现偏差要尽快查明原因，及时调整、补救，以确保计划目标的实现。

注意

推销计划宜以“定量”方式表现，而尽量避免以“定性”方式表现。只有如此，销售计划才能成为具体可行的计划，才能为销售活动制订明确的目标，为销售活动指明方向。

××年的销售工作，将面临全球经济一体化的进一步加剧、保健品销量再度下滑、市场竞争愈演愈烈的严峻形势，保健品经营必须严格按照国家的总体要求，主动迎接挑战。根据总公司对经营工作的具体要求，制订××年的销售计划。

1．年度销售目标

批发销售总量在去年销售实绩的基础上递增 15% 以上，达到 450 000 箱，毛利润总额上升 6%，达到 7 300 万～7 500 万元，如表 2.2 所示。

表 2.2　××年销售目标

月　份	上年度计划			本年度计划			备　注
	目标（箱）	实绩（箱）	达成率（%）	目标（箱）	实绩（箱）	达成率（%）	
1	50 000	55 800	111.6	56 000			
2	50 000	52 000	104	55 000			
3	45 000	44 800	99.56	45 000			
4	45 000	43 200	96	44 000			
…	…	…	…	…			
年度合计	380 000	391 304	102.97	450 000			

2．各网点××年销售目标分解（见表 2.3）

表 2.3　各网点××年销售目标分解

月　份	地　区				
	邛崃（箱）	温江（箱）	双流（箱）	…	成都（箱）
1	7 000	6 000	6 000	…	50 000
2	4 000	5 500	5 000	…	32 000
3	3 500	3 500	3 500	…	30 000
…	…	…	…	…	…
合计	60 000	50 000	40 000	…	300 000

3. 具体措施

（1）突出重点，规范市场，继续培育核心产品。

（2）围绕市场，用心经营，继续卖好现有类别。

（3）强化服务，主动协调，搞活全区市场。

××公司

××年××月××日

注意

在制订部门推销计划时，要注意以下指导原则。

- 确立目标，确立有时间限制的可衡量目标。
- 资源配置，包括人力资源和资金等的配置。
- 建立控制、评估和反馈系统。

2.4　个人推销计划的编制程序

某历史学家兼作家曾经说过："很多人也许不会意识到，在每天荒废的分分秒秒中，他们的生命在一点一滴地流逝。"对推销人员的工作来说，再没有比这更贴切的话了。

推销人员有一定的自主权。没人可以干涉推销人员是否等到 9:30 才安排首次推销活动，或 16:00 就下班回家；也不会有人干涉他们在工作时间干些杂七杂八的私事，或在星期五 13:00 就开始给自己放假。即使企业和各个部门有着属于自己的一套考核方案和总计划，但对推销人员却鞭长莫及。所以如果没有一定的自我约束能力，那么即使是有着杰出的推销技巧的推销人员，最终也会失败。许多能力一般的推销人员之所以取得了成功，是因为他们把自己引入了富有成效的活动，即计划自己的活动。

2.4.1　对潜在客户的情况调查

个人推销是一种双向沟通与交流，要求推销人员对潜在客户的需求和问题预先有一个基本了解，只有这样才能在接触客户时与客户沟通并确定其需求和问题。

1. 客户的基本情况

- 客户的姓名和职务。
- 客户的性格、爱好和固有观念。
- 客户的家庭情况（成员、工作单位、生日等）。

● 客户的权限。

2. 客户购买行为特征

● 对推销人员的态度。

● 推销过程会遇到哪些阻力？

● 客户会有哪些反对意见？

● 客户主要的购买动机是什么？

● 客户的购买决策是什么？

2.4.2 确定推销活动的具体目标

推销人员的推销目标分为推销活动目标和推销效益目标两种。推销活动目标是由推销人员自己确定的在一定时期内推销活动范围、推销活动对象及推销活动时间的目标；推销效益目标是指能够反映推销活动带来的利益的各项指标。两者之间有密切的联系，推销效益目标是推销活动目标的综合反映，推销活动目标是推销效益目标的基本保证。

1. 推销活动目标

（1）推销活动的区域目标。一名推销人员一般具体负责某个地区、某类产品或某类客户的销售业务。区域目标就是推销人员计划在未来一个时期内所达到的市场范围。例如，一名推销人员原来在某个中等城市从事推销业务，其活动范围基本不超出这个城市，根据市场的发展情况，计划在未来一年中，除巩固现有市场外，还将推销业务扩展到邻近的另一座城市，从而扩大自己的市场区域。

（2）推销活动的对象目标。推销活动的对象目标包括三个方面：一是确定推销区域内的现有客户和潜在客户；二是确定重点客户；三是确定对每个客户的推销行动。对不同的客户，行动目标也各不相同。对现有客户来说，推销行动目标一般有实现新的销售、处理抱怨、了解客户的意见和建议、加强业务沟通、了解客户的购买动向、推荐新产品等。对潜在客户来说，推销行动目标有了解客户的基本情况、介绍产品、建立感情、实现销售等。

（3）推销活动的时间目标。有调查表明，推销人员真正用在推销洽谈上的有效时间不到整个工作时间的 30%，其余均被交通、等待、整理、杂事等耗费，其中，又以交通耗费的时间比例为最大。因此，推销人员安排合理的访问路线和洽谈时间就显得很重要，对此推销人员也可以有一个时间目标要求，来提高有效时间所占的比例。

2. 推销效益目标

（1）销售额。销售额是推销目标中的基本指标，是从量的角度考查推销人员工作业绩的主要指标，也可用销售量来表示。

（2）销售目标达成率。销售目标达成率是实际销售额与目标销售额之比，可以用来衡量推销人员销售目标的完成程度。

（3）折扣率。折扣率是推销人员对客户所让出的折扣额占销售总额的比例。如果折扣率增加的幅度超过销售额增长的幅度，那么说明利润下降；如果折扣率增加的幅度小于销售额增长的幅度，那么说明利润增加。折扣率反映了推销效率的高低。

（4）毛利率。销售总额减去产品成本，再减去推销中折扣的金额，剩余部分为毛利润。毛利润与销售总额之比就是毛利率。毛利率的高低反映了产品的赢利水平。

（5）货款回收率。货款回收率是收回货款金额与销售金额之间的比例。回收率越高，越有利于企业的资金周转。回收率低，则会造成资金周转困难，而且意味着具有一定的风险。

（6）推销费用。推销费用是指为完成推销任务而耗费的各项支出。费用增加必然造成销售成本增加、利润下降，因此费用应当有所控制。一般来说，推销费用与推销次数有关，而推销次数又与推销成果成正比，要提高推销成果就应当增加推销次数，而次数的增加也意味着费用的增加，这是一个矛盾。推销人员对推销费用的控制目标不在于推销费用的绝对数额，而是要保证费用的增长率不超过销售的增长率。

讨论

有一个著名的药物试验，将 100 名感冒患者分为两组，分别给予特效药与非药物的乳糖，并告知他们服用的都是同一类特效药，结果两组的好转率均达到 60% 以上。对头痛者也做过类似的试验，结果两组基本相同。可见，心理暗示的效果是存在的。那么，推销人员是否可以用推销目标来时常暗示自己呢？你认为树立一个恰当的推销目标会对推销人员产生什么作用？

2.4.3 研究推销策略

每名推销人员在拜访客户前都要研究一下，面对特定的客户采用什么样的推销策略是最合适的。

1. 我能为客户提供什么

- 为客户提供的是产品还是其他服务？
- 洽谈的要点是什么？

2. 我应该如何进行推销

- 如何吸引客户的注意力？
- 如何引起客户的购买兴趣？
- 如何刺激客户的购买欲望？
- 如何实现购买行动？
- 客户有哪些特殊之处可能影响（有利于或不利于）推销？

3. 我此次拜访所要达到的目标是什么

推销目标很多，但面对不同的客户、不同的情况，所制订的推销目标也不同。例如，可以确定本次推销活动的目标是了解客户需求还是影响客户的购买行为，是向客户介绍有关情况还是促使客户做出购买决定。

推销人员应该考虑上述问题，运用适当的推销策略和推销技巧来达到既定目标。

2.4.4 制订个人推销计划

推销人员的个人推销计划一般包括推销访问计划、推销效益计划、客户发展计划和推销活动日程计划等。

1. 推销访问计划

推销访问计划是推销人员在制订推销计划时首先要制订的，它将指导推销人员更有效地访问客户，达到既定的推销目标。推销访问计划表如表 2.4 所示。

表 2.4　推销访问计划表

计　　划	内　　容	
我应该拜访谁	姓　　名	
	工作职责	
我怎样与他 / 她接触		
他 / 她的具体要求和问题是什么		
需要问的关于职务、暗示的内容和必要的报酬问题是什么		
根据他 / 她的要求和问题，列出有关特征、优势和利益	特　　征	
	优　　势	
	利　　益	
我能够提供何种证据来证明我所说的内容		
可能出现的（反对）情况是什么		
如果有机会，我要采用何种方法结束拜访		
根据这些资料，今天可以得出的结论是什么		

就每次推销活动制订访问计划是很有必要的。推销人员应充分利用所有可以利用的时间进行推销，最大限度地与客户接触。

2. 推销效益计划

推销效益计划是推销人员在一定时期内要完成的效益指标计划。该计划一般根据企业市场营销计划中规定的具体任务、各项推销目标、推销产品的市场特征和推销人员的实力等因素来综合确定。推销效益计划一般按年制订，既要满足企业推销计划的要求，又要具有很好的可行性，这样才能起到指导作用。某年度推销效益计划表如表 2.5 所示。

表 2.5　某年度推销效益计划表

计划指标	时间进度												
	全　　年	月　　份											
		1	2	3	4	5	6	7	8	9	10	11	12
销售额（元）													
销售目标达成率（%）													

续表

计划指标	时间进度												
	全　年	月　份											
		1	2	3	4	5	6	7	8	9	10	11	12
折扣率（%）													
毛利率（%）													
货款回收率（%）													
推销费用（元）													

3. 客户发展计划

客户发展计划主要依据推销活动的对象目标来制订，它是推销活动对象目标的具体化。如表 2.6 所示为四川某服装企业推销人员根据工作需要制订的 ×× 年 ×× 月客户发展计划表。

表 2.6　×× 年 ×× 月客户发展计划表

现有客户					潜在客户				
序号	个人或单位	客户类型	客户级别	行动目标	序号	个人或单位	客户类型	客户级别	行动目标
1	×× 宾馆	终端客户	A	扩大销售	1	×× 局	集团客户	B	建立感情
2	×× 商场	批发公司	B	保持联系	2	×× 公司	批发公司	A	实现销售
…					…				

客户发展计划可按月制订。计划期过长，会因许多潜在客户难以预测而不能列入计划；而计划期过短，又会因情况变化使计划难以实现。对于多年的老客户应以维持销售量为主，对于新客户应尽量扩大销售，对于尚未购买的潜在客户则应尽力实现销售。

4. 推销活动日程计划

推销活动日程计划是针对每天的推销活动而做的一种计划安排，要周密、详细，具有很强的针对性和可操作性。×× 年 ×× 月第 ×× 周推销活动日程表如表 2.7 所示。

表 2.7　×× 年 ×× 月第 ×× 周推销活动日程表

日　期	拜访对象	客户类型	访问时间	拜访目的	乘车路线
3 月 1 日	1. 张 ×× 2. 赵 ×× 3. 王 ××	终端客户 批发商 批发商	9:00—10:00（已约） 10:30—11:30（待约） 14:30—15:30（已约）	签合同 销售 介绍产品	27 路到九眼桥下 由张 ×× 处坐 56 路可到达 48 路到盐市口下
3 月 2 日					
3 月 3 日					
3 月 4 日					
3 月 5 日					

推销人员每天访问多少个客户，要根据自己的具体情况而定。因为其影响因素很多，如

产品类别多少、交易额大小、潜在客户多少、访问频率高低、销售区域大小、交通方便程度等。在城市推销消费品，每天可以访问六个客户或更多。在范围大的区域内推销生产资料，访问一个客户就可能需要数天时间。时间分配上要优先保证重点客户。

推销活动日程表可按周进行安排，计划期过长会因其他一些因素不能确定而难以做出具体的安排。在进行安排时，可先安排已经预约、确定的事情，未约定的插空安排，要留出必要的机动时间，在情况有变化时可以进行改动。

除此之外，推销人员还可根据要拜访客户的具体情况制订出每次的拜访计划，将推销要点、话题、示范工具、演示方法等事先进行设计。也可以不列书面计划，但在出发之前一定要将有关内容回顾、检查一下，做到心中有数。

2.4.5 推销计划的实施

对于推销人员而言，推销计划的实施有时比计划的制订还重要。有的推销人员，在制订推销计划时很周到，但实施起来却丢三落四。推销效益计划和客户发展计划在实施之前还要上报有关领导批准。

推销计划的实施应遵循以下原则。

（1）灵活性原则。对不确定的客户要制订相应的应急计划。每次执行过后，要及时做好记录，并定期把执行效果和计划目标进行对比分析，发现偏差要尽快查明原因，及时采取调整、补救措施，以确保计划目标的实现。例如，推销活动日程安排若出现偏差，应随时做出调整；月（年）计划可根据上一月（年）的完成情况调整下一月（年）的计划。

（2）反馈性原则。在实施推销的过程中，客户的反应、推销的效果、发现的新情况等，都是推销人员宝贵的信息。推销人员要认真记录和整理，为企业和自己制订下一步的推销战略提供资料和依据。

练习与实训

1. 填空题

（1）按照推销计划的职能范围，可以把推销计划分为________和________。

（2）部门在制订推销计划时，首先要________。

（3）推销人员在调查潜在客户时，主要了解客户的________和________。

（4）推销人员的推销目标分为________和________两种。

（5）推销人员的推销计划包括________、________、________和________。

2. 判断题

（1）推销计划开始实施时，制订推销计划的工作就算完成了。（　　）

（2）部门的推销目标就是为了更多地赢利。（　　）

（3）各部门根据本部门所确定的计划目标和所拟订的各种计划方案，对其他综合计划部门进行购、销、调、存、人、财、物等方面的全面平衡考虑后，才能编制正式的综合推销计划。（　　）

（4）推销效益目标是推销活动目标的基本保证。（　　）

3. 案例分析题

（1）在吃饭时，几名推销人员凑在一起讨论推销方法。其中一名推销人员说：“说到推销方法，最重要的还是灵活性。如果在每次业务活动前都做好充分的准备，深思熟虑每个细节，那么就失去了灵活性。何况客户的情况千差万别，也根本没有办法去做充分的准备，推销全靠随机应变，计划是没有用的。”

你认同这位推销人员的观点吗？你认为怎样才能把计划性和灵活性很好地结合起来呢？

（2）下面是 ×× 办公设备公司推销人员马丽一天的活动。

9:00—10:00：与 A 企业张先生电话联系。在走廊里一直等到 9:40 才见到张先生推荐的买方代理人孙先生。讨论订货程序时，发现某些型号的货物是通过孙先生的办事处订货的，而另一些货物的订单是由个别部门经理处理的。

11:00—11:30：接到 B 企业赵女士的电话，问马丽是否能在 20 分钟后会见其采购代理人王先生。见面后，王先生表示了订购意向，但急于参加一个经理会议，他提议在下周约个时间再谈。

11:45—12:00：拜访 C 企业的李先生，询问其先前订购的产品是否已交付完毕，但了解到只交付了一半（价值 1000 元），李先生很不满意。

12:05—12:55：邀请李先生到碧海蓝天酒楼共进午餐。

13:00—13:30：联系 ×× 运输企业。上个月该企业将采购指令输入系统，但马丽发现该公司已向另一家公司发出了价值 8 万元的意向订单，但仍欢迎竞争对手供货。

13:45—14:30：联系平安保险公司，接到 8 000 元的打印纸订单。

15:30—16:00：联系 ×× 大学，了解到其所订购的办公设备要放到所有的分部使用。按买方的要求，马丽必须与所有的授权人接洽。

16:14—16:25：联系 D 企业，想拜访其采购代理人，对方要求到城外会见。

16:30：回到办公室，处理案头事务。

事实上，马丽的时间安排并不合理，请你从时间安排上为马丽提出改进建议。

4. 课堂实训

任务：制订关于校运动会期间开展“文化体育用品展销会”的计划。

要求：格式正确，语言表达清晰，内容翔实，方案有创意。

阅读材料

材料 1：为什么最好的销售代表成了最差的销售经理

惠普中国前总经理孙振耀，曾经在一篇文章中讲过自己“从最优到最差”的故事。孙振耀是中国台湾人，一开始在惠普做推销人员。1987 年，他作为惠普全球最优秀的 85 名推销人员之一，到美国总部领取了“总裁奖”，并且在年度绩效考评中获得最高分。

从美国回国后，孙振耀就被提升为经理，开始了职业经理人生涯。让他想不到的是，在一年后进行的绩效考评中，上级经理对他的评价竟然是最差一级，相当于不及格。他的主管经理对他说：“振耀，你是好的销售代表，但作为经理，你还有很多需要学习的地方。特别是在教导员工方面，我没有看到你做出令人信服的表现。”

孙振耀讲这个故事，是说经理人要做教练，而自己当时没有做好。经理人做教练的关键是“教你练”，而不只是“叫你练”。经理人怎么做到“教你练”？简单地说，有以下几个要点：第一，明确意义；第二，设定目标；第三，示范方法；第四，及时反馈。其实，孙振耀及他的上级都没有做好“教你练”。具体分析如下。

第一，明确意义，解决“为什么要练”的问题。孙振耀从推销人员成为销售经理，面临重要的角色转换，这是个“关键教练时刻”。他的上级教导他：因为你角色不同了，所以你练的重点不同了，以前你的重点是练“销售”，以后你的重点是练“帮助别人销售”。

第二，设定目标，解决“练什么”的问题。设定目标，不是说设定“你要成为一个好的教练”这样的目标。这是个“结果目标”，不具体，不具可操作性。要把它分解为可以操作的“行动目标”，比如，陪新入职的推销人员进行至少三次客户拜访等。

第三，示范方法，解决“怎么练”的问题。示范方法，可以分解成几个步骤，一步步给他讲清楚；可以你做给他看；也可以让他自己做，你在旁边观察，然后给他讲哪里做得对，哪里做得不对。当然，更可能是前面几种方式的综合。

第四，及时反馈，解决“练得怎么样”的问题。只有及时提供准确的反馈，才能真正解决“怎么练”的问题。孙振耀的上级没有对他的表现给予及时反馈，只是到了年底绩效评估的时候才说出来，难怪孙振耀会很惊讶。下属的惊讶就是上级没有及时反馈的标志。

材料 2：倪经理与他的销售计划

倪经理是一家服装企业的销售经理，每年制订销售工作计划便是他的“必修课”，很好地指导了他的销售团队。那么，倪经理的年度销售计划是如何制订的呢？它又包括哪几个方面的内容呢？

1. 市场分析

倪经理采用的市场分析工具便是企业经常使用的 SWOT 分析法，S（Strengths）代表优势，W（Weaknesses）代表劣势，O（Opportunities）代表机会，T（Treats）代表威胁。通过 SWOT 分析，倪经理可以从中了解市场竞争的格局及态势，并结合企业的缺陷和机会，整合和优化资源配置，使其利用最大化。例如，通过市场分析，倪经理清晰地了解到服装市场的现状和未来趋势：产品（档次）向上走，渠道向下移（通路精耕和深度分销），寡头竞争初露端倪，营销组合策略将成为下一轮竞争的热点等。

2. 销售思路

基于市场分析，倪经理制订了具体的销售思路。

（1）树立全员营销观念，真正体现“营销生活化，生活营销化”。

（2）实施深度分销，树立“决战在终端”的思想，有计划、有重点地指导经销商直接运作终端市场。

（3）综合利用产品、价格、通路、促销、服务等营销组合策略，形成强大的营销合力。

（4）在市场操作层面，体现“两高一差”，即要坚持“高价位、高促销，运作差异化”的原则，扬长避短，体现独有的操作特色等。

3. 销售目标

倪经理是如何制订销售目标的呢？

（1）根据上一年度的销售量，按照一定增长率（如 20% 或 30%），确定当前年度的销售量。

（2）销售目标不但体现在具体的每个月度，而且责任到人，量化到人，并细分到具体市场。

（3）权衡销售目标与利润目标的关系，具体表现就是合理确定产品结构，将产品销售目标具体细分到各层次的产品。例如，倪经理根据企业服装产品 ABC 分类，将产品结构比例定位在 A（高价、形象利润产品）：B（平价、微利上量产品）：C（低价、战略性“炮灰产品”）=2：3：1，从而更好地控制产品销量和利润的关系。

4. 销售策略

倪经理结合自己多年的市场运作经验，制订了如下销售策略。

（1）产品策略：坚持差异化，走特色发展之路；产品进入市场，要充分体现集群特点，发挥产品的核心竞争力，形成一个强大的产品组合战斗群，避免单兵作战。

（2）价格策略：高质、高价，产品价格向行业标杆看齐；同时，强调产品运输半径，以 600 千米为限，实行“一套价格体系，两种返利模式”，即价格相同，但返利标准根据距离远近不同而有所不同的定价策略。

（3）通路策略：创新性地提出分品项、分渠道运作思想，除精耕细作、做好传统通路外，集中物力、财力、人力、运力等企业资源，大力开拓校中店、社区店等特殊通路，实施全方位、立体式的突破。

（4）促销策略：开创性地提出了“连环促销”的营销理念。促销体现“联动”，牵一发而动全身，其目的是大力牵制经销商，充分利用其资金、网络等一切可以利用的资源，有效挤压竞争对手。

（5）服务策略：提出了温情服务承诺，建立“贴身式”“保姆式”服务观念，在售前、售中、售后服务上，务求热情、真诚、一站式等。

5. 团队管理

在这个模块，倪经理主要锁定了两个方面的内容。

（1）人员规划，即根据年度销售计划，合理配置人员，制订人员招聘和培养计划。例如，2018 年销售目标是 5 亿元，企业本部的销售团队要达到 200 人，这些人要在什么时间内到位，落实责任人是谁等。

（2）团队管理，明确提出打造“铁鹰”团队的口号，并根据这个目标，采取了如下几项措施：一是健全和完善规章制度，制订了《营销人员日常行为规范及管理规定》《营销人员“三个一”日监控制度》《营销人员市场作业流程》《营销员管理手册》等；二是强化培训，提升团队整体素质和战斗力；三是严格奖惩，建立良好的激励考核机制，通过定期晋升、破格提拔、鼓励竞争上岗、评选营销标兵等形式，激发营销人员的内在活力。

6. 费用预算

倪经理所做的销售计划的最后一项，就是销售费用的预算，即在销售目标达成后，企业投入费用的产出比。例如，倪经理所在的服装企业，销售目标 5 亿元，工资费用 500 万元，差旅费用 300 万元，管理费用 100 万元，培训、招待及其他杂费等费用 100 万元，费用合计 1 000 万元，费用占比 2%。通过费用预算，倪经理可以合理地进行费用控制和调配，使企业的资源“好钢用在刀刃上”，以求企业的资金利用率达到最大化，从而不偏离市场发展轨道。

倪经理在做年度销售计划时，还充分利用了表格工具。例如，销售目标的分解、人员规划、培训纲目、费用预算等都通过表格的形式予以体现，不但一目了然，而且具有对比性、参照性，使内容更加直观和易于理解。

友情推荐

网站：世界经理人

项目 3 寻找客户

知识要点

◎ 客户的类型
◎ 寻找客户的途径
◎ 确定客户范围
◎ 审查客户资格

能力要点

◎ 对推销产品有较强的认知能力，能够识别潜在客户
◎ 具有敏锐的观察力，随时捕捉潜在客户的信息
◎ 具有持之以恒的耐力，坚持不懈地寻找潜在客户

任务引入——芈乐开发客户

芈乐准备行动了，却有些无奈，不知客户是谁，客户在哪里。

欧经理来支着儿："做事要聚焦问题，突出重点，靶向发力、精准施策。客户开发的前提是确定目标市场，研究目标客户，从而制定客户开发市场营销策略。推销人员的首要任务是开发准客户，通过多种方法寻找准客户并对准客户进行资格鉴定，使企业的推销活动有明确的目标与方向，使潜在客户成为现实客户。"

于是芈乐认真地跟着老业务员学习如何去开发客户。

相信刚入行的推销人员，最痛苦的事情之一就是面对产品不知所措。寻找客户的环节是任重道远的，在本章中，我们将就如何寻找和识别潜在客户做较详细的讲解。

3.1 如何寻找客户

寻找客户是推销活动的开端。专业的市场调研公司提供的数据显示：在第一年从事推销

的人员中，80% 的失败者源于对潜在客户的搜索工作做得不到位。在寻找客户时，不能大海捞针般地盲目寻找，必须先确定客户的范围。在此基础上还应掌握寻找客户的方法，为日后的推销工作奠定基础。

俗话说得好，推销人员的一个重要本事就是“眼观六路，耳听八方”。

有的推销人员形象地把寻找客户的过程分为“疯狗期”“绵羊期”“猎豹期”三个阶段。所谓“疯狗期”，即推销人员行走于大街上，见人便“咬”，或穿梭于写字楼间，见门就敲，这一阶段可谓事倍功半，往往收效不大。大约过了三天以后，初时的兴奋与激情也便告一段落，逐渐进入“绵羊期”。顾名思义，这一阶段是很温和的阶段，推销人员整天待在如肯德基、麦当劳之类的休闲场所，守株待兔。又大约过了一周以后，心情平静，静思已过，于是理出头绪，进入“猎豹期”，即有计划、有目的地寻找客户。

为了早日进入“猎豹期”，我们还要共同学习寻找客户的相关知识。

首先来认真分析作为“上帝”的客户大体上可分为哪些类型，以便在寻找客户时减少碰壁的概率。

3.1.1 客户的类型

客户在这里是一个广义的概念，是指购买产品及可能购买产品的组织或个人。客户既可以是一个组织，也可以是个人。组织客户与个人客户有着明显的区别，他们的购买动机、目的及数量各不相同。组织客户购买专业性较强，购买量大，他们购买的产品或作为生产资料，或自己使用，或转手再卖出。个人客户一般购买量小，购买的产品也是为自己或家庭所用。推销人员应针对不同的客户，采用不同的推销策略。所以推销人员必须了解客户的需求、购买动机等因素。

客户类型如表 3.1 所示。

表 3.1　客户类型

客户类型	客户购买行为特征	推销策略
理智型	客户头脑冷静、清醒，很少受广告宣传、商标，以及华丽包装等外界条件的干扰，可以按照既定的购买目的进行购买活动，购买产品后很少后悔	要求推销人员有比较丰富的产品知识，向客户进行比较详细的介绍，准确回答客户各种实质性的问题，并进行现场示范
冲动型	客户容易受广告、外界宣传的影响，特别容易受购买气氛的影响。这类客户的购买行为多数是从个人的兴趣出发，不太讲究产品的性能和实际效用，购买后容易后悔	对于这类客户可以通过口头说服、加强包装、提供良好服务等手段来引导其购买
习惯型	客户往往愿意购买经常使用的一种或数种品牌产品，并且愿意购买自己熟悉的推销人员推销的产品，他们购买目标稳定，很少受外界的干扰。同时，这类客户因为对购买的产品较熟悉，在购买时一般不认真挑选，购买行动迅速	保证所提供的产品具有良好质量及服务，做好客户资料收集，及时向客户传递新产品的信息，为客户提供优良的售后服务

续表

客户类型	客户购买行为特征	推销策略
不定型	客户在购买产品前，没有明确的或既定的购买目标。进入商店主要是参观、休闲，漫无目标地观看产品或随便了解一些产品的销售情况，遇到有兴趣或合适的产品会购买，有的则观看后离开	针对这类客户，要立即达成交易有一定的难度，需要推销人员提供更多的优惠政策，才能刺激其产生购买欲望
想象型	客户的感情和想象力比较丰富，他们往往以丰富的联想来衡量产品的价值，对产品的造型、颜色和品牌比较重视。购买时注意力容易转移，兴趣易于变化	针对客户感情和想象力丰富的特点，在推销产品时注意推销情感，把产品与客户的生活紧密联系在一起进行推荐
经济型	客户购买产品时特别重视价格，对于价格的反应特别灵敏。无论是购买高档产品，还是中、低档产品，首先考虑的因素是价格	对于这种类型的客户，推销人员在推销过程中要特别注意价格因素，推荐性价比比较高的产品

以房地产销售为例，在房地产销售过程中，针对不同性格的客户使用的具体推销策略如表 3.2 所示。

表 3.2　推销策略

客户类型	客户购买行为特征	推销策略
理智稳健型	深思熟虑、冷静稳健，不容易被推销人员的言辞说服，对于疑点必详细询问	加强楼盘品质、企业信誉及独特优缺点的说明，一切说明都必须讲述得有理有据，以获得客户的理性支持
喋喋不休型	因为过分小心而喋喋不休，过于关注细节，说话常跑题	推销人员要取得客户的信任，加强他对产品的信心，离题甚远的时候要寻找恰当的时机引导他回到主题，从决定到签约须讲究一个“快”字
沉默寡言型	出言谨慎、一问三不知、反应冷漠、表情严肃	除介绍产品外，特别需要以亲切、诚恳的态度拉近彼此的距离，想办法了解其工作、家庭子女情况，以求谈论家常往事，了解他内心的真实需求
感情冲动型	天性冲动，易受外界刺激和怂恿，短时间就会做出决定	一开始着重强调楼盘的特色和实惠，促其快速决定，当客户不予购买时，要说话得体，以免影响其他客户的现场洽谈
优柔寡断型	犹豫不决、反复不断、怯于做决定	推销人员态度坚决、自信，获得客户的信赖，帮助客户尽快决定
盛气凌人型	趾高气扬，以“下马威”震慑推销人员，拒推销人员于千里之外	稳住立场，态度不卑不亢，尊敬对方，适当“肯定”对方，寻找他的弱点作为聊天突破口
求神问卜型	决定权操纵在冥冥之中的“神意”和“风水大师”手中	多看一些关于风水的资料，用现代科学的观点来阐释风水，不要被客户所说的虚妄鬼神之学扰乱自己的思维，谈话中要强调人的价值
畏首畏尾型	缺乏购买经验，一般是刚参加工作不久或属于首次置业者，不易很快做出决定	给客户展示企业的开发业绩和良好的社会信誉等物证，介绍楼盘所能体现的生活模型，用事实说话，给客户购买的信心
神经过敏型	容易往坏处想，干什么都忧心忡忡	谨言慎行、多听少说、神情庄重，加强说服工作

续表

客户类型	客户购买行为特征	推销策略
借故拖延型	个性迟疑、借故拖延、推三阻四	查明客户不决定的真正原因，设法解决，免得签合同时久拖不决
斤斤计较型	“心思缜密”“大小通吃”“锱铢必较”	利用现场热烈的销售气氛和销售形势向客户施压，并强调楼盘的优惠和物有所值，促使客户快速决定，打消其斤斤计较的想法

3.1.2 寻找客户前的心理准备和基础工作

日本“推销之神”原一平说:“推销成功没有其他的秘诀，唯有走的路比别人的多，腿跑得比别人勤。”他平均每个月要用 1 000 张名片，将自己每天要拜访客户的标准量设计为 15 位，没访问完不回家休息。

连续 16 年获得日产公司汽车销售冠军的奥程良治，成功推销的秘诀是“1/30”的坚持和不断地访问。也就是说，在汽车推销人员访问的 30 人当中，就会有一个人买车。所以，即使他拜访了 29 位客户都没有成功，但他也会认为下一个可能就是准客户。就是有了这种心理准备，方使他成为成功的汽车推销人员。

福瑞德·鲍尔是英国著名的工业品推销人员，以善于推销机器设备而著称。为了便于开展推销工作，鲍尔总是勤做笔记。在商业杂志或有关报刊上登载的有关自己工作的任何活动，鲍尔总是会用笔记下来。对于客户的名称、地址、电话号码、工厂规模等，鲍尔也会用笔完整地记录下来。在鲍尔的资料中记载了工厂主、生产经理、采购人员，甚至门卫、秘书等人的姓名及有关信息，这些都给了他很大的帮助。

这几位推销大师的成功经验为推销人员迈进推销大门、寻找客户提供了指示作用。他们的经验说明：一名推销人员要想迈好推销的第一步，必须做好准备工作，如图 3.1 所示。

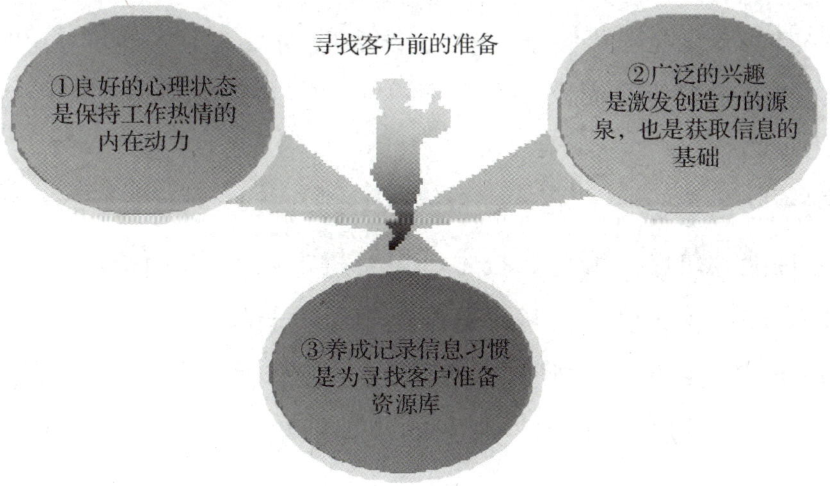

图 3.1　推销的准备工作

3.1.3 确定客户范围

推销人员不能奢望所访问的每个人都能购买其所推销的产品。因而推销人员要结合具体情况，发现既能从所推销的产品中获益，又有能力购买这种产品的个人或组织，即准客户。寻找准客户的行为又被称为开发客户。

在开发客户的过程中，应该结合各方面因素来确定客户范围，并进行全面分析，才能保证推销工作有的放矢地进行。

1. 根据产品因素确定客户范围

在确定客户范围时，非常重要的一个方面就是要考虑产品因素，即所推销的产品应能够满足客户的需要。这就要求从产品的性能、质量、花色、品种等方面进行全面分析。产品越能满足消费者的需求，扩散速度就越快，客户的范围也就越广；产品的性能越优化，相对先进性越明显，客户的范围也就越广；产品所具有的实用性与消费者的消费观念和价值观念越吻合，客户的范围也就越广；当质量、性能各方面相当时，价格越低、操作越便利的产品，客户的范围也就越广。价格相对较高、操作较复杂或相对先进性不明显，甚至质量较差的产品，其需求量越小，推销速度就越慢，客户范围也就越小。例如，洗碗机的销售一直以来遇到很多障碍，为什么呢？一是洗碗机本身价格高，使用不方便；二是相对于用手洗碗，它费水、费电、费时。这样的特点就限制了产品的客户范围，因为工薪阶层不愿支付这项费用，时间充裕的人不愿使用它，节省的人不考虑购买它。

2. 结合企业的特点确定客户范围

（1）企业所经营的产品的特点是在确定客户范围时所要考虑的重要因素。经营生活必需品的企业，如副食品商店、日用品商店等，地理位置对于确定客户范围非常重要。因为经营这些用品的不同企业所提供的产品差不多，不存在明显的差别，客户在选择产品时不存在明显的倾向性或偏好，因而一般喜欢选择到邻近的商店购买。因此，在这类企业中，谁能为客户提供时间上和空间上更为便利的条件，谁就更能赢得客户。

（2）产品的品种也是确定客户范围时所要考虑的因素。大型企业经营产品的品种较多，而且在产品质量、售后服务等方面比较有保障，客户容易产生信任感，相应地，企业确定的客户范围也相对广一些。

（3）企业的形象和信誉也是不可忽视的重要因素。这是一个抽象的、综合性的概念，是企业的产品质量、性能、价格、服务、技术、设备等方面的集中体现。企业形象良好，在客户中具有一定的知名度和美誉度，其客户范围就相对广一些。

（4）企业促销的力度、能力对确定客户范围也有很大的影响。一般来说，企业促销的力度、能力与企业的客户范围成正比。企业的营销活动力度越大、覆盖范围越广，客户范围就越广。

3. 结合消费者状况确定客户范围

推销人员在开发客户的过程中，首先要确定产品面向的对象。向低收入者推销高档奢侈品是很难达成交易的。推销人员在确定客户范围时应从消费者的角度，设身处地地为客户着想，使确定的客户范围更加准确、合理。

总结起来，可以通过三个步骤来确定客户范围，如图 3.2 所示。

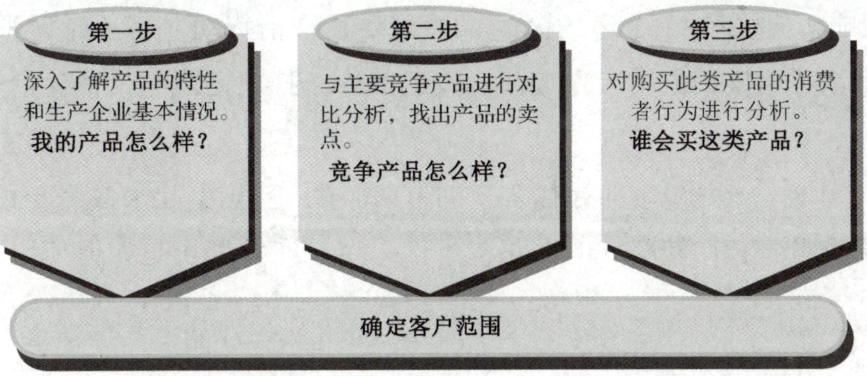

图 3.2　确定客户范围的步骤

安利公司在纽崔莱系列产品中的蛋白质粉外包装的功能说明中写道：保健功能——补充蛋白质。这是一个模糊的功能定位，但安利公司却成功营销。以下以安利公司纽崔莱系列产品中的蛋白质粉为例进行剖析。

第一步：我的产品怎么样？大企业生产、高价位、高品质、具有保健功能、补充人体蛋白质等。

第二步：竞争产品怎么样？定位模糊、宣传少、知名度不高、大多是中低价位。

第三步：谁会买这类产品？注意保健人士、亚健康人士、想增强体质人士等。

确定客户范围：需要大量补充蛋白质者，如受伤或手术后康复中的人士、孕妇、哺乳妇女、发育期青少年、素食者和老人等。

通过进行客户范围确定，就会发现在一个家庭里总会有部分成员需要补充蛋白质。一个家庭中只要有一个人食用蛋白质粉后达到预期的效果，向其他家庭成员推荐就不成问题了。客户也会源源不断地出现。

3.1.4　寻找客户的途径

“愚公移山”的精神对于推销人员固然可贵，但“实干”与“巧干”要紧密结合才能少走弯路。寻找客户是推销工作的第一道关口，要充分挖掘出潜在客户，除了依靠推销人员自身的努力，还必须掌握并正确运用基本的途径和方法。下面一起来认真学习寻找潜在客户的途径和方法。

1. “地毯式”访问法

“地毯式”访问法是指推销人员通过普遍地、逐一地访问某特定地区内的住户和单位，然后从中确定自己的客户的方法。

这是在推销人员寻找客户时，对某个地区的推销对象不明确或无法确定的情况下所采取的一种方法。在企业进入新的市场时，经常要面对新市场的客户开发。在这种情况下，“地毯式”访问法是现代推销人员常用的寻找客户的途径。该方法的理论依据是“平均法则”，即认为在被访问的所有对象中，必定有推销人员所要寻找的客户，而且分布均匀，客户的数量与被访问的对象的数量成正比。比如，经验表明，20 人中有 1 人会买产品，那么 200 次访问会产生 10 笔交易。这种方法的关键在于区域的确定。在运用这种方法时，先要根据推销产品的各种特性和用途，选择一个合适的区间，并且要在推销行动之后适时调整行动方案。“地毯式”访问法可以采用推销人员亲自上门、发送邮件、打电话或与其他促销活动结合等方式展开。

你也许会认为这是一种最笨的寻找客户的方法。的确，这看起来像是一种比较笨的方法。但实践证明，这也是一种比较有效的方法。不信？请看江铃公司是如何使用这种笨方法获得喜人业绩的。

2002 年年底，江铃公司在已经设立的全国 61 家汽车销售中心的基础上，引进了中国台湾福特六合汽车公司的推销人员体系，即每个销售中心的代理商除在自己的展厅卖车外，都必须雇用几名推销人员，对分管片区的目标客户群进行上门推销。

在具体操作中，江铃公司每个销售中心的销售团队一般分为两批，每批 3 ～ 4 个小组，每组 2 ～ 3 人。针对江铃公司每个特定的车型进行的推销也分两个阶段，第一个阶段是铺货阶段，即大规模地对企业进行挨家挨户的宣传。这种宣传以镇、区为单位进行，每个小组负责一个镇、区的企业。每个工作日推销人员出发前都参加由销售中心经理主持的晨会，在会上圈定镇、区内有价值的潜在企业客户，然后挨家拜访。第二个阶段，推销人员对登门拜访的结果进行小结，然后把购车意愿最高的潜在购买企业纳入数据库，进行更细致的电话咨询，直至其产生实际的购买行为。2003 年 1 月，江铃公司的汽车销售量达到 5 500 辆，比 2002 年同期上升 73%。这除了与市场的因素有关外，与他们独特的销售模式也有很大关系。

该方法的优点：① “地毯式”访问不会遗漏有价值的客户；② 在寻找过程中接触面广、信息量大，各种意见、需求和客户反应都可能收集到，是分析市场的一种较好的方法；③ 因为接触面广，可以向更多的人传递企业或产品的信息，让更多的人了解自己的企业；④ 因为要直接面对各种类型的人，所以对推销人员来说是一种磨炼意志的好途径。

该方法的缺点：① 成本高、费时、费力，寻找客户的效率比较低；② 在许多情况下，推销人员冒昧造访，客户很难在短时间内对“不速之客”产生信任，从而给推销工作带来阻力，给推销人员造成精神负担；③ 推销人员在推销时带有很大的盲目性，因为很多客户是第一次见面，很难做到知己知彼，也很难有针对性地进行劝说。

注意

推销活动可能会给客户的工作、生活带来一定的干扰。为减少工作的盲目性，必须先确定好合适的区域，掌握好访问区域的基本情况，做好访问前的各项准备工作。

2. “中心开花”寻找法

“中心开花”寻找法又称名人介绍法，是连锁介绍法的一种特殊形式，是指推销人员在某个特定范围内，先寻找有较大影响力的中心人物成为客户或得到他的支持，并通过中心人物来影响该范围内的其他人成为客户。

“中心开花”寻找法依据的是社会学中的“顺从”原理，人们对于在自己心目中有一定威望的人物是信服并愿意顺从的，所以，推销人员可以通过争取这些具有影响力的特殊客户来产生连锁效应。

某推销人员欲到南方一个山区城市推销该企业生产的新药，但他所面临的销售地区地广人稀，大、小医院及药店共 400 多家，若按传统的“地毯式”访问法，每天上门推销 1～2 家，要几个月时间才能拜访完。他没有这样做。因为他找到了一个相当好的合作伙伴——一位该地有名的外科主治医师，退休前是管理全区各乡镇医院院长的负责人。正巧那年 9 月 15 日该地区组织所有的院长参加一个学习班，讲师就是这位主治医师。学习班结束后，由主治医师组织这些院长听取该推销人员对新产品特点的详细讲解。后来，经过这位主治医师的大力推荐，二十几位院长每人下了 5 箱的订单，事情到此还没有结束。这些院长回到乡镇，9 月 18 日又在全乡镇各村卫生所大夫参加的例会上推荐了这种新产品，他们所订的货很快就分散到了各地。从 9 月 15 日的学习班，到提货、送货、收货款的 9 月 25 日为止，100 多箱新药的销售工作全部完成。结果是全地区的 400 多家医疗单位同时使用了这种药，全区大部分患者都了解了这种药，企业却没有花一分钱的广告费。

推销人员借助了一个核心人物——该地有名的外科主治医师的力量，使得推销工作事半功倍。该推销人员利用“中心开花”寻找法所产生的连锁效应可以表示为如下形式：推销人员→主治医师→各乡镇医院院长→乡镇医院和村卫生所。

该方法的优点：① 找到“中心人物”，可以产生“一石多鸟”的效果。推销人员只是对中心人物进行寻找和重点劝说，避免了重复推销洽谈；② 可以借用“中心人物”的名声树立企业或产品的品牌形象。

该方法的缺点：①“中心人物”一般都较难接近，推销的难度较大；② 过于依赖“中心人物”往往会使推销进程进展缓慢，一旦“中心人物”食言，整个推销过程就会很被动。

注意

在运用这种方法时，特别要注意选好“中心人物”，并争取得到他的信任和支持。

3. “耳目”寻找法

“耳目”寻找法又称委托助手法、推销助手法或推销信息员法，是指推销人员通过委托有关人士来寻找客户的方法。理论依据是经济学的成本最小化、利润最大化原则。有些企业专门雇用一些低级推销人员寻找客户，以便让那些高级推销人员集中精力从事实际的销售活动。这些低级推销人员往往采用市场调研或提供免费服务等措施，对某些成交可能性比较大的销售地区发起“地毯式”访问。一旦发现潜在客户，立即通知高级推销人员或销售经理安排推销访问。也有一些企业或推销人员专门找特定行业、特定职业的工作人员为其寻找潜在客户。

我国地域辽阔、市场分散，而且许多地方交通不便，特别是山区和边远地区。一名推销人员要想跑遍全国所有地方去寻找客户、开展推销，无论是从主观上还是从客观上来说，都是不现实的。对于一个企业来说，也不可能派成千上万名推销人员奔赴全国各个角落去推销。因此，利用“耳目”来挖掘客户、拓展市场，是一种行之有效的方法。推销人员的“耳目”可以来自同行、系统内、对口行业，也可以从竞争对手处寻找，还可以聘请兼职信息员。

山西的李某将该方法运用得炉火纯青，下面来看看他是如何操作的。

李某是山西某鼓风机厂的推销人员，多次被评为厂、区、市及省里的推销能手。他成绩的取得要归功于他的“耳目”寻找法。他制订出了自己的“耳目”寻找法，在推销过程中找亲戚、托朋友，再通过亲戚托亲戚、朋友托朋友，像滚雪球一样壮大自己的“耳目”队伍。他把这些人的姓名、地址、工作单位及职业分门别类地记在自己的“耳目库”中，让他们帮助自己捕捉信息并推销鼓风机。在销售工作中，他除了自己努力工作，还把一半的精力放在培养“耳目”上。他把自己的名片送给每位“耳目”，上面印有自己的姓名、地址、联系电话及经销的鼓风机品种。对于重点“耳目”，他还要定期通过电话、通信等方式加强联系，寄送新产品目录、说明书，有时还专门拜访。他和电机厂、标准件厂、矿机厂、化肥厂、机床厂等兄弟单位的推销人员联手推销，就是你帮他推销标准件，他帮你销售鼓风机。对于矿山、锅炉厂等单位重点部门的“耳目”，他更是采取重点培养的办法，经常书信往来，有时还上门联系，有时带点家乡的土特产品，让“耳目”们尝尝。这样，时间长了，他就与“耳目”们建立了比较牢固的感情基础。这几年，他通过“耳目”销售的鼓风机每年都占自己销售总量的 70% 以上。

该方法的优点：① 有助于提高工作效率，由于很多事情由“耳目”协助完成，所以较为省时、省力；② 通过“耳目”的信息传递，可以增加推销的影响力，让更多的人了解企业和产品；③ 可以避免陌生拜访压力。

该方法的缺点：① 过分依赖“耳目”会使推销人员养成惰性；② 对“耳目”奖励的尺度不易把握，如果企业没有相关政策，那么推销人员很难保证每次交易的公平性。

注意

在运用这种方法时要加强对“耳目”的选拔并制定相应的管理制度，加强与他们的联系，并向他们传授有关产品的销售技巧。不但要对“耳目”以利诱导，而且要注意情感化。

4. “互联网”寻找法

“互联网”寻找法是指推销人员在网络上发布信息广告，以此来寻找客户的方法。可以采用微信加入、QQ 群引流找人、贴吧论坛、热门 App 引流、利用采集软件等方法。

例如，如何借助计算机网络寻找更多的购车客户呢？

（1）利用好汽车门户网。无论是新车发布还是车型推荐，或者是降价优惠等信息，大多数推销人员都会利用汽车门户网站。因为这里不但有专业的汽车编辑团队在策划和编辑汽车行情信息，而且有厂商、经销商、4S 店在上面做宣传，可吸引很多购车人士在网站上咨询车型、价格、汽车保险、购车流程等问题。作为汽车推销人员，要及时跟踪新车上市、车型对比、车型推荐等信息，多看回复，多留言。

（2）熟悉社区操作且多发言。社区主要的特点是互动性强，包括 BBS、博客、问吧、贴吧等。随着网络的发展，社区也逐渐细分，出现了汽车群、汽车社区、车迷群、车友群、试驾群等。汽车厂商也充分利用社区媒体开展创意互动营销，通过邀请网络写手进行宣传，在网络上打造好的口碑，吸引更多客户。一般来说，通过互联网咨询车型的客户，一类是不懂汽车，不知道购买哪种好；另一类是知道自己的意向，但是想更进一步确认此产品是否值得买。

（3）有自己的独立空间。在互联网时代，推销人员可以独立开辟专栏、博客空间等，分享的同时也宣传了自己。

（4）建立汽车群。推销人员应主动建立聊天群及汽车群，吸纳更广泛的客户群。通过群来获得信息是一个快捷渠道。如果推销人员只负责推销一种车型，那么可以具体到建立车型群，建立之后要适当进行推广宣传。

作为一名汽车推销人员，要展示你的网络联系方式，好让潜在客户快速联系到你。只要用心去发现，互联网潜在的无限的客户资源等着你来挖掘。

该方法的优点：① 覆盖面广，随着互联网的快速发展，网络成为人们生活当中重要的一部分，网络广告成为企业宣传产品、维护品牌形象最直接、最有效的手段之一；② 针对性强，在互联网上发送产品信息不受地域和时间的限制，更易于对主要客户群进行宣传；③ 更富创意，在互联网上发布产品信息可以更有创意，感官性更强，如互联网广告以多媒体、超文本格式为载体，图文并茂，传送许多感官信息，使受众能身临其境地感受产品或服务；④ 节省费用，降低成本，推销人员可以足不出户就把产品的相关信息通过电子邮件等形式发送给相关的客户，这样节省了大量的出差时间和费用；⑤ 使沟通变得简单，对于那些不善于与人打交道的推销人员，互联网将会成为他们的得力助手，他们可以省掉与人面对面的尴尬，而利用互联网间接“侃侃而谈”。

该方法的缺点：① 要求推销人员具备一定的计算机网络知识；② 要求客户具有一定的计算机网络知识。如果客户不会使用计算机，更没有上网的习惯，那么他便无法得到信息，所以在利用这种方法时，要对客户进行资格审查；③ 要求推销人员具有很强的身份识别能力。因为计算机网络很容易掩盖客户的真实身份，所以需要推销人员具有很强的鉴别能力。

注意

目前推销环境日新月异，推销人员应在市场竞争激烈的情况下，把握时代的脉搏，善于观察、学习，利用新知识和新方法。

5.“连锁”介绍法

“连锁”介绍法是推销人员请求现有客户介绍潜在客户的方法，又称客户引荐法或无限连锁法。在推销过程中，一些客户可以提供与其消费需求相同、购买力相近的新的潜在客户，使推销人员发现新的推销目标和对象。

中国香港推销界有一句名言：“亲戚、朋友是生意的扶手棍。”在第一次推销时，不知准客户在哪里，从亲戚、朋友开始，不失为一个好方法。人们常说：“龙交龙，凤交凤。”由于职业关系，许多亲戚、朋友认识的人，都是具有相同职业的人。例如，宾馆经理认识的宾馆经理，肯定比你认识的宾馆经理多。认准这一点，就可以询问身边的人，其他宾馆经理是否需要产品，或直接要求他给你介绍其他宾馆经理，然后登门拜访。见到客户后，你就说：“我是您的朋友 ×× 宾馆张总介绍来见您的。”这样，客户“不看僧面看佛面”，必然热情地接待你。

注意

利用“连锁”介绍法寻找新客户，关键在于推销人员要取信于现有客户，因为“连锁”介绍法主要是借助于现有客户的各种社会关系，而现有客户并没有介绍新客户的义务。

6. “电话”寻找法

“电话”寻找法是指推销人员在掌握了客户的姓名和电话号码后，用打电话或发短信的方式与客户联系而寻找目标客户的方法。

该方法的优点：寻找速度快，信息反馈快。因为打电话属于“单线联系”，不受外人干扰。因此，用电话寻找客户的方法常被称为推销人员的“金矿”。

该方法的缺点：人们如今接到的推销电话太多，有所厌烦；客户联系方式的变化导致联系中断。

请看以下短信内容：“大中电器南棉店 4 月 8 日盛大开业！ 500 家著名品牌的家电产品鼎力支持，500 万元礼品一天送完。买手机花 6 000 元送 1 000 元礼品。凭此短信前 3 000 名客户可领取礼品一份。”这样的短信还是比较有诱惑力的，相信许多客户会有所反应，毕竟商家在小区域内搞这样的活动的真实性很容易得到验证。很多企业销售产品喜欢采用店面销售与电话营销相结合的方式。

注意

使用“电话”寻找法时要注意几点：一是推销人员应该选择好打电话的时间；二是注意打电话的礼仪；三是讲话应简明扼要，不要拖泥带水；四是做好充分准备。

7. “会议”寻找法

“会议”寻找法是指推销人员利用参加各种会议的机会来寻找客户的方法。比如，参加各种博览会、展评会、订货会、供货会、物资交流会、技术交流会等，以及各界人士联谊会、亲朋好友的生日宴会、新婚宴会等。推销人员应尽可能地参加这些社会性会议，在这些会议上开阔眼界，广交各界人士，建立广泛的社会关系网，从而积累更多的客户资源。

李军采用的就是“会议”寻找法。

> 李军有个绰号叫“垃圾筐”，不是因为他吃得多、吃得杂，而是因为他喜欢出入各种会议，且每次回来都满载而归，一脸兴奋。参展商的名片、宣传资料、赠送样品都成了他的宝贝。他的成功推销经验就是，能在看似废纸的一堆东西里找到自己推销所需要的信息，这些信息就是成功的首要资源。

8. “市场咨询”寻找法

“市场咨询”寻找法是指推销人员通过向信息服务公司、国家有关部门、相关专家进行咨询，获得有关资料，从而寻找到客户的方法。

我国咨询业发展迅速，咨询公司数量很多，推销人员只要花一定的咨询费，就可以得到许多重要的资料，并从中发现自己的准客户。除了专业的咨询公司，推销人员还可以向国家有关部门咨询，获得有关的资料。此外，推销人员还要善于寻求专家的帮助，通过向专家咨询，了解市场信息，找到合适的准客户。

一般来说，利用“市场咨询”寻找法寻找客户方便迅速、费用较低，并可以充分利用专家的优势，对市场进行正确的分析。该方法比较适合在重大项目的推销中寻找客户和在一些地区及行业中寻找难以确定的准客户。但有时通过这种方法得到的信息不一定准确，因为市场情况复杂多变，信息的来源受主、客观条件影响很大。

9. “资料查询”寻找法

“资料查询”寻找法就是通过查阅各种资料来寻找客户的方法。

通过查阅资料寻找客户既能保证一定的可靠性，也可以减少工作量，提高工作效率，同时可以最大限度地减少业务工作的盲目性和客户的抵触情绪。更重要的是，可以展开先期的客户研究，了解客户的特点、状况，提出有针对性的策略等。一些有经验的推销人员，在出发和接触客户之前，往往会查阅大量的资料，对客户做出非常充分的了解和判断。运用这种方法，要求推销人员要有很强的信息处理能力。

但要注意资料的时效性和可靠性。推销人员经常利用的资料包括：有关政府部门提供的资料，有关行业和协会的资料，国家和地区的统计资料，企业黄页，工商企业目录和产品目录，电视、报纸、杂志、互联网等大众媒体，客户发布的消息，产品介绍，企业内刊等。

10. “直接邮寄广告”寻找法

直接邮寄广告的英文原文是 Direct Mail Advertising。中国香港、台湾等地将直邮广告简称为 DMA。“直接邮寄广告”寻找法就是通过收集、整理、筛选潜在客户名单，确定符合条件的客户群，然后利用产品目录、传单等媒体，主动将信息传递给客户，以激起他们的购买欲望，或者借助于推广资料上令人眼花缭乱的各种优惠促销，吸引客户的一种方法。

“直接邮寄广告”寻找法具有成本较低、接触的人群较多、覆盖面较广等优点，但缺点是如果前期不做好筛选潜在客户的工作，那么成功率会很低。

以上介绍了十种寻找客户的基本途径和方法。除此之外，还有其他的方法，如“个人观察”寻找法、“竞争插足”寻找法、微信寻找法等。推销人员可根据企业及客户的具体情况，将多种途径结合起来，进行灵活运用。

当汽车 4S 店进行汽车销售时，寻找客户的渠道分为一般渠道和特殊渠道。一般渠道又有“走出去”和“请进来”两种。“走出去”是指进行各种形式的广告、参加车展、召开新闻发布会、进行新车介绍、进行小区巡展、参加各类汽车文化活动、发送邮件、进行大客户的专访、参与政府或一些企业的招标采购等。“请进来”主要是指在展厅里接待客户，邀请客户前来参加试乘试驾活动，召开新车上市展示会，或接受客户电话预约等。

除了上述一般渠道，4S 店开发客户还有一些特殊渠道。

（1）定期跟踪保有客户。这些保有客户也是开发对象，因为保有客户的朋友圈子、社交圈子也是我们的销售资源。

（2）定期跟踪保有客户的推荐客户。

（3）跟踪售后服务站外来的其他客户。例如，奔驰汽车的维修站也会修沃尔沃、宝马车等，而这些客户也是开发对象。

3.1.5 微商寻找客户的途径

微商有很多，但真正知道如何才能做好的少。没有客源就是一个很大的问题，没有客源，再好的货也卖不出去。做微商不要想着如何加好友，要想着如何去吸引好友。切记，要学着用方法将客户吸引过来，一定要学会引流！也就是说，要想办法增加好友人数。常用的方法有以下几种。

- 多加 QQ 群、微信群，根据产品的特性加入不同的群。
- 根据自己的特长和产品，写一些分享类的文章，发布到相关论坛中。
- 将产品送给一些在微信上有一定影响力的朋友，由他免费体验，然后他帮你分享，可以起到宣传产品的效果。
- 多参加一些培训、论坛、讲座、交流会等，增加好友。
- 互推。让一些关系好、粉丝多的朋友帮你在他的微信圈中宣传你的产品，帮你做推广。开展点赞送礼品、晒单有礼、建议有奖等活动，尽量让你的朋友参与进来，形成互动。

3.2 审查客户资格

推销就像中医诊断病情时号脉一样，需要搭准脉搏，把握好时机，判断谁有可能购买产品或需要服务。推销人员只有去拜访那些有较大可能成为买主的准客户，才能提高工作效率。因此，在推销约见或洽谈前，应进行客户资格的审查工作。

某人寿保险公司在培训新推销人员时使用的审查客户资格表如表 3.3 所示。

表 3.3 审查客户资格表

客户情况		标准分	客户姓名						
			客户来源类型代号						
年龄	25 岁以下	1							
	26 ～ 34 岁	3							
	35 ～ 44 岁	3							
	45 岁以上	2							
婚姻	单身	1							
	已婚（无子女）	2							
	已婚（有子女）	3							

续表

客户情况		标准分	客户姓名						
			客户来源类型代号						
月收入	5 000 元及以下	1							
	5 001 ～ 10 000 元	4							
	10 001 ～ 20 000 元	5							
	20 001 ～ 50 000 元	5							
	50 001 元以上	6							
职业	销售业务人员	3							
	一般行政人员	3							
	外资企业职工、厂长、经理	5							
	负责人及管理人员	5							
	家庭主妇	2							
	军人、工人、教师	2							
	学生	1							
	退休人员	1							
	其他	1							
认识年限	5 年以上	3							
	2 ～ 5 年	2							
	2 年以内	1							
交往程度	密友	3							
	普通朋友	2							
	点头之交	1							
接近的难易程度	相当容易	3							
	容易	2							
	困难	1							
	非常困难	C							
一年共见过几次面	5 次以上	3							
	3 ～ 5 次	2							
	1 ～ 2 次	1							
	一次没有	0							

续表

客户情况		标准分	客户姓名						
			客户来源类型代号						
介绍他人的能力	很好	3							
	好	2							
	还好	1							
	不好	0							
总　　分									

注：1．客户来源类型：① 亲戚关系；② 以前职业关系；③ 邻居关系；④ 学校关系；⑤ 兵役关系；⑥ 消费关系；⑦ 嗜好关系；⑧ 宗教关系；⑨ 社交团体关系；⑩ 保户的亲戚朋友；⑪ 其他。

2．凡接近的难易程度为非常困难者，则无论得分高低均列为 C 级。

3．“客户姓名”应为 100 列，考虑版面问题，本书精简展示。

这张表格被该保险公司称为“计划 100”，是专门为新推销人员寻找潜在客户和做好推销计划设计的。从这张表中不难看出，要想事半功倍地开展推销工作，必须对客户进行资格审查，否则推销人员会做很多无用功。

现代推销学的基本观念是，作为客户的人（Man）是由金钱（Money）、权力（Authority）和需要（Need）这三个基本要素构成的。只有这三个基本要素均具备，才是合格的客户。现代推销中，把对某特定对象应具备上述三要素的研究称为客户资格审查，也有些人戏称这一方法为“男人法则”。

3.2.1 客户需求审查——是否需要

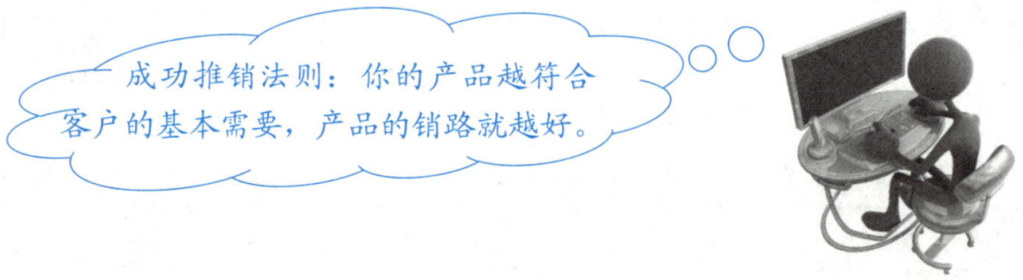

在进行推销培训过程中，推销人员经常会被问及：如何向和尚推销梳子？如何把鞋子推销给从来不穿鞋子的岛上人？如何把冰箱推销给因纽特人？有人认为根本不必要思考这些问题，因为我们的推销对象不需要这样的产品。

你如何看待这些问题呢？这就是下面要共同学习的内容——客户需求审查。所谓客户需求审查，就是对潜在客户是否具有对推销产品的真实需求做出审查与得出结论，从而确定具体推销对象的过程。

1．审查的目的

审查的目的是确定推销对象名单上的具体对象是否真正需要推销人员所推销的产品。因为现代推销学认为推销人员应该向客户推销他们所需要的产品。如果客户没有这方面的需求，就不会购买你的产品。所以对于推销人员来说，必须真正了解客户的购买需求，才能对症下药。例如，一个满脸青春痘的人，其购买需求更有可能是祛痘产品而不是美白产品。

2. 审查的内容

审查的内容通常围绕是否需要、何时需要、需要多少这三方面来进行。但真正发现准客户的购买需求并不是一件容易的事，因为影响需求的因素很多，而其中的关键是所推销产品的用途和特性是否符合客户的需要。当然，考虑客户需求时，不能只考虑产品的用途和特性，也要同时考虑客户的年龄、脾气、行业特点等因素。例如，老年人一般需要保健产品，而年轻人则喜欢时尚和另类的产品。

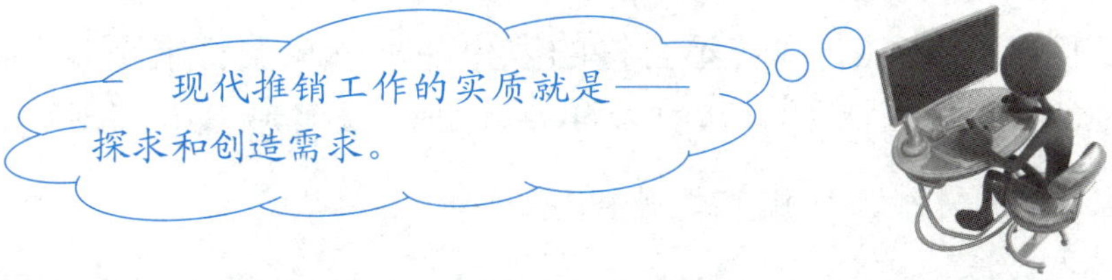

值得注意的是，需求是可以创造的。优秀的推销人员之所以优秀，就在于通过工作，不断地使客户认识到需求，认识到需求的必要性和迫切性，变潜在的需求为现实的需求。作为一名优秀的推销人员，就要通过各种蛛丝马迹和仔细分析来找到自己的准客户，这样才不会浪费时间和精力，而能更快地取得成功。

在客户没有意识到有这种需求的情况下，推销人员更要针对客户的需求耐心细致地加以解释和劝说。此外，也有客户暂时不准备购买的情况。对属于这两种情况的客户，推销人员不应该把其作为不合格的客户草率除名，而应该把这些潜在客户列为“预备梯队”，作为以后工作的对象。

老汪的推销经验值得推销人员学习。

> 老汪说：“需求是沟通出来的，不是你自己想出来的。别人有什么需求永远不是你自己拍脑袋就能知道的。只有一个方法，就是谈。谈业务谈业务嘛，不谈怎么知道？我以前就有几次经历，找到别的公司是抱着这个目的去的，但是谈着谈着就挖掘出他们的另一个需求，刚好吻合我自己的业务，于是便迅速转变方向，朝那个目标走，反倒促成交易了。”

所以，挖掘客户需求主要是要会沟通，与别人合作。合作不是别人为你做，而是要双赢。

讨论

你认为和尚需要梳子吗？

3.2.2 客户支付能力审查——是否有钱购买

如果你发现有一位客户非常需要你的产品，而你费了九牛二虎之力劝他购买，但最后才发现客户根本没有能力去购买，那么，一切工夫不都白费了吗？就像保健品，推销人员不要向一日三餐都没有保障的人开展推销活动。因为人只有在满足了基本的需求之后，才能去满足自己更高层次的需求。

1. 审查的目的

在销售产品的过程中，推销人员希望客户越多越好，但是从工作效率和财务上考虑，还得进行客户支付能力的审核。因为客户的潜在需求并不等于市场购买需求，在商品经济社会中，只有具有支付能力的购买需求才构成现实的市场需求。有需求而不具有实际支付能力的客户，就是不合格的客户。当然，现在不合格的客户并不意味着将来不具有购买能力。另外，进行客户支付能力审查的目的还在于开展有针对性的销售活动，提高销售工作的实际效益，打击商业诈骗活动，防止欠账、呆账和烂账的现象。

2. 审查的内容

（1）对个体或家庭购买能力的审查。个体或家庭购买能力审查主要是从影响消费者购买力的各种因素，如职业、收入、支出、消费观等方面来审查。需要注意的是，个体或家庭购买能力受消费观影响非常大，那些购买能力相对比较弱的客户，如果他的消费观比较新，那么他也会通过各种途径使自己具备购买能力来满足自己的需要。

> 例如，一位靠打工收入来维持家庭生活的工人，爱人又没有工作，他却送孩子去周边最好的幼儿园。别人很不解地问他为什么，他说：“自己苦点儿没什么，但是不能苦了孩子啊！”

如果你是一名教育产品的推销人员，你所有客户的教育观念都和他一样，那么你的销售工作是不是非常好做？

（2）对单位组织购买能力的审查。推销人员对单位组织购买能力的审查可以通过客户经营状况、销售状况、财务状况、信用状况等来判断。对于一些确有需求而无即时支付能力的客户，应进行潜在支付能力的审查。一旦发现某个特定对象确实存在与企业合作的迫切需求，虽暂时无支付能力，但具有延期支付能力，推销人员就应该主动协助对方解决支付能力的问题，如答应赊销或延期付款等。但在这种情况下，推销人员应学会运用担保等手段将风险降到最低。

当然，并不是推销人员一定要与有钱人打交道才会获得成功，推销人员应该在与客户接触的过程中“审查”客户的支付能力，然后针对客户的具体情况推出适合的产品。例如，售楼人员就要练就这项本领，以下就是一位售楼人员的经验之谈。

> “客户有没有经济实力，其实在整个销售过程中都可以体现出来，当我们刚刚开始接触客户的时候，其实也就是开始判断客户财力的时候。有钱人买房子看环境、配套设施，还有自我感觉；工薪阶层的

客户在买房子的整个过程中都会问你优惠、划算之类的问题。对于有钱人，可以适当地建议他购买房屋面积比原计划大 20% 左右的房子；对于工薪阶层的客户，可以适当地做 20% 的缩小引导，重点强调户型的实用性并介绍相关的银行按揭，尽可能地帮客户减少首付款，帮客户精打细算，把按揭年限多做几份供客户比较，并且提出一些比较适合他的建议，给他推荐的房子的价位要与其经济实力相吻合。其实，客户自己也不知道需要购买多大的房子，关键在于售楼人员的引导，售楼人员首先要向客户树立专家的形象，话不在多，多聆听客户的意见，抓住其中的几个点往往是成交的关键。”

注意

- 不能忽视对亲戚、朋友的支付能力审查。
- 不能忽视对大客户的支付能力审查。
- 不能忽视对上级相关部门的支付能力审查。

3.2.3 客户购买决策权审查——是否能“当家做主”

一家三口选购计算机。导购热情地迎上前去打招呼：“你们需要采购一台什么配置的计算机呢？”父亲对儿子说：“你看一下需要什么配置的计算机。”

导购发现这个孩子的目光总是盯着那些高价位的计算机，而他的父母却只在低价位的计算机旁转悠。导购估计到他们的意见还没有达成一致。孩子想要一台高配置的计算机，而他的父母却比较节省，大概是希望他买一台价格低廉的就可以了。孩子左右为难，既想要性能高的计算机，又怕父母不给自己买。

导购对孩子父母说：“您二位看的这款机型价格稍低，配置也稍差，年轻人对于计算机的要求比较高，如果玩游戏、上网的话，配置显然不够。如果以后对硬件进行升级，反而容易造成浪费。”一席话说得孩子面露喜色。她又转过身来对孩子说：“你喜欢的机型虽然配置比较高，但一般的学习、娱乐还用不着，而且售价有些贵，买它肯定有点浪费了。”

之后，她指着一台中间价位的计算机对他们说：“你们看看这台怎么样？它的配置足以满足学习、玩游戏、上网的需要，同样有硬件升级的空间，而且价格也比较适中，比较适合您家购买。”这位导购的一席话说得有情有理，各方面的需求都照顾到了，既满足了孩子追求高配置的要求，又满足了父母想要节省的想法。最终，顺利地达成了这笔交易。

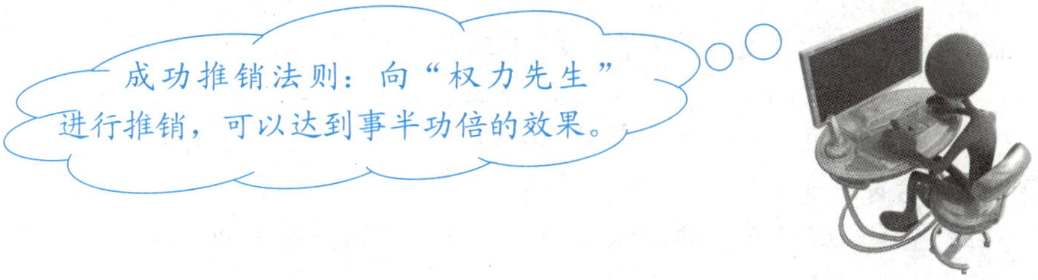

这位导购的聪明之处就是准确地找到了具有决策权的人：父母掌握着钱袋子，既想节省，又不愿让儿子失望；儿子呢，既想要一台高性能、高配置的计算机，又怕掌握着财政大权的父母不愿意买，所以两者共同掌握决策权。这位导购清楚了这一点，找到了他们的平衡点，很好地满足了双方的不同需求，使自己的销售取得了成功。

美国著名的金融大鳄摩根有一句很有名的话：“你要找美国政府办事，最有效的办法是找美国总统。”这对于从事推销的人来说同样适用。无论是单位还是家庭，都有一个主要事务的决策者，因而当向一个家庭或一个集团客户进行推销时，实际上是向该家庭或集团的购买决策人进行推销。因此，客户购买决策权的分析也就成为客户资格鉴定的一项重要内容，若事先不对推销对象的购买决策状况进行了解，不分青红皂白，见到谁就向谁推销，很可能劳累了半天仍是白费口舌。推销人员要善于观察、分析，辨别出谁是真正的采购决策人。

1. 审查的目的

客户购买决策权的审查使推销人员能直接向有购买行为决策权的人开展推销活动。向没有购买行为决策权的人推销是不能形成真正的购买行为的。

2. 审查的内容

（1）对家庭或个人购买决策权的审查。现代家庭购买决策状况比较复杂，除一些大件产品或高档产品的购买决策权比较集中外，一般产品的购买决策权呈逐渐分散趋势，增加了对其进行鉴定的难度。尽管如此，从现代推销的基本观点来看，正确分析推销对象家庭里的各种微妙关系，认真进行购买决策鉴定，仍是非常必要的。一般来说，主要看购买者在家庭中的地位如何，另外还要看购买的是什么产品。例如，购买家庭日用品往往由妻子做决策，购买大件产品往往由丈夫做决策，购买玩具时，做决策的往往不是父母而是孩子。现代家庭夫妻地位平等，许多产品的购买都是双方经过协商决定的。所以，对家庭或个人购买决策权进行审查时不要被一些所谓的经验禁锢思维，要具体情况具体分析。

（2）对单位组织购买决策权的审查。对于单位组织，购买决策权分析尤为重要，否则，推销对象范围太广，势必造成推销的盲目性。作为现代推销人员，必须了解单位组织内部的组织结构、人事关系、决策系统和决策方式，掌握其内部各部门主管人员之间的相对权限，向具有决策权或对购买决策具有一定影响力的当事人进行推销。唯有如此，才能有效地进行推销。其实这个审查并不难，只要找到负责这个产品采购的直接主管领导即可，只是不同的单位由于分工不同，任务的分配会有所区别。推销人员要对不同的单位组织进行深入调查、了解，想办法通过各种途径找出决策人并设法接近他。例如，采购大学生床上用品的直接负责人往往不是分管的校领导，而是学生处处长。产品的质量、数量、价格都由这位处长决策，分管领导只起到审核的作用；在单位里负责员工福利的往往不是一把手而是工会主席。

刘某是某制冷设备厂的推销人员，在公司里，他的空调产品销售业绩总是遥遥领先。他说：“首先，推销人员要从建筑设计人员入手来掌握市场需求信息，寻找客户。因为自己推销的是风机管、风柜、组合式空调机组、空调管道及配件等产品，这类产品的市场是比较特殊的，客户往往直接向厂家购买，很少通过中间商。其次，要对近期的重点项目进行进一步调查、研究，找到对方的关键人物——影响力最大、最有权威的人。不同的项目，关键人物也有所不同。有时候，对方是设计人员、工程承包方、业主，情况比较复杂，这就需要分析，找出最有权威的一方。大多数业主由于缺乏空调方面的专业知识，可能会全部交给工程承包方决定。有时候，又有可能由于设计院安排了一位在空调界有影响的权威人士负责设计，于是在采购设备方面由他决策。当然，也有业主一方做决策或三方联合做决策的情况。在这几种情况下就要弄清哪一方说了算，如一个年轻的刚提拔的科长可能要按一位老资格的普通科员的意见来办，所以下结论时一定要谨慎，否则可能选错了主攻方向。”

推销人员有时挖苦那些盲目工作的人："哭了半天还不知道谁死了！"所以推销人员在进行客户资格审查时一定要选取"掌权人"。另外，那些负责"挡驾"的秘书或助理虽然不具有决策权，但是他们却比任何人都清楚决策者的时间安排。如果能说服他们，那么就不难找到与决策者直接沟通的机会。推销人员可以通过博得对方的同情或好感的方式来获得机会。例如，经常拜访，让他们被你的耐心和诚心所感动；在不打扰他们工作的前提下耐心等候。

"不好意思，今天已经是第五次打扰您了，如果今天经理仍然没有时间，我明天再来。"
"您不必在意我，我只是坐在这里等，绝对不会打扰您的。"
"经理还在开会是吗？没关系，我可以等。"
"我帮您搬这些东西吧，一定会摆放整齐的，您就放心去忙其他事情吧！"
……

如果不能避开中间环节，那么就一定要想办法在他们的协助下，找到合适的时机与决策者沟通。

练习与实训

1. 判断题

（1）客户的类型大体上可以分为______、______、______、______、______、______六种。

（2）运用"地毯式"访问法的关键是____________。

（3）运用"中心开花"寻找法的关键是________________。

（4）运用"连锁"介绍法的关键是__________。

（5）"男人法则"包括对潜在客户进行__________、__________、__________三个要素的审查。

2. 案例分析题

（1）在北京到成都的列车上，一位列车员推着小推车，叫卖一种新颖的礼品玩具。一个中年乘客拦住了列车员的去路，详细询问这种礼品玩具的性能。很明显，中年乘客是打工归来的，周围座位上都是他的老乡、朋友，中年乘客在同伴中的威信显得很高。

请问：如果你是这位列车员，你将如何向这些乘客推销？

（2）小陈推销的是化纤地毯，他决定从分析产品用途入手来确定客户范围。客户主要分为两大类：一是宾馆、饭店，二是居民家庭。当他分析宾馆、饭店时突然想起：他同学的哥哥是一家宾馆的经理，为何不找这位同学帮忙？他赶紧来到同学家，向他说明来意，并请他一起到某市找他哥哥，他的同学欣然答应。他们一同来到某市找到他同学的哥哥，他同学的哥哥说："正好我们宾馆要更新地毯。"于是出师大捷，他做成了第一笔生意。

这次生意给了他很大的启发——熟人好办事。于是，他多方打听，将他们县城在此地的老乡都找了一遍，共 300 多位，其中有一部分是社会上有一定地位的人。他把新收集到的名单打印成册，记下他们的姓名、地址、电话号码和家庭情况，然后登门拜访。他骑着自行车，走遍大街小巷，对这 300 多位老乡登门拜访，向他们介绍地毯，并请他们介绍客户。

其中，有一位老乡是工会主席，他告诉小陈，市文化宫招待所需要地毯，并打电话向招待所负责人推荐他的地毯。就这样，顺藤摸瓜，他找到了一个又一个客户。

为了能扩大熟人圈，他从八个方面入手拓展人际关系：① 亲戚，把所有的亲戚记下来；② 工作关系，包括同事和因工作关系而结识的人；③ 校友；④ 有共同兴趣的朋友；⑤ 邻居；⑥ 社团关系，包括参加各种社团机构所结识的人；⑦ 其他团体，包括在医院、餐厅、邮局、体育场所等地方结识的人；⑧ 妻子的人际关系。经过一番努力，他初步建立了一个潜在客户网络。

为了能够开拓更多的客户，他每天骑着自行车在市里到处转，只要发现某处在盖楼，就前去打听，这栋楼有什么用途，从而分析是否需要他的地毯，以便发现生意机会。

一次，他发现路边的一辆汽车装满壁纸，马上前去联系，最终做成一笔生意。这件事又给了他启发：我是发现了壁纸，才找到了客户。如果我能和其他装饰材料推销人员结合起来的话，互相介绍客户，岂不是能开发更多的客户？于是小陈马上与一些装饰材料推销人员联系，互相介绍信息。如果发现某地盖宾馆、饭店，他们就互相联系，一起去推销。在尝到了甜头后，干脆组成了一个推销人员俱乐部，参加俱乐部的推销人员推销的产品各不相同，互不竞争，每个月联欢一次，彼此交换客户名单。采用这种方法以后，大家开发的客户数量大量增加。

由于小陈的业绩越来越好，因此企业在某市开辟一个新市场经过几次努力都失败后，决定派他前去。他来到该市，想方设法与市委招待所建立了联系。经过一番努力，招待所铺上了他们的地毯，在交往中，他与所长成了好朋友。他请所长出面，把该市主要宾馆、饭店负责人请到一起，由他做东招待。他首先向这些负责人介绍了产品的性能、特点，并向大家展示了样品，接着又请所长以客户的身份谈谈使用他们产品的意见。最后，所长说："小陈是我的朋友，大家多照顾。"第二天，他趁热打铁，登门拜访。有的当时就订货，有的尽管没有订货，但他们建立了关系，为今后的销路奠定了基础。

请问：该推销人员在寻找客户的过程中运用了哪些寻找方法？请举例说明。

3．课堂实训

（1）分析以下四种回答，看看如果你是推销人员，你会采用哪种回答方式。

去市场买青椒，问："老板，青椒辣不辣？"

卖青椒的商贩有四种答案。

第一种答案：辣。

第二种答案：不辣。

第三种答案：您想要辣的还是不辣的？

第四种答案：这一堆是辣的，那一堆是不辣的，随便挑。

（2）遇到这几种类型的客户应如何表达。

胖：

瘦：

老：

矮：

4．课外实战

学生自备货源，在校内搞一次小型产品展销会。

目的：让学生在销售状况中分析哪些货畅销，哪些货滞销，原因是什么。

要求：产品的选择要针对学生群体；展台布置要有创意；要做好管理协调工作。

阅读材料

材料 1：汽车用品门店选址，选对就成功了一半！

影响汽车用品门店选址的因素很多，主要可以归纳为 4 个类别。

（1）区域车辆保有量。区域内车主的生活特性，消费习惯等；区域内的人口结构，如年龄，性别，职业，文化程度，人口密度，增长速度等；区域内家庭户数及构成；区域内消费者的消费收入水平和消费水平，消费意识和购买力等。

（2）店面房租 / 租期。有一种死亡叫房租到期。相信都不想辛苦装修完还没收回成本，就被房东用各种办法赶走。一般店面尽量争取一个长租期（5 年以上）是保证店面稳定性经营的基础。

（3）店面周边交通环境：要分析该区域内的客流量，客流状态，客流速度与方向，客流的种类及本店类型与客流种类的匹配程度；在选址前，必须了解目标区域内的交通情况，需要考虑停车、交通联结状况等；目标区域内或周围有没有公共设施或者基础设备，给客人带来便利会为店铺加分。

（4）周边同类厂家竞品情况：主要了解市场竞争对手，特别是商圈范围内的同类或相似的竞争对手，了解他们的具体情况，包括商业类型，具体位置，数量，规模，店铺装修，营业额，营业方针，产品种类，目标客户，来客数等。

在一个区域内，往往会有多个基本符合条件的地址，因此接下来还需要对各个地址的条件进行对比分析，从中选出最佳的地址来。

选择最佳门店地址，可以参考以下六个原则：

（1）车流原则：找到聚客点。

（2）目标市场原则：瞄准当地中高端车主人群。

（3）可见性原则：店面就是最好的招牌，努力成为当地的地标。

（4）便利性原则：交通必须方便，停车必须方便。

（5）经济性原则：一个城市开一家店的事不要干，区域密度是品牌和经营的有效性保障。

（6）稳定性原则：需要商圈、社区成熟配套规范。

开店容易选址难。只有掌握了以上几大原则，选址才能更有目标性、规划性，才能事半功倍。

材料 2：新冠肺炎疫情期间迎来餐饮业直播新商机

餐饮人也许永远都无法忘记，2020 年年初那段艰辛岁月。受新冠肺炎疫情冲击，餐饮业遭遇暂时歇业、没有客流、现金流吃紧等问题。为缓解燃眉之急，不少企业瞄准了线上，结合外卖业务，餐饮企业后厨变直播间。如呷哺呷哺、真功夫、眉州东坡等知名企业都开始了新的尝试，大厨变成了主播，对着手机做菜，试图寻找新的发展机会。与此同时，淘宝直播也宣布向全国商家可以免费入驻平台并给予流量支持，形成了线下餐饮实体与线上直播相结合的新方式。

1. “餐饮 + 直播”的特点

（1）门槛低，不需要专业的拍摄、制作技能，餐厅的服务人员均可操作。

（2）直播拍摄的色香味俱全的菜品，也能吸引线上客户到店消费。

（3）花费低。直播具有低成本、广撒网、更快速、更即时的传播优势。

2. 可以直播的途径

目前有微信直播、微信公众号直播、微信朋友圈直播、跨平台直播、视频直播等，这些需要经过专业学习。

3. 实施参考方案

下面来拆解几种“餐饮 + 直播”的具体实施步骤，作为参考。

（1）餐饮品牌创始人直播。餐饮品牌创始人与品牌成为捆绑关系，创始人成为网红顺便带出了品牌。餐饮品牌创始人直播在餐饮行业内的传播效果较好，很容易成为餐饮行业里的话题甚至争议性人物，毕竟在行业里大部分人还是非常踏实和务实的。餐饮品牌创始人参与直播更容易被年轻人接受。

（2）餐饮员工自己直播。由员工自己直播，直播打赏也可作为餐饮企业的奖励政策，让员工增加收入。但直播过程中若把控不当，会闹出笑话，所以在没有很好的全员直播机制之前，先把员工直播权交由餐厅的中高层。

（3）餐饮客户直播。这跟很多商家都在做的“转发朋友圈 / 大众点评好评送 ××”一个道理，就是用利益去引导客户进行直播分享，做餐饮口碑传播，增加品牌的曝光量。

（4）网红到餐饮店直播。根据网红的属性（专注领域）及层级（粉丝量），挑选出与餐饮品牌调性相符的网红。泛娱乐网红究竟有多少精准粉丝不好估量，但具有成本低、广撒网等传播优势。

（5）菜品加工直播。明厨亮灶已经成为趋势，提前通知大家在某时段开直播分享最近的新菜，通过直播，给大家讲某菜品的做法，让大家照着步骤做。

总结：以上直播活动可以举一反三，根据客户好奇心的需要和品牌推广的需要，不断策划、更新直播活动，形成系列。

友情推荐

网站：营销传播网

项目 4

接近客户

知识要点

◎ 接近客户前的准备

◎ 约见客户的内容及方式

◎ 接近客户的方法与技巧

能力要点

◎ 认真做好推销接近的准备工作

◎ 掌握和灵活运用约见客户的方式

◎ 灵活运用接近客户的方法与技巧

任务引入——芈乐接近客户

芈乐已掌握部分客户的资料，接下来就是上门拜访。真要去约见和面见客户，芈乐心中还是忐忑不安，于是向欧经理请教。欧经理反问他：“你为什么遇到问题愿意直接找我寻找答案呢？”

芈乐马上答道：“因为我信任你，直觉告诉我你会帮助我。”

欧经理哈哈大笑：“这就是你要寻找的答案。诚实守信是中华传统美德，以诚待人，以信得人，客户只有信任你，才会给你约见的机会。推销产品首先是推销自己。”

芈乐与欧经理交流半个小时后，茅塞顿开，意识到自己在接近客户这一环节的理论和实战能力仍需要加强。

在专业沟通技巧上，接近客户被定义为“由接触到准客户，至切入主题的阶段”。接近客户是为了顺利开展推销洽谈而对目标客户进行的初步接触或再次拜访。接近客户是面谈的前奏，是整个推销过程的一个重要环节。现代推销理论认为接近客户的目的在于引起客户的注意，激发客户的兴趣，创造轻松、友好的气氛，使双方顺利转入洽谈阶段，促成交易。在实际推销过程中，成功地接近客户并不一定能带来成功的交易，但成功的交易却一定是以成功的接近为前提条件的。一般来说，接近老客户要比接近新客户容易，但新客户的接近意味着推销人员能否将潜在客户转变为实际客户。

“接近客户的 30 秒，决定了推销的成败”，这是成功推销人共同体验的法则。接近客户是否有一定的技巧可循呢？在接近客户时应该注意哪些方面的问题呢？这就是本章要共同探讨的问题。

接近客户一般包括接近客户前的准备、约见客户和正式接近客户三个环节。

4.1 接近客户前的准备

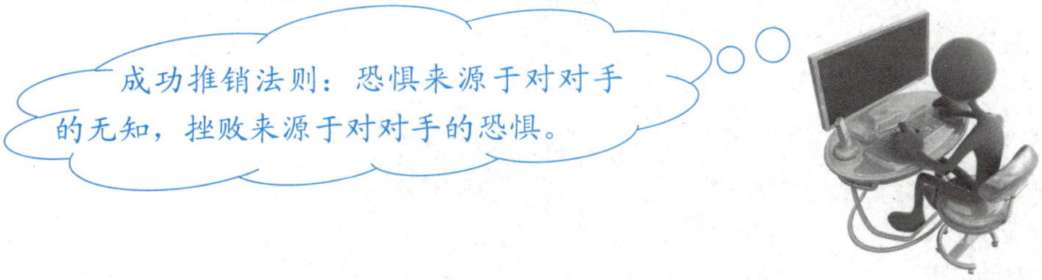

接近客户前的准备简称接近准备，是指推销人员在接近某个特定客户之前所进行的工作，是进一步了解、掌握、分析客户情况而进行的预先准备的过程。它是客户资格审查的继续。

准备阶段的中心工作是资料的收集和整理，包括推销人员要不断收集、整理、分析客户的情况，准备好推销约见、接近、洽谈及成交所需要的资料。然而，部分推销人员因为对接近客户前的准备工作认识不足，以为凭小聪明便可以随机应变，在实际推销工作中，盲目地拜访，唐突地接触，结果因无知导致无措，落入了尴尬的局面。因此，每名推销人员在接近客户之前，都要事先做好计划，认真准备，预测可能出现的意外情况，想好应变的方法。只有这样才能做到胸有成竹，在接近中赢得主动，获得接近的成功。相信大家读完以下这个案例会受益匪浅。

小雷是一家计算机信息公司的推销人员，部门经理让他去与当地一家比较大的报社联系。为了掌握这家报社采购由谁负责、目前有无采购需求、什么时间采购、采购多少等信息，他首先浏览了这家报社的网站，了解报社的组织结构、经营理念、通信地址及电话，然后把这些资料记录到客户资料库中。随后，他给一些报社的老客户打电话，了解了报社的计算机主要用于记者采编系统和编辑排版系统。另外，他还向业界的朋友打听关于这家报社的情况，朋友告诉他报社有一位叫张成功的人经常与厂家联系，最近他一直在了解互联网数据中心方面的进展。小雷得到这些信息非常兴奋，立即又搜索了自己的邮件，找到了市场部定期发给每个推销人员的关于最近市场活动的时间表，发现两周后有一个新产品发布会在桂林市举行。当一切准备工作就绪后，小雷才拨通张成功的电话。

调查表明，推销人员在拜访客户时，利用推销工具，可以降低 50% 的劳动成本，提高 10% 的成功率，提高 100% 的推销质量。因此，推销人员在初次拜访客户之前务必全力以赴，根据所提供的产品或服务的不同做好充分的准备。这些准备工作主要包括四个方面，如

表 4.1 所示。

表 4.1 准备工作

准备板块	准备具体内容
客户信息调查	调查要拜见客户的姓名、性别、年龄、籍贯、学历、经历、家庭背景、性格、爱好等。如果拜见的是单位组织，那么需要调查该单位的经营状况、采购惯例等信息
推销知识储备	最主要的是掌握推销品的生产、保养、使用等相关知识，还有社交礼仪及各类生活常识
推销工具准备	介绍资料：产品目录、样品、U 盘、手提计算机等 宣传工具：广告宣传页、说明书、价格表、检验报告、鉴定证书、有关剪报等 交易工具：各种票据、印章、订货单、合同文本等，一旦达成交易，随时办理有关手续，不至于贻误时机 其他物品：名片（或身份证）、笔、记事本、计算器、纸巾、小梳子等
推销心理准备	做好被拒绝的心理准备，克服拜访客户前的恐惧、自卑等心理

4.2 约见客户

推销人员在完成必要的接近客户前的准备工作之后，就可以约见客户。约见是整个推销过程的一个重要环节，它既是接近准备工作的延续，又是接近过程的开始。约见客户有助于推销人员成功地接近客户，顺利地进入面谈，也有助于推销人员客观地进行推销预测，合理地利用时间，开展重点推销，提高推销效率。

4.2.1 约见内容

约见内容主要取决于接近和面谈的需要，同时，因推销人员与客户之间的关系不同，约见内容也有所区别。推销人员应该依据每次推销拜访活动的特点来确定具体的约见内容，充分考虑有关客户的各方面情况。让我们看看小雷是如何约见客户的。

推销人员小雷："张经理，您好！我是超前计算机信息公司的销售代表小雷。我们公司即将在桂林会议中心举办一个新产品展示会，时间定于 6 月 8 日，请问您能参加吗？"

张经理："可我现在还不能确定。"

推销人员小雷："我们所有的产品都有展示，而且我们公司的电子商务专家会亲临现场，他们对互联网数据中心非常有经验，服务过全国许多家像您这样的单位。展会安排有讲座，您可以与我们的专家面对面交谈。您如果能来参加一定会有所收获的。"

张经理："有数据中心讲座？如果有时间我一定去。"

推销人员小雷："您去过桂林吗？"

张经理："去过几次，桂林是个好地方，我对那里的豆腐乳情有独钟。"

推销人员小雷："那我不耽误您时间了，我马上给您寄请帖，并会提前打电话与您确认。桂林见。"

几天后，张经理收到了请帖和桂林最好的豆腐乳。

6 月 8 日，张经理来到了桂林会议中心。

小雷因为已做好充分的准备，所以在与张经理电话交谈时能够在短时间内抓住客户关注的问题，吸引对方聆听自己的讲解和询问。在交谈中得知对方喜欢桂林豆腐乳，在寄请帖时一并寄送。在销售过程中，如果给客户送上一点客户喜欢的小礼物，那么往往会获得客户的好感。

一般来说，约见内容主要包括以下四个方面。

1. 约见对象

约见对象是指对达成交易具有决策权威、对销售活动具有较大影响的人。一般来说，推销人员在开始约见前就已经选定了拜访对象，或因无法直接约见拜访对象，而需要先和他们的下属或接待人员接触。

注意

在确定约见对象时应注意下列问题。

- 尽量设法约见主管人员，以提高办事效率。
- 尊重相关接待人员，特别是主管领导的秘书或司机。
- 如果心情不好，那么不要约见客户，以免给客户留下不好的印象。

2. 约见事由

约见客户要有充分的拜访理由，使对方感到有必要会见或必须接受会见。虽然推销拜访的最终目的是达成交易，但具体到每次拜访，却由于推销活动的进展与具体情况不同，约见客户的目的和事由也不尽相同。

约见客户的理由可以是提供企业或产品资料信息、销售产品、市场调查、售后服务、赠送样品、休闲娱乐等。除此之外，推销人员还可以利用走访客户、代传口信等理由，不失时机地约见客户。

3. 约见时间

约见时间的安排直接关系到接近客户甚至整个推销工作的成败。约见时间确定的基本规则应是尽量为客户着想，根据有效选择法确定最佳约见时间。何谓最佳约见时间呢？事实上并没有一个适合所有约见对象的最佳约见时间。约见对象、目的、方式、地点不同，约见时间也就有所区别。

以下约见时间可供参考。

（1）客户的店刚开张营业，正需要产品或服务的时候。

（2）对方遇到喜事的时候，如晋升提拔、获得某种奖励时。

（3）节假日时，或者碰上对方厂庆纪念、大楼奠基、工程竣工之际。

（4）客户遇到暂时困难，急需帮助的时候。

（5）客户对原来合作的商家有意见，或对你的竞争对手不满意的时候。

（6）下雨或下雪时，别的推销人员很少出门的时候。

注意

一般来说，确定约见时间应注意以下几点。

- 根据约见对象的生活习惯来选择最佳约见时间。
- 根据约见的具体事由来选择最佳约见时间。
- 根据约见地点和约见路线来选择最佳约见时间。
- 尊重约见对象的意愿，留有充分余地。
- 要有时间观念，准时赴约。
- 一般而言，不要在星期一和星期五下午去拜访新的潜在客户。星期一常是单位领导的例会时间，而星期五临近周末，许多人工作时会心不在焉。

4. 约见地点

约见地点的选择要视具体情况而定，应与约见对象、约见目的、约见时间和接近方式相适应。选择约见地点的基本原则是方便客户，有利于推销。从现代推销实践来看，家庭推销和办公室推销仍然是主要的推销方式。一般来说，下述场所可供确定约见地点时参考。

（1）工作地点。如果推销对象为法人团体，那么工作场所一般是最佳地点。

（2）居住地点。如果推销对象为个体客户，那么约见地点一般是客户的住所或住所附近。

（3）社交场所。利用各种社交活动，借机约见客户。

（4）公共场所。这显得比较随意，主要适合于老客户之间。

4.2.2 约见方式

做好约见的准备工作后，就应该具体实施与客户的约见过程。承担与客户约见信息载体的就是约见方式。目前常用的约见方式有以下几种。

1. 电话约见

电话约见是现代推销活动中常用的约见方式。优点是迅速及时、灵活方便，能够及时反馈客户的意见和要求，是一种效率极高的约见方式。缺点是容易遭到客户的推脱和拒绝；费用也比较高，受推销地区电信条件的限制。

进行电话约见时，应精心设计开场白，激起对方足够的兴趣或好奇心，使客户希望继续交谈；约见事由的叙述要充分，言辞简洁，坚定连贯；态度要诚恳，语气要平缓。

（1）电话约见的步骤。电话约见一般可以依据以下几个步骤进行。

① 寒暄问候。发自内心的诚恳而礼貌的寒暄及亲切的问候令人感到温馨，接通电话后可利用对方的名字或职务正式问候，注意使用一种与众不同的方式以使对方加深印象。

② 征询对方。问候之后要请问对方是否有空，是否同意继续交谈。

③ 自我介绍。推销人员向客户简要介绍自己所在企业的业务，注意要用以客户需要为导向的语言来叙述，这样会激起客户的好奇心，继续交谈。

④ 道明来意。这一步是电话约见的核心，推销人员要以自信的态度，清晰地表达出约见理由，让客户感到专业且值得信赖。为引起客户的注意，较好的方式是由问题导出。例如，“如果我们能使您家里时刻保持一尘不染，而且并不增加您的劳动负担，您会感兴趣吗？”

⑤ 提出约见。提出约见的请求，如果对方有意见面，要提前告诉对方洽谈大概需要多长时间，并约定见面时间及地点。提出约见请求的方法较多采用“二择一”法，这样不易遭

到客户的拒绝。

⑥ 感谢对方。提出约见请求后，如果对方同意，那么在进一步强调约定时间和地点后，感谢对方，并快速地结束电话。如果对方有异议，那么就要做好异议处理。

（2）电话约见的方法。下面有几种电话约见的方法，供大家参考。

① 心怀感激法。

“李经理，您好！我是东方电器厂的推销人员小吴，您上月 10 日寄来的客户调查表已经收到，十分感谢您的大力支持。目前，我们厂新推出系列家电产品，质量和效果都比以往产品有较大的改进，售价也比同类厂家的产品低一些，所以想尽早介绍给您的单位试用。”

② 信函跟进法。

“请问是王先生吗？”

……

“王先生，您好！我是李杰，前两天给您的信收到了吗？”

……

“针对信上的内容我想和您当面商量一下，请问是定在明天下午 2 点好，还是定在后天下午 2 点好？”

……

“好，那就定在明天下午 2 点，我会准时前往。再见！”

③ 问题解决法。

“钱秘书，您好！我是广东钟表制造公司的推销人员罗东，今天冒昧地打扰您，想向您介绍我公司最近研制成功的一种考勤打卡机。它的特点是准确、精巧，尤其是质量可靠，在广东试用时返修率不到万分之一，价格也比进口的同类产品便宜 30%，很适合您这样的商业单位使用。我打算明天上午 10 点或下午 4 点去贵公司拜访您，好吗？”

（3）获得电话名录的方法。可以采用以下方法获得客户的电话名录：①养成随时随地交换名片的习惯；②加入专业俱乐部和沙龙；③向专业的电话名录公司购买电话号码；④用 114 查号台查找；⑤和竞争对手互换共享资源；⑥多参加一些专门的研讨会、聚会。

知识拓展

客户电话联系某公司的电商代运营业务负责人。业务负责人对客户的问题进行初步解答，并引发客户进一步沟通的兴趣后，提议其来公司面谈，同时通过发送邀请函邮件与客户确认面谈时间及地点等事项。具体对话如下。

第一阶段：接听电话，答复咨询

业务负责人：“您好，这里是远程跨境电商代运营服务中心，请问有什么可以帮到您吗？”

【点评：电话铃响三声内接听，声音听起来自然、柔和。】

客户：“我在百度上搜索到你们公司是做代运营的，想了解你们具体有哪些服务。”

业务负责人：“好的，先生。请问怎么称呼您呢？”

【点评：了解客户信息。】

客户：“我姓孙。”

业务负责人："您好，孙先生，我们是专业的跨境电商代运营公司，能为您提供跨境营销解决方案、运营培训、网店装修、视觉开发等一站式跨境电商代运营服务。"

【点评：接着客户刚才的问题，为客户进行初步解答。】

客户："我有海外的货源，想在国内平台销售，不知道如何合作？"

【点评：客户想详细了解服务内容。】

业务负责人："孙先生，目前我们公司在线上有21家店铺，京东、天猫、苏宁易购等都有我们的海外购平台，如果您有货源我们完全可以帮您做营销，或者如果您想自己操作，我们也可以为您提供境外开店和运营的实战培训。"

客户："那如果我提供货源，你们帮忙销售，如何收费？"

业务负责人："孙先生，我们帮您销售，只收取手续费。手续费是根据您的产品销售额来定的，一般收取5%～25%的费用。"

【点评：对于敏感问题，不能不回答，也不能回答得太清楚。】

客户："那有客户下单的话，是你们帮忙发货还是我自己发货呢？"

业务负责人："孙先生，发货有两种合作方式。第一种方式是您自己发货；第二种方式是我们帮您保管货品，我们帮您发，这种方式涉及保税仓的问题，所以可能费用比第一种方式高，不过可以让您更省心。"

【点评：回答客户问题的同时介绍其他服务。】

客户："好的，我大概明白了。"

【点评：客户暂停咨询，可以提议与客户面谈。】

第二阶段：预约面谈，邮件邀请

业务负责人："孙先生，我建议您抽个时间到我们公司了解详细情况，不知道您在不在本地。明天上午9:30方便吗？"

【点评：了解客户地址，约客户到公司面谈。】

客户："我就在本地，9:30没问题。你们公司在哪儿？"

业务负责人："我们公司在×××，电话结束后我会把详细的地址发到您的邮箱。请问您的邮箱是？"

【点评：留下客户邮箱，以便随时联系。】

客户："我的邮箱是×××。"

业务负责人："好的，孙先生，电话结束后我会往您的×××邮箱发一封邮件，请您注意查收。"

【点评：重复一次客户的邮箱，确认无误。】

客户："好的，谢谢！"

业务负责人："请问孙先生还有别的问题吗？"

【点评：确认客户是否还有问题。】

客户："没有了。"

业务负责人："好的，孙先生，很高兴接到您的电话，那咱们明天见！"

客户："好，明天见。"

【点评：让客户先挂电话，以防客户突然讲话。】

2. 信函约见

信函约见是推销人员利用个人书信、单位公函、会议通知、普通明信片或电子邮件约见客户的一种方法。它的优点是适用面广，费用较低，可以畅通无阻地"进入"客户的办公室或住所，避免了推销人员用其他方式约见客户时遇到的层层人为阻碍，也不需要电话约见时的机智对答。此外，信函约见的传播媒体是文字，便于推销人员畅所欲言，表达出口头语言难以表达的种种难言之隐和言外之意，可以让客户细细体会。缺点是花费时间较长，信息反馈率低。

撰写信函的主要技巧有以下两点：简洁，有针对性；能引起客户的兴趣和好奇心。

3. 当面约见

当面约见是推销人员与客户当面联系约见的一种常见方法。它的优点是简便易行、及时有效，推销人员可以通过见面观察客户，与之交流感情。有经验的推销人员会给客户留下美好的印象，使客户愉快地接受约见。缺点是效率低，比较容易出错，一旦当面约见遭到客户拒绝，推销人员便处于被动局面。此外，这种方式受地理条件的限制。

4. 委托约见

委托约见是推销人员委托第三者（受托人）约见客户的一种方法。受托人一般都是与约见对象本人有一定社会关系的人，如秘书、同事、同学、亲属、邻居等。它的优点是能够克服某些客户对陌生人的戒备心理，有利于清除推销障碍，获得客户的真实信息。缺点是推销人员处于被动地位，容易引起误约，贻误战机。

5. 广告约见

在约见对象不明确或对象太多的情况下，推销人员可利用各种传播媒介进行广告约见，有意购买的客户在接到信息后会主动接触推销人员。这种方法的优点是客户覆盖面广、效率高。缺点是针对性较差，在约见对象较少的情况下，平均约见成本较高。

讨论

以下是两位推销人员电话约见某电视机厂陈厂长时有关拜访时间的问话，你认为哪种比较有效呢？

推销人员甲：“陈厂长，我什么时间去拜访您好呢？”

推销人员乙：“陈厂长，我是在星期三下午去拜访您，还是星期四上午去拜访您呢？”

4.3　正式接近客户

接近准备和约见工作完成以后，推销工作就进入了推销人员直接接近推销对象的阶段。心理学研究表明，人在见面的 10 秒钟内就会对对方做出判断，因此，推销人员要抓住这宝贵的 10 秒钟，运用一定的表现技巧，体现个人魅力，给客户留下美好的第一印象。

华裔寿险推销典范林国庆认为:“一个优秀的推销人员，就像一个出色的节目主持人一样，不但能引导受访者进入主题，而且能营造轻松、和谐的气氛，鼓励受访者说话。良性互动才能控制局面，让节目顺利进行。”

请看看下面这位客户的经历。

陈桃到某百货商场逛了一会儿，没想到被一名家庭影院的营业员吓了一跳。当时那个家庭影院专柜正在播放一部恐怖片，他从外面远远看见两名营业员坐在一旁静静地观看，于是也信步走到了专柜的中间想欣赏一下剧情。当他正被影片中的情节和音乐所吸引时，突然从背后传来一声大叫“欢迎光临”，因为当时没有任何心理准备，被这么一叫，吓得他差点跳起来。“可能是考虑到商场的噪声较大吧，所以营业员走到离我很近的位置才和我打招呼，并且声音很大！”陈桃想。他笑着批评营业员不要从后面来迎接客户，这样会把别人吓到。营业员只是笑了笑，显得有些不好意思，也没有说对不起，又继续问陈桃：“您是想买家庭影院还是随便看看？”刚才受了点惊吓还没有缓过神儿来，又被营业员没头没脑地问了这样一个封闭式的问题，陈桃一时不知如何回答是好……

没有经过培训的推销人员常会犯一些“没头没脑”的错误。为了避免这种错误，还是来认真学习接近客户的步骤吧！

4.3.1 接近客户的步骤

1. 微笑

微笑是人际关系中的润滑剂，它表示友善、亲切、礼貌及关怀。美国的连锁企业沃尔玛公司的创始人沃尔顿生前用一句话概括了他成为亿万富翁的秘诀：低买低卖，微笑攻势。推销人员要用真诚、友好的微笑缩短与客户的距离，使客户感到亲切，减少抗拒心理。

微笑时要力求做到以下几点。

（1）微笑与眼睛相结合。在微笑时，眼睛的作用十分重要。眼睛是心灵之窗，具有传神、传情的特殊功能。只有笑眼传神，微笑才能扣人心弦、情真意切。

（2）微笑与神、情相结合。神就是笑出自己的神情、神态，做到精神饱满；情就是要笑出感情，做到关切友善。

（3）微笑与语言相结合。语言和微笑都是传播信息的重要因素，只有做到二者的有机结合，才能相得益彰。

（4）微笑与仪态、仪表相结合。得体的仪态，端庄的仪表，再配以适度的微笑，就会形成和谐的美，给人以享受。

2. 注视

推销人员要用眼睛正视客户，用眼神传递正直、诚恳、自信、热情等情感，绝不能眼睛朝下或左顾右盼，使客户感到推销人员心不在焉或不诚实、不热情。但要注意，注视并不是凝视，否则无法正常交谈。

3. 问候

简单的一句问候语是打开话题的良好方式。推销人员应该根据不同的人、不同的时间、不同的环境来选择问候的方式。下面几句问候语供大家参考。

“刘总，很高兴见到您！”
“大妈，您好！您看起来精神不错，有时间传授点秘诀给我。”
“李老师，恢复得还不错吧？小宝宝肯定长得特可爱，我一定要抽时间去看看他。”
“陈律师，看见您最近挺忙的，又在办大案吧？”

4. 握手

握手是社会交往中常见的礼节，在见面、告别等很多场合都需要使用。握手时的位置、用力的轻重、时间的长短、是否用目光注视等，都可以反映出一个人的修养和态度。有时从与对方握手的一瞬间就可以感到对方是热情还是冷淡，是谦恭还是傲慢，是自信还是自卑，是真心实意还是敷衍了事。所以，握手时的一些礼仪规定应引起推销人员的重视。在商务活动中，推销人员应注意以下事项。

（1）总的原则：让尊者先伸手；上级与下级，上级先伸手；职位高者与职位低者，职位高者先伸手；长辈与晚辈，长辈先伸手；男女见面，女士先伸手；主宾见面，主人先伸手；主客分别，客人先伸手；已婚女性与未婚女性，已婚女性先伸手。

（2）注意事项：不要用湿手或脏手与人握手；正常情况下，不要坐着与人握手；不要几个人相交叉握手，或者跨门槛握手；握手时切不可东张西望，漫不经心，这是对受礼者的不敬；握手要掌握时间和力度，一般情况下，握一下即可，不要太用力；与熟人相见，握手时间应大体相等，不要给人厚此薄彼的感觉；男士与女士握手，用力要轻一些，一般应握女士的手指，时间要短一些，切忌握住不放；女士假若不打算与向自己首先问候的人握手，可欠身致意或点头微笑，不要置之不理或扭身而去；握手前要脱帽和摘手套，如实在来不及，或正在工作来不及洗手，要向对方表示歉意。

5. 准确的称呼

称呼，一般是指人们在交往应酬中彼此之间所采用的称谓语。选择正确的、适当的称呼，既能反映自身的教养，又能体现对他人的重视程度，还能表明双方关系的亲疏。

下述五种称呼方式，是推销人员可以广泛采用的。

（1）称呼行政职务。在人际交往中，尤其是在对外界的交往中，此类称呼很常用，旨在表示交往双方身份有别，如“刘局长”“王处长”。

（2）称呼技术职称。对于具有技术职称者，特别是具有高、中级技术职称者，可直接称呼其技术职称，以示对其敬意有加，如“张教授”“覃工程师”。

（3）称呼职业名称。一般来说，直接称呼被称呼者的职业名称，往往是可行的，如“邱老师”“罗律师”。

（4）称呼通行尊称。通行尊称又称泛尊称，适用于各类被称呼者，如“您”“同志”“先生”“女士”等。

（5）称呼对方姓名。对于同事、熟人，可以直接称呼其姓名，以示亲密无间。但对尊长、外人，显然不可如此。

6. 自我介绍

在握手时应很自然地互道姓名，自我介绍，说明来意。同时可以递上自己的名片，让对方记住自己的姓名。自我介绍的第一句话不能太长。例如，“我是 ×× 公司 ×× 分公司的推销人员 ×××”。这句话太长，客户一听就感觉不爽，听了一大串，很可能还是不知道你的情况。

通常的介绍是“您好！我是 ×× 公司的”。当客户注意到你了，你再说：“我是 ×××，是 ×× 分公司的推销人员。”

此外，在说明来意时，要学会假借一些指令或赞美来引起客户的注意。例如，“经过 ×× 客户介绍，我专程过来拜访您。”或者“×× 厂家业务员说您生意做得好，我今天到此专门拜访您，取取经！”

这样客户不容易回绝，同时又明白推销人员对他或者对市场已有所了解，就会积极配合。

7. 赞美

俗话说：“良言一句三冬暖，恶语伤人六月寒。”一句简单的赞语可以很快地拉近推销人员与客户的距离。在实践中，经常听到这样的赞语：“您今天穿的衣服很漂亮，非常适合您这样的高雅女性。”“您如此忙碌，真是年轻有为（或老当益壮），应多向您学习。”“您是人人称赞的企业家，无私奉献，服务大众，令人敬佩。”推销人员应该练就在几秒钟内发现对方的闪光点并充分表达出来的功力。慷慨地赞扬他人，会产生意料不到的效果，快速拉近人与人之间的距离，但赞美的语言要合理恰当、符合实际、有理有据、发自内心，否则就有奉承之嫌。

8. 话题

推销人员要迅速找出寒暄的话题，营造比较融洽、轻松的会谈氛围。寒暄的内容五花八门，重点应是迎合客户的兴趣和爱好，让客户进入角色，使客户产生好感。寒暄的目的是让客户接受，只要目的达到了，下一步工作就好开展了。话题可以是对方的爱好、工作，也可以是电影、体育运动、对方的家乡及所读的学校、健康、理财、街谈巷议等。

在以上步骤顺利完成后，推销人员就要把握好时机，把谈话推入下一阶段。

例如，售楼部现场接待业务（接近客户）流程如图 4.1 所示。

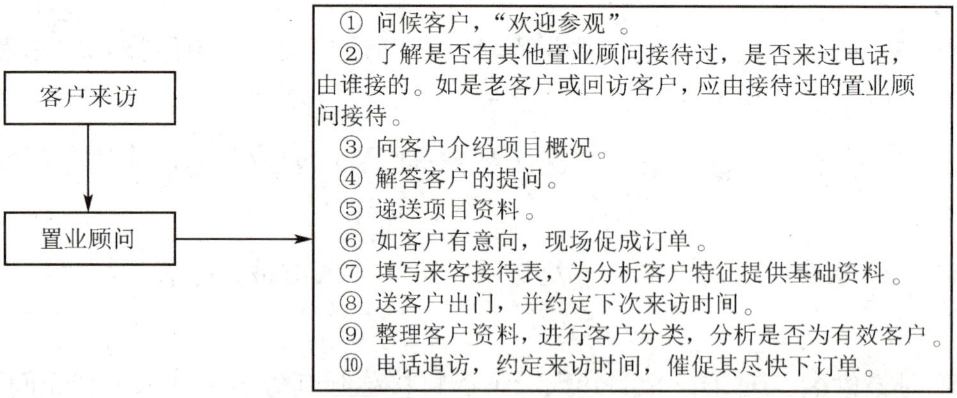

图 4.1　售楼部现场接待业务（接近客户）流程

下面再来学习一下在汽车销售现场如何接近客户。

现场 1：接待没有明确购买目标的客户

推销人员：“您好！欢迎光临（鞠躬、微笑、点头示意）！准备看什么样的车？”

【点评：当看到客户接近展厅入口处时，迎上去，表示热情。此时，客户不一定会回应。】

客户："随便看看（径自走向样车旁边）。"

【点评：表明客户还没有明确的购车目标，此时不要过早地打扰客户，以免让他们产生压力而迅速离开展厅。】

推销人员："先生（女士、太太），您好！需要我帮忙吗？"

【点评：如果客户没有提出介绍汽车产品的要求，那么不要过多地干扰客户，此时所面对的客户较多是还没有明确购车目标的。如果发现客户在样车旁边驻足时间较长，或伸手去拉车门把手时，那么应及时给予回应。此时，可以视客户的要求进行下一步的销售行动。】

现场2：接待有明确购买目标的客户

推销人员："您好！欢迎光临（鞠躬、微笑、点头示意）！准备看什么样的车？"

【点评：迎接客户的开场白。】

客户："这款车怎么样（边走到样车面前，边指着样车）？"

【点评：如果客户做出这样的回应，说明已经对这款车产生了兴趣。】

推销人员："您真有眼光，凡是来我们展厅的朋友首先都会被这款车吸引，这也是我们这里卖得很好的一款车。"

【点评：通过对客户的赞美，可以拉近与他们之间的距离，特别是强调这款车销量大，进一步增强客户对自己看法的信心。】

客户："那就介绍一下吧！"

【点评：当客户提出介绍产品的要求时，不要轻举妄动，否则容易落入客户设置的陷阱。】

推销人员："这款车有十大卖点五大优势，如果要一一介绍的话，可能会占用您很多的时间。能否请教一下，当您准备拥有一辆车时，您会最先关注哪一点？"

【点评：进入产品展示之前，一定要注意弄清楚客户的关注点，以及他们要求介绍产品的真实意图——是想了解产品还是想寻求某种答案，以便展开有的放矢的介绍。由于客户的目的不同，介绍的方式与对话内容也有很大的差异。】

现场3：接待老客户

推销人员："您好！张大哥，欢迎再次光临（握手、微笑）！这几天我们几位同事都有谈到您，说这几天没有见到您。"

【点评：当看到客户再次回到展厅时，除了迅速到展厅入口处接待，还要叫得出客户的姓与职务等，与客户握手，表示你的热情，拉近双方的距离。】

客户："真的吗？正好出差去了。"

【点评：客户可能会以为这是笑话，却会使双方后续的沟通变得轻松。】

推销人员："今天准备再了解哪一款车呢？"

【点评：试探客户的需求和购车欲望的强度。】

客户："旗舰型怎么样？现在有哪些优惠呢？"

【点评：明确是否与上次洽谈时客户关注的车型一致，如果一致，那么找出还未下决心的原因；如果不一致，那么说明客户调整了目标，要进一步强化客户对新选定车型的认同。】

推销人员："张大哥，这几天我一直想打电话给您。您上次看中的那款车自上市以来一直热销。这不，昨天刚到了10辆车，今天一大早就提走了3辆，下午还要提2辆。我还担心要是您来迟了没车交付，对不住您呢！"

【点评：通过施加压力，让客户产生如果不尽快做决定，那么他看中的车将会出现无车可提的后果。另外，通过"朋友"这个词汇强调与客户间的关系，利于后续的沟通。】

4.3.2 接近客户的技巧

1. 鼓足勇气，增强自信心

在接近客户阶段可能会遇到各种困难，推销人员要充分理解客户，坦然面对困难，善于调整自己的状态，正确发挥自己的能力和水平。推销人员要树立正确的推销观念，坚信自己的推销工作能够给客户带来利益，从而激发出其巨大的勇气和能量。另外，推销人员平时应刻苦学习，掌握产品知识和推销技巧，认真做好接近准备，这也是提高信心和勇气的途径。

2. 消除客户的疑虑，减轻客户的压力

推销实践表明，当推销人员接近客户时，客户一般会产生疑虑和购买压力。这种疑虑和压力或来源于担心一旦接近推销人员就承担了购买义务的心理，或来源于过去买东西吃过亏的经历。这种压力实际上是推销人员接近客户的无形阻力，也就是说，当客户感觉到推销人员企图推销什么东西时，总是本能地设置一些障碍，严重干扰和破坏交谈的顺利进行。因此，推销人员要想成功地接近客户，就必须想方设法地减轻客户的心理压力，只有在迅速地打开准客户的“心防”后，客户才能敞开心扉，用心谈话。

根据实践，可采用以下几种方法。

（1）延期减压法。当客户的戒心很明显、任何推销的话语都无用时，推销人员可以先说明今天来的目的不在于推销，而是提供产品信息，简单向客户解释和介绍产品后，留下名片，改天再来。这样会给客户留下较好的印象，下次再见面时对方不会感到陌生，疑虑也会减少。

（2）征求意见法。推销人员可以告诉客户这次拜访的目的只是做市场调查，听取各方面的意见，希望对方坦率表明自己的态度。一般情况下，客户对产品或多或少都有些自己的看法，他会在发表意见时慢慢放松戒备心理。

（3）直接减压法。推销人员直接告诉客户，如果无意购买，随时可以要求推销人员离去而不必感到为难，不必有疑虑。使用这种方法时，推销人员的态度应该自然、诚恳。

（4）利益减压法。客户虽然对自己出钱购买产生疑虑，但他对能给自己带来利益的事情还是感兴趣的。推销人员要设法使客户相信这次会面是值得的，客户能从中得到一些收获，从而使客户认识到不应该只考虑自身的好恶与感觉，而应该从客观利益出发来考虑问题，消除接近过程中的不和谐气氛。例如，保险推销人员接近客户时，要让客户感到购买保险的意义和重要性，让他了解推销人员拜访的目的是要帮助他。

3. 控制接近时间，及时转入洽谈

从整个推销过程来看，接近只是其中的一个环节，接近的目的不仅仅在于引起客户的注意和兴趣，更重要的是要转入进一步的推销洽谈。因此，推销人员要善于把握时机，及时将话题转入下一阶段。一般来说，每次接近的具体时间会因接触的人、洽谈的事、会见的地点不同而有所不同。有专家做过研究，认为平均每次推销接近时间应约为 15 分钟。时间太长会分散客户的注意力，太短则会显得推销人员急于销售，反而吓跑客户。推销人员应掌握好

这个分寸，控制好时间。

以下是一位汽车推销人员接近客户的心得体会。

当客户走进汽车展厅的时候，绝大多数客户首先希望自己（注意是自己，不需要销售顾问干预）可以先看一下展厅内的汽车。当客户的目光聚焦的不是汽车的时候，他们是在寻找可以提供帮助的销售顾问；另外，若他们拉车门、开车盖，则是需要销售顾问出动的信号。

以上所述行为提示推销人员，客户走进展厅的前三分钟还不是接近他们的时候，可以打招呼、问候，并留下一些时间让他们自己先随便看看，或者留一个口信："您先看着，有问题随时过来找我。"成熟的推销人员非常清楚，与陌生客户开始沟通的时候，一般不先说与车有关的事情。可以谈刚结束的车展，也可以谈任何让客户感觉舒服的话题，即不那么直接、不以成交为导向的任何话题。例如，可以聊聊与客户一起来的孩子，也可以说说客户开的车，或者客户开的车的车牌等。谈这些话题的目的就是初步降低客户的戒备，逐渐缩短双方的距离，逐渐向汽车话题转换。这前三分钟既是递交名片的好时候，也是推销人员记住与客户同来的所有人的名字的好时候。

4.3.3 接近客户的基本方法

1. 产品接近法

产品接近法是推销人员利用推销产品引起客户的注意和兴趣，进而转入面谈的一种接近法。它的最大特点是用质量过硬的产品本身作为无声的介绍工具，来达到接近客户的目的。

产品接近法一般适用于有形的、轻巧的、便于携带的产品，而且这些产品应具备一定的特色，质地优良，否则难以吸引客户。

2000 年年初，被称为"贵州苗族飞歌"的姬德勇进入了深圳世界之窗，但他只是舞台上的一个配角。姬德勇决定先赚钱，以后再包装自己。从那以后，他在工作之余钻研木雕艺术。2002 年 5 月，姬德勇在世界之窗租了一间 10 多平方米的小店，卖木雕工艺品。每次雕刻完一些有创意的小纽扣、挂链等后，姬德勇就戴在演出服上。让他想不到的是，这些木雕工艺品竟给他带来了惊喜：演员感兴趣，观众也青睐，他的小店开张第三个月就赢利上万元！

2002 年 10 月，姬德勇有幸随歌舞团到美国佛罗里达州演出。演出团参加了当地的一场由慈善机构举办的晚会，刚好美国超级摇滚歌星乔恩也来了。演出结束之后，乔恩专程来到后台找到姬德勇："你演完后，把衣服卖给我吧？""这种苗服在商场里可以买到呀！"姬德勇十分惊讶。"我不是要买衣服，我是要买下衣服上的木雕工艺品。1 000 美元，怎么样？"姬德勇将那套苗服卖给了乔恩。谁知，乔恩的两个朋友看见后也要买。就这样，姬德勇将自己的三套苗服都卖掉了，赚了 2 万多元人民币！

2. 利益接近法

迅速地告诉客户推销会给他带来哪些重大利益，是引起客户注意、达到接近目的的一种好方法。

例 1：

“您知道一年只花几块钱就可以预防火灾、失窃吗？”保险推销人员开口便问客户，客户显得有点莫名其妙。推销人员紧跟一句：“有兴趣投保吗？”

例 2：

某地一家涂料厂的推销人员这样告诉客户：“本厂生产的涂料每千克 8 元钱，可涂 4 平方米的墙面，一个 20 平方米的房间只用 5 千克就够了，才花 40 元钱。”

例 3：

汽车推销人员走近客户说：“您可以了解一下这款特别省油的油电混合动力汽车。”

利益接近法迎合了大多数客户的求利心态，有时一些客户不明真相，认识不到推销给自己带来的利益。推销人员恰恰抓住这一要害问题予以点明，突出推销重点和产品优势，有助于很快达到接近客户的目的。采用利益接近法必须实事求是，不要夸大，更不可无中生有，欺骗客户。

3. 介绍接近法

介绍接近法是推销人员通过自我介绍或他人介绍来接近拜访对象的方法。

自我介绍是指推销人员自我口头表述，然后用名片、身份证、工作证来辅助达到与客户相识的目的。

口头介绍可以详细解说一些书面文字或材料无法说清楚的问题，利用语言的优势取得客户的好感，打开客户的心扉。利用身份证、工作证，可以使客户更加相信自己，消除客户心中的疑虑。

名片交换行为非常普遍，给对方递上一张自己的名片同样可以弥补口头介绍的不足，并且便于日后联系。但自我介绍接近法最好经过事先约见，否则较难引起客户的注意和兴趣，也不容易转入正式洽谈，在实际工作中应配合其他方法同时使用，以便取得较好的效果。

他人介绍是指借助第三者或合作伙伴的介绍来达到让客户了解自己的目的。其形式可以是打电话、写信函 / 字条或当面介绍等，这样可以迅速缩短推销人员与客户之间的心理距离，效果要好于自我介绍。

下面是汽车销售方面的一个案例，一起来看看其中的技巧。

推销人员：“阙先生，您好啊！我是 ×× 公司的小倖啊！最近工作挺顺利的吧！”

【点评：对于老客户，要经常保持联系，这样他们在周围人群准备买车时才会想到你。每次打电话时，要多关心对方的工作、身体、家庭情况，拉近与客户的距离。】

客户：“是小倖啊！你好！最近一段时间我经常在国内外到处出差。”

【点评：说明客户记得打电话的推销人员并透露了他近期的状况。】

推销人员：“说明您公司业务相当好啊！虽然您身体比我壮，但平时还是要多注意休息哟！”

【点评：借机赞美客户良好的业务状况，同时表达对对方的关心。】

客户：“谢谢你的关心。最近车卖得不错吧！”

【点评：如果与客户的关系不错，他们也会像朋友一样关注你的工作。】

推销人员："托您的福，上次您介绍的那位朋友最终买了一款跟您相同型号的车，今天他来保养的时候还提到您了呢！谢谢您给我介绍了那么多朋友。对了，上次曾听您介绍过××单位的老总，是您的朋友，正好我们公司有点业务方面的事情想麻烦他，您能不能把他的联系方式告诉我一下？"

【点评：对于客户每次给予的帮助要及时感谢，除了在跟进时道谢外，以后每次有机会时都要注意提及。如果能够给一点礼物作为回报的话，那么对客户转介绍客户会有很大的帮助。同时，要尽快切入你打电话找这位客户的真实意图，别占用客户太多的时间。】

客户："你等一等，我找一下……你记一下。要不要我先打个电话给他？"

【点评：只要客户信得过你，通常情况下他们都会把自己知道的情况告诉你。当然，前提必须是你与客户的关系就像朋友一般。】

推销人员："谢谢了！等哪天有空了我专程去拜会他一下，就说您介绍的，可以吗？"

【点评：为了避免客户事先把你准备开展的业务情况告诉你要找的人，增加销售的难度，请不要在电话中介绍自己即将开展业务的任何细节。此时，推销人员的目的只有一个，就是获取客户朋友的电话号码，让客户认可是他介绍的即可。】

客户："没有问题。"

【点评：得到客户的认可。】

推销人员："太谢谢您了，打扰您太久真不好意思。您的工作也很忙，改天等您有空的时候我专程登门拜访。那您先忙！常联系，再见！"

【点评：得到所需的信息后，一般人都会与客户聊下去，甚至很长时间，这不是一个好的做法。建议此时尽快结束电话，不打扰客户也不浪费自己的时间。】

4. 问题接近法

问题接近法是推销人员利用直接提问来引起客户的注意和兴趣，引导客户去思考，从而顺利转入推销面谈的接近法。下面介绍一些问题接近法的应用实例。

例1：

一位保险推销人员向客户推销一种少儿险时说："您知道目前一个小孩从出生到上大学要花费多少钱吗？"从而引起了客户的注意。

例2：

"您的生意大得足以使用自动化生产设备了吗？"这个问题问及的是一位制造企业的总裁。总裁提出新问题："我不知道，我的生意必须达到多大规模？"至此进入正式的推销面谈。

例3：

某公司推销人员对客户说："只要您回答两个问题，我就知道我的产品能否帮您装潢您的产品。"这实际上也是一个问题，并且常常会引出客户这样的回答："你有什么问题？"

例4：

美国有位图书推销人员采用下述问题接近客户："如果我送给您一套有关提高个人品位的书籍，您打开后发现内容十分有趣，您会读一读吗？""如果您读了之后非常喜欢这套书，您会买下吗？""如果您没有发现其中的乐趣，您把书重新塞进这个包里给我寄回，行吗？"这三句开场白简单明了，使客户几乎找不到说"不"的理由，从而达到了接近客户的目的。后来这三个问题被该图书公司的全体推销人员所采用，成为标准的接近方法。

运用问题接近法要注意：应抓住客户关心的问题或客户感兴趣的问题进行提问，且问题明确、具体，切忌漫无边际，使客户摸不着头脑，也不可提出容易引起分歧的话题。

5. 好奇接近法

好奇心理是人的一种原始驱动力，驱使人类去探索未知的事物。推销人员可以利用动作、语言或其他一些方式引起客户的好奇心，以便激发客户的兴趣。

> 一位推销节能水龙头的推销人员进入某公司后，微笑着拿出一样东西递给一位该公司职员，然后说:“请您看一下这个。”“这是什么？”这位职员好奇地观察起这个有点与众不同的水龙头。与此同时，推销人员又拿出几个水龙头，分给在场的其他人，在职员议论的同时，推销人员抓住时机展开了进一步的说明。等到在场的人对产品有了相当程度的了解后，就有人准备掏钱购买了。

这位推销人员成功地运用了人们容易对陌生产品好奇的心理，直接将人们的注意力转移到产品上，并利用人们观察的时间来进行说服等一系列推销活动。因此，目标客户被推销人员一步步地带入了设计好的情境——产品的世界。

实际上，人们对事物的好奇是一种较为普遍的心理，客户的许多购买决策有时也来自对宏观世界好奇心理的驱使。因此，只要善加运用，定能创造良好的推销效果。例如，当推销人员在首次推销遭到拒绝时，可以用“我只说一句话可以吗”之类的小请求来引发客户的好奇心，重新唤起客户的注意力，促使他再次考虑对产品的需求。这样往往能够产生戏剧性的转机。

采用好奇接近法，应该注意下列问题。

第一，引起客户好奇的方式必须与推销活动有关。

第二，在认真研究客户心理特征的基础上，真正做到出奇制胜。

第三，引起客户好奇的手段必须合情合理，奇妙而不荒诞。

6. 表演接近法

表演接近法是利用各种戏剧性表演技法来展示产品的特点，或者利用各种机会把自己的兴趣、爱好与客户的爱好形成共同点，如以棋会友等，引起客户的注意和兴趣，进而转入面谈的方法。这是一种比较传统的推销接近方法，推销人员可用夸张性的手法来展示产品的特点，从而达到接近客户的目的。

> 例 1：
>
> 中国某成功企业家年轻时在一家塑胶厂当推销人员。他推销产品时会根据不同对象采取灵活的方法。有一次，他推销一种塑料洒水器，走了好几户人家都无人问津。于是他想了一个方法，说洒水器可能出了问题，借别人家水管用用。于是他便表演起来，不出所料，一下子卖掉了十几个。
>
> 例 2：
>
> 一位消防用品推销人员与准客户见面后，并不急于开口说话，而是从提包里拿出一件防火衣，将其装入一个大纸袋里，然后用火点燃纸袋，等纸袋烧完后，纸袋里面的衣服仍然完好如初。这一夸张的演示，使客户产生了极大的兴趣，没费多少口舌，这位推销人员便拿到了订单。

7. 求教接近法

求教接近法是利用向准客户请教问题的机会来接近对方的方法。一般情况下，人都有向别人显示自己才学的愿望，推销人员正是通过给客户提供这样的机会来接近客户，在向对方讨教某个方面的问题、引起对方的话题和兴趣之后，提出推销要求，进行推销宣传，往往会收到较好的效果。

推销人员使用求教接近法时要注意三点：一是赞美在先，求教在后；二是求教在先，推销在后；三是态度诚恳，语言谦虚。

亚伯特·安塞尔是铅管和暖气材料生产公司的推销人员，多年来一直想跟一位铅管包销商做生意。这位业务量大、信誉好的铅管包销商对待安塞尔却极刻薄、无情。他坐在办公桌后面，嘴里衔着香烟，每次在安塞尔进门时，他就毫不客气地说：“今天什么也不要！不要浪费你我的时间！滚吧！”

有一天，安塞尔准备试试另一种方式。安塞尔所在的公司正准备在经济开发区开一家新公司。那位铅管包销商对那个地方很熟悉，并且在那里做了很多生意。这次，当安塞尔去拜访他时，开场白是这样说的：“先生，我今天不是来推销什么东西的，我是来请你帮忙的，不知道您能不能抽出一点时间和我谈一谈？”

“嗯……好吧！”铅管包销商用嘴巴把香烟转了一个方向，“什么事？快点说。”

“我们公司想在经济开发区开一家新公司。”安塞尔说，“您对那个地方了解的程度和住在那里的人一样，因此我来请教您的看法！”

多年来，这位铅管包销商一直向安塞尔吼叫，命令他走开。而今天，安塞尔作为一家大公司的推销人员不向他推销产品，居然跑来请教他，这使他得到了极大的满足。

“请坐！”铅管包销商用了一个多小时的时间详细解说经济开发区市场的特点和优点，与安塞尔讨论了购买产业、储备材料和开展业务的全盘方案，最后，他还十分信任地把家里的困难和夫妇不和的情形向安塞尔诉说了一番。

那天晚上，在安塞尔离开的时候，不但口袋里装了一大笔初步意向订单，而且奠定了坚实的业务和友谊基础。这位过去吼骂安塞尔的铅管包销商，现在却常和安塞尔一起打保龄球。这个大改变，便是因为安塞尔向他请教了一个问题，给了他一种重要人物的感觉。

8. 赞美接近法

赞美接近法是推销人员利用赞美之词博得客户好感以达到接近目的的方法。人的天性都是喜欢被别人赞美，它是处埋心情的最佳方式之一。在现实生活中，每个人都有值得赞美之处，推销人员应善于发现对方的“闪光点”，赞美一番，缓和气氛，有利于对方打开心扉。

运用赞美接近法不是随便夸奖两句就能奏效，应该了解客户的情况，选择时机，找出对方引以为豪之处加以赞美。比恩·崔西是美国一位图书推销高手，他曾经说：“我能让任何人买我的图书。”他的秘诀只有一条：非常善于赞美客户。

有一次，他遇见一位非常有气质的女士。当那位女士听说崔西是推销人员时，脸一下子阴了下来：“我知道你们推销人员很会奉承人，专挑好听的说，不过，我不会听你的鬼话的。”崔西微笑着说：“是的，您说得对，推销人员是专挑那些好听的词来讲，说得别人昏头昏脑的，但像您这样的客户我很少遇见，特别有自己的主见，从来不会受到别人的支配。”

细心的崔西发现，女士的脸已由阴转晴了。她主动问了崔西许多问题，崔西都耐心地一一回答。最后，崔西开始高声赞美道：“您的形象给了您很高贵的个性，您的语言反映了您有敏锐的头脑，而您的冷静又衬出了您的气质。”

女士听后开心得笑出声来，很主动地提出要看看崔西手中的图书。

赞美接近法主要有以下几种。

（1）赞美内在胜于外表。例如，“您今天穿这身衣服很有气质！”遇到对方穿新衣，懂技巧的推销人员会夸人内在的气质，不懂技巧的推销人员则会夸新衣服。

（2）多赞美对方的行为。例如，“您真能干，又完成了一件棘手的事！”

（3）寻找别人容易忽略的赞美点。例如，“其实您是一个很平易近人的老板，不像别人说的那样可怕！”

（4）寻找对方引以为豪的赞美点。赞美点可以从对方的工作状况、健康、美貌、事业、孩子等方面入手去找。

综合使用赞美接近法与求教接近法效果会更好。下面的例子很好地说明了这一点。

一位推销人员想让她的产品进入当地一家大型超市。有一天她走进了超市副总的办公室，在自我介绍后，她说：“我今天主要想来请教您一些关于营销策划方面的问题。因为这段时间我发现你们超市重新启动的广告策划做得特别好，我多方打听才知道是您的杰作。您看我还把每期报纸的广告剪下来了！”这位军人出身的超市副总见有人欣赏他的作品，顿时来了精神，并与这位推销人员长谈了近两个小时。交谈的结果是，这位懂得赞美加请教的推销人员的产品很顺利地进入了这家大型超市。

9. 送礼接近法

推销人员接近客户的时间十分短暂，可以利用赠送小礼品的方法来接近对方，以引起客户的注意和兴趣，效果也非常明显。例如，在日常生活中，可以发现许多上门推销的推销人员为了很快与对方熟识，往往借助送给对方一份小礼品来缩短双方的距离，这就是常见的、典型的送礼接近法。

在推销过程中，推销人员向客户赠送适当的礼品，是为了表示祝贺、慰问、感激之情，并不是为了满足客户的欲望，或显示自己的富有。所以在选择礼品时，应挑选一些纪念意义强，具有一定特色且美观实用的物品，最佳方法是投其所好，或者尽量与自己推销的产品有关。

2013 年，我国国家领导人访问俄罗斯时，将一幅名为《普京总统肖像》的沈绣作品和另一幅蜀绣作品作为“国礼”赠送，国内外随之掀起了追捧热潮。经营工艺美术品多年的广州商家赖先生认为：“这次两种刺绣品成为‘国礼’走出国门，让我们业内精神一振。”

运用送礼接近法时要注意：送礼要送正当的合法礼品，不能送伪劣产品或者变相贿赂。

10. 震惊接近法

震惊接近法是指推销人员利用令人震惊的事物来引起客户的兴趣和注意，进而转入洽谈的接近法。

一位推销汽车轮胎的推销人员在接近客户时可以说：“去年，高速公路上发生多起交通事故，有近 35% 都是由于爆胎引起的。”以这种令人震惊的事实，提醒客户有必要安装优质轮胎或及时更换旧轮胎。

运用震惊接近法时要注意：提供的令人震惊的事物或数字一定要真实，推销人员最好能提供真实的证明，才更有说服力。

11．调查接近法

调查接近法是推销人员利用调查的机会接近客户的方法。在实际应用中，推销人员可直接向客户提出调查要求，并说明调查的目的是了解所推销的产品是否能满足客户的需要。这种方法隐藏了直接推销产品这一目的，比较容易被客户接受，也很容易操作。很多企业定期回访客户的惯例就是有效维护客户关系的一种方式。通常情况下，推销人员访问客户主要有登门拜访和电话回访两种方式。

12．连续接近法

连续接近法是推销人员利用第一次接近时所掌握的有关情况实施第二次或更多次接近的方法。销售实践证明，许多推销活动都是在推销人员连续多次接近客户后才引起了客户对推销的注意和兴趣，并转入实质性的洽谈的，进而为以后推销的成功打下坚实的基础。

有一位推销人员去拜访一家公司的董事长，董事长正要下逐客令时，秘书敲门进来了，对董事长说了一句话："今天没有邮票。"这个时候，推销人员站起来与董事长告别走了。

第二天他没有去拜访董事长，而是去拜访了秘书。见了秘书之后，他问秘书昨天跟董事长说的"没有邮票"是什么意思。秘书告诉他，"董事长有个独生子，喜欢集邮，过几天就是他儿子的生日了，所以要求自己把来往各地信件的邮票收集一下，作为礼物送给他的儿子。"推销人员听到这里，想到自己公司与全国各地也有信件往来，于是就收集了一大堆邮票，并再次来拜访董事长。

董事长一见到他就说："你怎么又来了，我不需要你的产品。"这个推销人员说："我今天不是来推销的，是来给您送邮票的。我听说您儿子喜欢集邮，因此专门来给您送邮票。"董事长一听，非常高兴，事情发展到了这个阶段，他会亏待这位推销人员吗？

13．接近圈接近法

接近圈接近法是推销人员扮演客户所属社会阶层与接近圈的人，去参加客户参加的社交活动，从而与客户接近的方法。接近圈是指有一定范围、一定内容的社会联系。同一接近圈的人，都以满足各自的需求为出发点建立互相联系的关系。

有一家鼓风机企业的推销人员到沈阳一家工厂去推销产品，推销人员几次约见该厂的厂长都未果，始终没有机会和厂长接触。后来推销人员通过厂长的一个钓友得知该厂长喜欢钓鱼，他便买来渔具学习钓鱼。之后，通过钓鱼，推销人员成了该厂长钓鱼圈里的一员，接触的次数多了，便和这位厂长成了朋友，后来厂长一次就购买了该推销人员所在企业价值近 50 万元的鼓风机。

社群是当前社会重要的人际关系圈，如何发挥其最大的商业价值，直接决定未来商业竞争的成败。社群是一种新的人际关系，是建立在互联网基础上的。社群是依据人们的兴趣爱好、身份地位、审美观和人生价值观建立起来的圈子。比如说喜欢职业教育的人会在一个社群，同是电器行业的老板会在一个社群，喜好户外运动的人会在一个社群。在商业领域，社群有着重要的意义，由此引发的商业行为，就是社群营销。社群营销可实现社群的商业价值，并成为这个时代重要的商业模式之一。在社群中，推销人员能够找到潜在的运营对象，或者说未来商业运营的潜在客户，并且能够实现一定的商业闭环。例如，一个拥有 10 万人规模的母婴社群内一定拥有诸多的妈妈、准妈妈，商家可通过和妈妈们的互动，最终创造价值。

以上是几种常见的接近客户的方法，除此以外，还有幽默接近法、陈述接近法等。推销人员应根据实际情况，或者单独使用，或者互相配合使用，还可以自创独特的方法接近客户。

知识拓展

练习与实训

1．填空题

（1）______________是客户资格审查的继续。

（2）约见方式主要有____________、____________、____________、____________和____________。

（3）约见内容主要包括____________、______________、____________和____________。

2．讨论题

（1）有人认为：在每次推销前都想象，如“想象自己穿上了客户的鞋子在走路”“想象所推销产品的优越性”。

问题：① 你如何理解这两句话？

② 如果要向客户推销化妆品，那么在推销之前你还会想象什么？

（2）如何巧妙地拒绝客户的私人约见？

（3）请对比下面两个推销人员接近客户的场景并分析推销人员乙获得成功的原因。

① 场景一。

推销人员甲：“你好，我是大明公司的业务代表周黎明。在百忙中打扰你，想要向你请教有关贵店目前使用收银机的事情。”

超市老板：“你认为我店里的收银机有什么毛病吗？”

推销人员甲：“并不是有什么毛病，我是想是否已经到了需要换新的时候。”

超市老板：“对不起，我们暂时不想换新的。”

推销人员甲：“不会吧！对面的李老板已更换了新的收银机。”

超市老板：“我们目前没有这方面的预算，将来再说吧！”

② 场景二。

推销人员乙：“刘老板在吗？我是大明公司的业务代表王力，经常经过贵店。看到贵店生意一直那么好，实在不简单。”

超市老板：“你过奖了，生意并不是那么好。”

推销人员乙：“贵店对客户的态度非常亲切，刘老板对贵店员工的教育训练一定非常用心，对面的张老板对您的经营管理方式也相当钦佩。”

超市老板：“张老板是这样说的吗？张老板的店也经营得非常好，事实上，他也是我一直作为目标的学习对象。”

推销人员乙：“不瞒您说，张老板昨天换了一台新功能的收银机，非常高兴，才提及刘老板的事情，因此，今天我才来打扰您！”

超市老板：“喔？他换了一台新的收银机？”

推销人员乙：“是的。刘老板是否也考虑更换新的收银机呢？目前您的收银机虽然也不错，但是新的收银机有更多的功能，速度也较快，您的客户将不用排队等太久，因而也会更喜欢光临贵店。请刘老板一定要考虑这台新的收银机。”

3．课堂实训

（1）把教室布置成学校办公室的一角，把学生分为两部分，一部分是保险公司的推销人员，另一部分是客户，职业是中学教师。

要求：进行接近客户的练习。扮演推销人员的学生从外面进来，在最短的时间内，达到成功接近中学教师，引起中学教师注意的目的。

提示：推销人员与中学教师可以是熟悉的，也可以是陌生的，之前已经通过电话约见。

评分方式：由教师评比出最有效的接近方法。

评分标准：满分 100 分，其中准备工作、语言、方法的选择和效果各占 25 分。

（2）写一封约见信函：毕业 5 年后你自己创办公司，你邀请现在的班主任参加公司的开业庆典。

（3）学会赞美：在毕业 10 年后你偶遇本班一位品学兼优的异性同学，你要充分运用赞美的技巧，表演与对方相遇的谈话情景。

4. 课外实战

A 公司的推销人员小李正准备打电话约见某公司门市部的采购员黄先生，目的是告诉对方他订的货已到，问何时把货送过去。当他拨通门市部的电话时，接电话的是另一个人，对方说：“您好，这里是 ×× 公司门市部。”此时，你如果是推销人员小李，应怎么回答？对方找到黄先生来接电话后，又该如何应答？

要求：① 使用的语言要规范。

② 演示的过程要连贯、完整。

时限：5 分钟左右（不包括准备时间）。

评分标准：按照表 4.2 中的标准分给学生打分，并给出评语。

表 4.2　评分标准

评分项目	标准分	得分	考评员评语
举止礼仪	20		
语言表达	20		
应对方法与技巧	40		
演示的整体效果	20		
合　计	100		

阅读材料

材料 1：珠宝营业员的卖场话术

1. 开场白，打招呼

（1）您好！欢迎光临 ×× 珠宝！

（2）上午好（下午好）！欢迎光临！

（3）您好先生（女士）！有什么我可以帮您的吗？

（4）女士，您的衣服好漂亮啊！

（5）先生，需要我帮忙吗？

（技巧：态度要温和、亲切、真诚，要有针对性地对待，并且要因人而异，灵活运用，一切围绕“怎样与客户迅速地拉近距离”这一目的，避免出现公式化的问候。）

2. 了解客户需要

（1）您是不是想看一下项链啊？这边都是项链！

（2）您是送人啊，我来帮您挑选一下，可以吗？

（3）您想看一下什么价位的？我帮您介绍一下！

（4）您喜欢什么款式的啊？是经典的，还是时尚的啊？

（技巧：要细心，专注聆听，语气诚恳，积极回应。并且要主动询问，避免说话太快、口气生硬、连珠发问。）

3. 介绍产品

（1）这款戒指是我们公司设计师精心设计的……，它的特点是……，它的优点是……，您戴上后会……！

（2）您看的这款是我们公司最新推出的……，它的特点是……，它的优点是……，您戴上后会……！

（3）这种款式是目前市面上最流行的……，它的特点是……，它的优点是……，您戴上后会……！

（技巧：要耐心介绍，展示货品。随时留意客户的反应，介绍产品的特点、优点和给客户带来的好处。避免沉默或一个人说个不停。）

4. 邀请试戴

（1）我帮您戴上看看效果好吗？

（2）我来帮您戴还是您自己戴啊？

（3）这是镜子，您看一下自己戴上的效果！

（4）这边有一款很适合您的脸型，您不妨试戴一下看看！

（5）这一款很适合您的气质，给您试戴一下看看好吗？

（技巧：要态度热诚，用询问的语气，试戴动作轻柔。避免表现出不耐烦或过于热情，不要过于奉承。）

5. 处理异议

（1）您感觉这款戒指价格有点高是吗？

（2）是啊，您看的这款钻石级别比较高，所以价位就会高一些。

（3）请问您是注重钻石级别，还是注重款式？

（4）您看这几款比刚才的那款价位稍微低一些，款式也很好。

（技巧：要积极地复述和回应客人，微笑且有耐心。肯定自己所推销的货品是货真价实的，避免争辩、口气生硬、鄙视客户。）

6. 礼貌收银

（1）就是这个款式吧，我帮您开票好吗？

（2）我帮您算一下这款首饰的折后价格，您看一下！

（3）这款首饰原价是 ×× 元，打八折后是 ×× 元！

（4）请问您是付现金，还是刷卡啊？

（5）这是收您的 ×× 元，请您稍等！

（6）让您久等了，收您 ×× 元，找您 ×× 元。请您过目！

（技巧：说话要清楚，展示单据，当面点清款项。避免说话含混不清或用命令式的口气。）

7. VIP 登记

（1）请您填一份贵宾档案可以吗？我们可以送您一张会员卡！

（2）您现在购买的 ×× 款珠宝达到了一定的金额，已经是我们的贵宾会员了，以后我们公司有什么活动会事先通知您的！并且您持有贵宾卡，还可以有优惠的。

（3）麻烦您填一下具体生日，在您生日那天有可能会有一份意外惊喜的！（视自己店内情况而定）

（4）您也可以带您的朋友过来消费，既能优惠，又可以给您积分，积分多了我们也会有礼品赠送的。

（技巧：要着重讲会给客户带来的好处，热情诚恳地向客户介绍，避免敷衍了事、不耐烦、口气生硬。）

8. 送客

（1）您的首饰我帮您放在首饰盒里了，您看一下！

（2）这是您的货品，在盒子里，请拿好（双手递给客户）。

（3）请问要不要给您做个礼品包装啊？

（4）这是我们的售后服务小册子，您回去可以仔细看看，里面介绍了日常佩戴的注意事项和我们的售后服务承诺。

（5）谢谢您！欢迎下次光临！

（6）您还有其他需要吗？

（技巧：要有耐心，微笑目送远走，避免喜形于色、同事之间对客户品头论足、指手画脚。）

材料 2：宣传单页派发技巧

派发宣传单页（以下简称“发单”）是销售的前奏之一，成功的发单会增加客户量，让销售业绩提升。发单并不只是随便将宣传单页递给对方，它有一些成功的经验可供借鉴。

1. 心理准备工作

发单首先面对的是自己的心理问题，这种心理问题有以下几种。

（1）害怕对方不接，觉得不好意思或不愿感受被拒绝的感觉。

（2）当有人不接时，下意识找借口说对方不接，没有效果。

（3）太在意别人的态度，当对方态度不好时觉得委屈。

其实，人在工作中都会遇到各种各样的问题，关键在于如何认识和对待。不能奢求发单会百分之百成功，那是不现实的，原因如下。

（1）发单一定会有效果，只是一个大数法则，只有 5% 的成功率。

（2）发单时有人不接是正常的，全部接是不可能的。因为我们自己走在街上的时候也不是 100% 接别人发的宣传单页。

（3）发单技巧可能会使成功概率增加，发单员的精神面貌、妆面、发型、笑容等是否能令人产生好感决定着发单的成功率。

因此，发单效果的决定因素在发单员自己的手上。

2. 发单技巧

有了足够的心理准备，且知道了发单成功法则后，还要懂得发单的技巧。发单的技巧有以下九个方面。

（1）发单前，发单员应基本了解当次所派发宣传单页中的产品特性和服务内容，确定所宣传产品的主题，以便锁定目标客户群，提高发单效率。

（2）发单时要有针对性，切忌不加选择地随意乱发。发单时要善于观察，及时走动，且要主动。

（3）发单过程中始终保持友善、热情、微笑的面孔，让人感觉容易接近，进而有兴趣了解你所派发的宣传单页，并引起客户群的好奇心和好感。

（4）发单时要注意自身的形象：①肢体语言：要给人以安全感；②妆面：全妆，看起来很舒服。发单时要在行人过往的路线上，最好不要挡在行人的前面（一定要准备好，不要突然举起你的手）；在小区出入口发单时，身子侧站，不要挡路。发单时，尽量往行人有空闲的手上递。

（5）拿宣传单的动作：建议用一边的手臂托着宣传单页，宣传单页正面朝向行人，将产品或服务的内容展现出来，确保行人拿到的宣传单是正的，以便行人能第一时间看到上面的内容。

（6）发单时要用礼貌的语言与消费者沟通，一定不能害羞，要大胆地说出产品的主题（最好总结在十个字以内），而不要做简单的发单机器人。

（7）不要怕被拒绝，心里一定要暗示自己：你是在帮他！因为你无偿地将一条也许对他有用的信息传达给他，对他而言，拒绝可能是一个损失。如果有人接了，那么一定要说声“谢谢”。

（8）被人丢在地上的宣传单页，如果没被别人踩脏，要回收后重新派发；如果被踩脏了，捡起来丢到就近的垃圾桶（如果附近没有垃圾桶，把它们收集起来放到不显眼的地方，在人少时丢到垃圾桶中）。

（9）发单时可能会有小区的物业管理人员前来制止，这时要笑着跟他说“好的，不发了”。然后换个地方发，尽量不要起争执。

材料 3：卖辣椒的心得体会

在营销界有这样一个经典案例。

卖辣椒的人总会遇到这样的问题：“你这辣椒辣吗？”怎么回答呢？说辣吧，怕辣的人立马走了；说不辣吧，也许人家喜欢吃辣的，生意还是不成。

一天，推销人员小赖站在一个卖辣椒的妇女的三轮车旁，看她怎样解决这个难题。

趁着眼前没有买主，小赖自作聪明地对她说："你把辣椒分成两堆吧，有人要辣的你就说这堆是，有人要不辣的你就说那堆是。"

卖辣椒的妇女对他笑了笑，轻声说："用不着。"

这时恰巧来了一个买主，问的果然是那句老话："你这辣椒辣吗？"卖辣椒的妇女很肯定地告诉他："颜色深的辣，浅的不辣！"买主挑好，付过钱，满意地走了。不一会儿，颜色浅的辣椒就所剩无几了。

又有个买主来了，问的还是那句话："你这辣椒辣吗？"卖辣椒的妇女看了一眼自己的辣椒，答道："长的辣，短的不辣！"果然，买主就按照她的分类标准开始挑起来。这轮的结果是，长辣椒很快告罄。

看着剩下的都是深颜色的短辣椒，小赖心里想：这回看你还有什么说法。当又有一个买主问"你这辣椒辣吗"的时候，卖辣椒的妇女信心十足地回答："硬皮的辣，软皮的不辣！"

小赖暗暗佩服，可不是嘛，被太阳晒了半天，确实有很多辣椒因失水变得软绵绵了。卖辣椒的妇女卖完辣椒，临走时对小赖说："你说的那个办法卖辣椒的都知道，而我的办法只有我自己知道。"

友情推荐

图书：销售女神董明珠

拓展微课：电话约见顾客场景

项目 5
推销洽谈

知识要点

◎ 推销洽谈的任务、原则、种类和内容

◎ 推销洽谈的访问程式和谈判程式

◎ 推销洽谈的提示法和演示法

◎ 与大卖场洽谈的技巧

能力要点

◎ 熟悉推销洽谈的访问程式和谈判程式的几个阶段

◎ 掌握推销洽谈的提示法和演示法的使用技巧

◎ 能够在推销过程中灵活运用各种语言洽谈技巧

◎ 掌握与大卖场洽谈的技巧

任务引入——芈乐与客户洽谈

芈乐终于获得与一位客户洽谈的机会。他在兴奋的同时谦虚地向欧经理讨教与客户洽谈的注意事项。

欧经理告诉他："与客户进行商务洽谈，至少要做好两方面的工作：一是了解客户，明确需求；二是表现专业，征服客户。近几年，国家出台了一系列针对技能人才的新政策，社会对职业院校毕业生有了新的认识和认可，只要你足够专业，相信你一定能行！"

芈乐立即领悟，决定立刻行动。

推销洽谈是指推销人员运用各种方式、方法和手段向客户传递推销信息，说服客户购买推销产品的过程。推销洽谈是整个推销过程的一个关键性环节，是一个复杂的、具有丰富内容的活动过程。推销洽谈的目的在于向客户传递产品信息，进行沟通，诱发客户的购买动机和欲望，说服客户采取购买行动。在推销人员接近客户之后，应迅速转入洽谈环节。在这个环节，推销人员要弄清楚客户关注的利益点，然后围绕客户的利益点来介绍和展示产品，引发客户更大的兴趣和购买欲望，刺激客户做出购买决定。然而，最后能否达成交易除了依靠产品自身的优势，还取决于推销人员在洽谈过程中的表现。因此，掌握推销洽谈的方法与技巧，是推销人员顺利完成推销任务的重要条件。

5.1 推销洽谈概述

5.1.1 推销洽谈的任务

成功推销名言：有困难就是能力不足，有麻烦就是能力不够。

为了实现推销洽谈的目的，有效激发客户的购买欲望，推销人员在洽谈过程中必须完成以下任务。

1. 传递产品信息

与客户面谈，需要向客户传达有关产品的品牌、商标、性能、用途、价格、质量、市场定位，以及企业的生产经营状况、产品的发展方向等信息。有效的产品信息传递，不但能帮助客户迅速了解产品的特点，加深客户对企业的印象，促进交易的达成，而且有利于促进双方的长期交往与合作。

2. 展示客户利益

客户之所以产生购买欲望，采取购买行动，是因为所推销产品能给他们带来一个或多个方面的利益或好处，满足其生理上、物质上或心理上、精神上的需要。一般来说，客户较关心产品和服务内容的外观性、舒适性、经济性、方便性、价值性、耐久性、效益性、安全性八项内容。因此，在推销洽谈中，推销人员如果能在说明产品特性的基础上，将产品特性转换成能满足客户特殊需要的利益点，使客户充分认识到产品的使用价值，那么就能有效地刺激客户的购买欲望，促成其购买行为的实现。请比较以下两种介绍产品的方法。

推销人员 A：牙膏有苹果的香味（产品特性），闻起来很香（优点）。

推销人员 B：牙膏有苹果的香味（产品特性），闻起来很香（优点），这样家里的小朋友每天都喜欢刷牙，可以避免牙齿被蛀（满足客户的特殊需求）。

很显然，推销人员 B 的介绍方法更容易打动客户，激起客户的购买欲望。因为他将产品特性与客户的需求紧密联系在一起了。

3. 处理客户异议

在推销洽谈中，客户可能会出于某些原因向推销人员提出问题，或者对推销活动提出不同的意见和看法，这就是客户异议。客户异议是成功推销的障碍，推销人员如果不能及时处理或排除客户异议，那么推销任务将无法完成。因此，在推销洽谈中，推销人员要学会运用各种方法和技巧，解答客户的疑问，妥善处理客户异议，取得客户的信任，实现交易。

4. 强化购买欲望

推销人员向客户传递产品信息，展示客户利益，并妥善处理客户异议后，客户的购买欲望未必很强烈，或者还不足以使其做出购买决定。因此，推销人员还要在某些方面，如价格、结算、交货期、售后服务等方面给予对方优惠和保证，强化客户的购买欲望，促使其采取购买行动。

5.1.2 推销洽谈的原则

在书店里，一对年轻夫妇想给孩子买一些百科类书籍，推销人员过来与他们交谈。以下是当时的交谈摘录。

客户："这套百科全书有哪些特点？"

推销人员："您看这套书的外包装是一流的，摆在您的书架上，非常好看。"

客户："里面有些什么内容？"

推销人员："这套书的内容按字母顺序编排，这样便于查找资料；里面的插图漂亮又逼真，比如这幅，多美！"

客户："我看得出，不过我想知道的是……"

推销人员："我知道您想说什么！本书内容包罗万象，对你们一定会有用处。"

客户："我是为孩子买的，让他从现在开始学习一些知识。"

推销人员："哦，原来是这样。这本书很适合小孩，为了防止孩子把书弄脏，还会随书附赠小书箱。我可以给您开单了吗？"

（推销人员要将书打包，给客户开单出货。）

客户："哦，我考虑考虑。你能不能让我们看看其中的某个部分，比如文学部分，我们可以了解一下其中的内容。"

推销人员："本周有一次特别的优惠抽奖活动，现在买说不定能中奖。"

客户："我恐怕不需要了。"

……

你知道这名推销人员的失误之处在哪里吗？显而易见，他没有掌握好与客户洽谈的方法和技巧，在没有弄清楚客户真正需求的情况下，自始至终以自我为中心，一味按照自己的意愿去推销产品而忽略了客户的感受。

再来看看下面这个有趣的案例。

一艘船即将沉没，船长下令弃船，但有几个不同国家的人不愿意跳船，大副没有办法，只好请船长出面。船长和每个人说了一句话，他们二话不说，纷纷跳了下去。大副很好奇，问船长都说了些什么。船长说："我告诉德国人，跳船是命令！于是德国人跳了。我告诉英国人，跳船是高尚的绅士行为！于是英国人跳了。我告诉法国人，跳船是一件很浪漫的事情！于是法国人跳了。我告诉美国人，跳船是极其危险的！于是美国人跳了……"

以上案例能说明什么呢？说明推销洽谈时要掌握一定的方法、技巧和原则。

推销洽谈的原则是指导推销人员具体洽谈、协商的准则。在推销洽谈中，推销人员为了达到推销目的，可以利用各种洽谈方法、手段去说服客户，但必须遵循以下原则。

1. 针对性原则

针对性是指推销人员针对推销环境、客户及推销产品，运用一定的推销洽谈方式、策略与技巧，促使客户采取购买行动以达到自己的推销目的。

（1）针对客户的需求，推销产品的使用价值。

（2）针对客户的个性心理特征，推销产品给客户带来的利益。

（3）针对推销产品的特点或与众不同之处展开推销。

（4）针对市场供求状况与竞争的具体态势展开推销。

例如，如果推销同一台计算机，推销人员可以针对不同类别的客户如此介绍。

针对学生：“这样的配置足够您上网学习、看电影、玩游戏使用了。”

针对教师：“这样的配置足够您上网查资料、备课使用了。”

针对设计师：“这样的配置足够您完成您的设计任务了。”

针对不同的对象，有针对性地将产品与他们的使用环境（用途）联系在一起，可以使推销变得贴心。

2. 诚实性原则

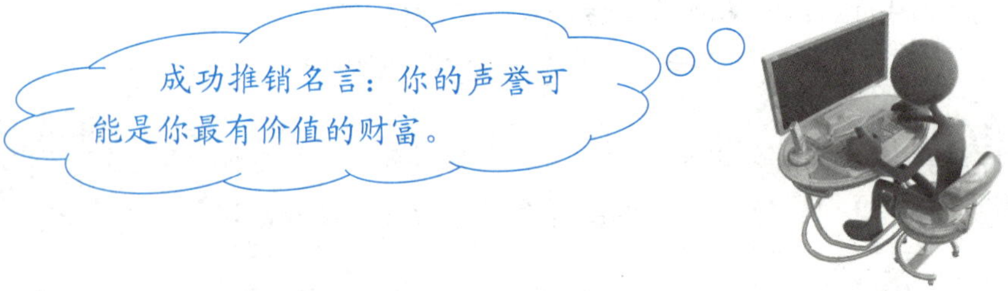

诚实性是指推销人员在推销洽谈中要实事求是地介绍产品，出示真实的推销证明，切实对客户负责，不玩弄骗术，做到诚实推销、合法推销。诚实是推销人员最起码的行为准则，唯有诚实方可取信于客户，并赢得客户。只有坚持诚实性原则，才能树立良好的推销信誉，与客户建立长期稳定的业务关系。诚信属于道德范畴，是对推销人员的素质和道德水平的要求，也是对推销人员的职业规范的要求。

3. 参与性原则

参与性是指推销人员在推销洽谈过程中，应设法引导客户参与洽谈，促进推销信息的双向沟通，增强推销洽谈的说服力。客户参与洽谈的程度对其购买决策有着直接的影响。如果推销人员能与客户打成一片，认真听取客户的意见，鼓励客户亲自操作推销产品，那么就能调动客户的积极性和主动性，把客户变成主人，激发他的购买欲望。下面请欣赏史密斯先生的做法，他是这方面的高手。

史密斯先生在美国亚特兰大经营一家汽车修理厂，他同时还是一位十分有名的二手车推销人员。在举办亚特兰大奥运会期间，他亲自驾车去拜访想临时买一辆廉价二手车的客户。

他总是这样说："这辆车我已经全面维修好了，您试试性能如何？如果还有不满意的地方，我会为您修好。"然后请客户开几千米，再问道："怎么样？有什么地方不对劲吗？"

"我想方向盘可能有些松动。"

"您真高明。我也注意到了这个问题，还有没有其他　见？"

"引擎很不错，离合器没有问题。"

"真了不起，看来您的确是行家。"

这时，客户便会问他："史密斯先生，这辆车卖多少钱？"

他总是微笑着回答："您已经试过了，一定清楚它值多少钱。"

若这时生意还没有谈妥，他会建议客户继续一边开车、一边商量。这种做法，使他的每笔生意几乎都顺利成交。

不得不说史密斯先生确实是推销高手。他使用"全面维修好了""为您修好"等词语非常自然地让客户乐意试驾。试驾过程中客户每指出一个问题，他不但不紧张，而且非常真诚地赞美对方"高明""行家"。这些细节的处理方法和技巧，都是推销人员要学习的。

4. 鼓动性原则

鼓动性是指推销人员在推销洽谈中用自己的信心、热情和知识去激发客户的购买情绪，促使客户采取购买行动。客户的情绪往往受推销人员情绪的影响，推销人员应以极大的热情去感染客户。推销人员的热情来自对本职工作的热爱，以及对客户和推销产品的信心。一般来说，推销人员的知识面越宽，推销经验越丰富，说服客户的能力就越强。请看下面这名推销人员对客户说的一席话，就会明白鼓动性原则在洽谈中的重要性及它的魅力所在了。

当年，第一个剪掉辫子的人，被视为叛逆，被亲人耻笑；第一个放开双脚的女人，被认为不守妇道；第一个用西医手术治疗阑尾炎的人，被认为是图财害命……那现在呢？改革开放这么多年，有眼光、愿接受新事物的人大量涌现，他们才是获得大实惠的人……

推销人员用排比的方式，列举了大家耳熟能详的事实来鼓励客户接受新事物、新产品。

5.1.3 推销洽谈的种类

1. 按洽谈人员的多少划分（见表 5.1）

表 5.1　推销洽谈的种类（按洽谈人员的多少划分）

种　类	具体内容	适合场景
一对一洽谈	一个推销人员面对一个客户进行洽谈	适合有经验的推销人员； 适合小宗交易； 适合大宗交易的准备阶段的洽谈
一对多洽谈	一个推销人员面对一组客户或一个洽谈小组进行洽谈	适合订货会、展销会

续表

种　类	具体内容	适合场景
多对一洽谈	一个推销小组面对一个客户进行洽谈	适合新产品的推销
多对多洽谈	一个推销小组面对客户的一个采购小组或者一组推销人员面对一组客户进行洽谈	适合大宗交易

2. 按洽谈的主题划分

（1）单一型洽谈。单一型洽谈是指推销洽谈的内容围绕着一个主题进行。在这种洽谈中，双方必须确定某个能共同调节的连续变量值。如推销洽谈共同调节的连续变量值是价格，那么对推销洽谈的卖方来说，期望价格越高越好，而买方则期望价格越低越好。洽谈的关键是在一个恰当的范围内找到一个双方都能接受的价格。

（2）综合型洽谈。综合型洽谈是相对单一型洽谈而言的，即推销洽谈的主题是多方面的，凡是能够引起客户对产品的兴趣、促成产品交易成功的因素，都是洽谈的主题。这种洽谈的特点表现在洽谈者为了获得某项利益，而甘愿放弃另一项利益。

5.1.4 推销洽谈的内容

推销洽谈涉及面广，内容丰富。不同产品的推销，有不同的洽谈内容，但是，基本内容大致相同，主要有以下六个方面。

1. 产品

产品的内容包括品牌、商标、名称、规格和数量等。

2. 价格

成交价格的高低，直接影响交易双方的经济利益，所以价格是推销洽谈的重要内容，是洽谈中的敏感因素。买卖双方能否成交，关键在于价格是否适宜。

3. 质量

产品质量是客户是否购买的主要依据之一，也是影响价格的主要因素。买卖双方可将一定的标准作为成交的依据，如国际标准、国家标准、行业标准等，这些质量标准是交易洽谈的共同标准。卖方按标准供货，买方按标准收货，对于尚未颁布和建立质量标准的产品，双方应商定一个标准作为接受和拒绝收货的依据。

4. 服务

销售服务是客户极为关注的内容之一，所涉及的服务项目包括按时交货、维修、运送、安装、养护、技术指导、提供零配件等。在洽谈中，卖方应尽量满足买方的正当要求，以解除买方的后顾之忧。

5. 结算

在产品交易中，货款的支付也是一个关系到双方利益的重要内容。在洽谈中，双方应确定货款的结算方式及结算使用的货币、结算的时间等具体事项。

6. 违约责任

为预防意外情况和随机因素对合同执行的影响，买卖双方应就合同的取消条件及履约、违约等有关权利、义务进行洽谈，并对合同纠纷引起的诉讼及处理办法进行协商，以免引起不必要的麻烦。

5.2 推销洽谈的程式

推销洽谈没有固定不变的程式，但可大体归纳为随意程式、访问程式和谈判程式三种类型。其中，随意程式的局限性很大，一般只适用于熟悉的人之间进行的推销活动。因此，本节主要对访问程式和谈判程式进行介绍。

5.2.1 访问程式

访问程式是在推销人员带有明确的推销目的，而客户对所推销产品知之不多或并不了解的情况下进行的推销洽谈。这种程式常被推销人员运用，但难度很大。保险、高级营养品等产品的推销可采用访问程式。

推销人员采用访问程式时，由于对方知道你是来推销的，在乐于接见你的前提下，洽谈将自始至终围绕着你所推销的产品这一明确的话题。访问程式一般可分为四个阶段。

1. 介绍阶段

介绍阶段是指推销人员自我介绍或由引荐者将推销人员介绍给客户，此阶段实际上是推销接近过程。

2. 调查阶段

调查阶段包括推销人员对自己预先收集的客户信息进行核实，对未获知的情况进行了解，对客户的产品认知程度和洽谈态度进行判断，以确定说服的方式和技巧；还包括客户对推销人员人品、性格、所在企业的信誉和背景的了解，以及客户对产品能否解决自己的问题的了解。所以，调查阶段是由相互猜疑到相互了解，再到认同与共识的过程，可为后面的阶段奠定良好的基础，对最终达成交易有十分重要的作用。

3. 说服阶段

说服阶段即真正洽谈意义上的双方就所推销产品进行意见交流。推销人员在此阶段必须以恰当的方式和策略，对产品的性能、特点做出令客户信服的说明，以灵活应变的技巧处理客户异议，对客户各方面的疑问做出解释。

4. 成交阶段

成交是洽谈的结果，成交阶段既是洽谈的延续，又是推销过程的一个重要步骤。

概括来讲，访问程式如图5.1所示。

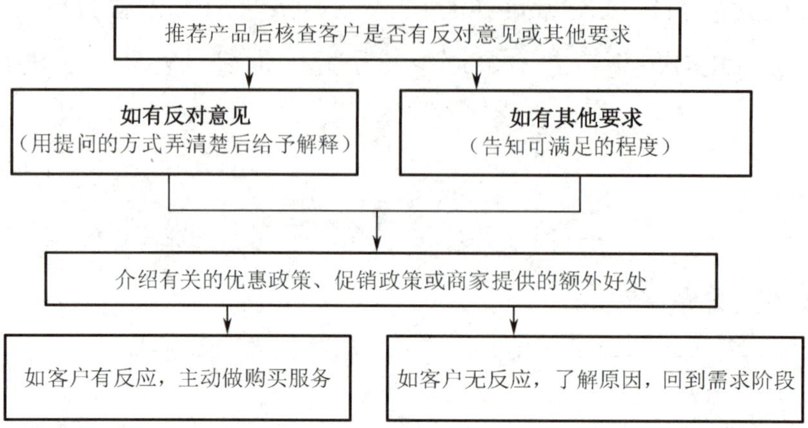

图5.1　访问程式

5.2.2 谈判程式

谈判程式即购销双方一般在事前已通过不同渠道有所接触，均有交易的动机和意愿，在经过一定的准备之后，双方在约定的时间、地点进行正式洽谈。谈判程式实际上是群体对群体的推销，双方人员在各自的群体中扮演不同的角色，为达成交易而进行直接、深入和广泛的协商。正式的购销谈判可划分为开局、报价、磋商、成交四个阶段。

1．开局阶段

开局阶段是指谈判双方走到一起，直到提出各自的基本要求、立场的过程。在这一阶段，谈判双方要掌握好开局的方式，建立良好的洽谈气氛；明确会谈的目的、计划、速度和人物；初步表明自己的意向和态度。

开局阶段通常被称为“破冰”阶段。谈判双方在这段时间内相互熟悉和了解，为正式谈判起到良好的铺垫作用。“破冰”期的时间控制在谈判总时间的5%之内是比较合适的。例如，长达5小时的谈判，用15分钟的时间来“破冰”就足够了。如果谈判要进行几轮，并要持续数日，那么“破冰”的时间相应地也要增加。在这段时间里，双方应按照一定的可行方式进行交谈，可以谈天气，也可以去娱乐场所，以增进彼此之间的了解。俗话说：“良好的开端是成功的一半。”只要把握好“破冰”期，就很容易形成良好的洽谈气氛，谈判全过程就会进行得比较顺利。

2．报价阶段

报价阶段是卖方就产品或服务的价格向买方提出意见的过程。报价不但对对方的还价及接踵而来的讨价还价关系重大，而且对整个洽谈过程影响重大。

通常，推销人员的报价都是较高的，报价较高既是为了获得高收益，也是为了以高价来抬高产品的身价，树立产品高品质的形象，以此来刺激客户的购买欲望；同时，也能为以后的讨价还价留下余地。

3. 磋商阶段

磋商阶段又称讨价还价阶段，是指谈判双方为了各自的利益、立场，寻求双方利益的共同点，为减少彼此的分歧而对各种具体交易条件进行商讨的过程。在讨价还价过程中，买卖双方都要做出一定的让步，尤其对推销人员而言，如何让步是关系到整个洽谈成败的关键，因此，可以采取如下策略。

（1）在小事上要慷慨。在洽谈中，推销人员要在小事上做出十分慷慨的样子，使客户感到已经得到了对方的优惠或让步。例如，增加或者替换一些小零件时不要向客户收费，否则会因小失大，引起客户的反感，并且会使客户马上对价格敏感起来，影响下一步的洽谈。

（2）把客户的注意力引向价格之外。在洽谈中，推销人员不应过早地提出价格问题，起码要等客户对产品有所认识之后，才能与之讨论价格，否则，就有可能打消客户的购买欲望。为此，在推销洽谈中，推销人员应强调产品的性能、特点、实用性、先进性，使客户最终认识到产品的使用价值很高，相比之下，价格就显得次要了。

（3）让价要分阶段进行。在讨价还价过程中，让价要分阶段一步一步地进行，要像挤牙膏，不能一下子降得太多，而且每降一次都要表现出一副一筹莫展、束手无策的无奈样子。这样会使客户相信推销人员说的都是实话，他确实买到了便宜货，同时也让客户相信推销人员是很认真的，不是产品质量不好才让价，而是被逼得没办法，从而产生买到货真价实的产品的感觉。

（4）掌握公司的价格政策。推销人员掌握公司的价格政策，将有利于在洽谈中确定与客户讨价还价时采取的立场，是在合理定价的基础上稳住价格不让步，还是适当地让步。

4. 成交阶段

成交阶段是谈判的最后阶段，也是最终成果。双方进行实质性的磋商后，意见逐步统一，基本达到自己的理想结果，便可拍板成交，签订购销合同。至此，谈判程式便告结束。

知识拓展

5.3 推销洽谈的方法

推销洽谈是一门针对性很强的学问，需要推销人员针对不同的推销产品和客户采取不同的洽谈方法和技巧，以激发客户的购买欲望，促使其采取购买行动。当客户提出问题的时候，推销人员可以用纯语言的方式——提示法去说明，也可以采用演示法去说服客户。

5.3.1 提示法

提示法是指推销人员以语言形式向客户说明产品的优点，提示客户购买产品的一种洽谈方法。从提示的角度划分，可以把提示法分为直接提示法和间接提示法；从提示的切入点划分，可以把提示法分为消极提示法、积极提示法、联想提示法、明星提示法等。

1. 直接提示法

直接提示法是指推销人员直接向客户传递产品信息并直接劝说客户采取购买行动的一种洽谈方法。

（1）对于不真正在行的客户，推销人员应采取直接提示法，以帮助客户认识推销的产品。例如，可以说：“这是目前在全国销量最大的品牌之一，卖场经常缺货！”

（2）对于想购买便宜货的客户，推销人员应着重于价格提示。例如，可以说：“这件衣服前两天还是正价，今天开始搞店庆促销，减价 40%，十分优惠，欲购从速！”

（3）对于注重产品性能和质量的客户，推销人员就可以直接提示。例如，可以说：“您要寻找的正是这种产品，保证质量，使用方便，厂家实行‘三包’，符合您的要求。存货不多，需要的话请立即办理。”

（4）对于犹豫不决或购买信心不足的客户，推销人员则可以提示客户：“您要买时装，您看，这种款式刚刚流行，试一试。”待客户试穿后又说：“大小肥瘦就像为您量身定做的一样，太好了，还犹豫什么？”

（5）对于求名心理较重的准客户，推销人员则可以提示“本产品是获奖的优质产品”，并出示获奖证明。

（6）对于老客户或熟人可以直接提示，从而节省推销时间。

2. 间接提示法

间接提示法是指推销人员采用举证等方法委婉劝说客户购买产品的一种洽谈方法。在实际的推销洽谈中，客户往往存在着一种对立的购买产品的心理压力，似乎驳不倒推销人员的观点才会购买推销产品。这种心理压力，有可能使客户在推销洽谈中故意制造一些障碍。如果推销人员不直接提出自己的观点，而是通过间接提示法让客户自己决定，那么就有利于降低客户的心理压力。

> 客户：“我还没决定买不买房呢，再等等吧！”
> 推销人员：“一个朋友几年前花 100 万元在北京买了一套房，最近着急用钱，250 万元卖掉了，没过俩月，又涨到 300 万元了。房子是一年一个价，您买房是要住的，迟早要买，早买早安心。”

当客户犹豫不决时，推销人员可以利用一些感人的故事、个人经验或别人的见证去打动客户，令客户明白立刻做出决定是一项明智之举。

3. 消极提示法

消极提示法是指推销人员运用反面、消极的提示来告诉客户不购买会带来的后果，以此来刺激客户立即采取购买行动的洽谈方法。

同一个提示内容，既可以从积极方面去提示，也可以从消极方面去提示。一般来说，积极提示可产生正效应，消极提示则产生负效应。例如，“欢迎各位乘坐本公司的高级游览车观光，我们保证大家会感到舒适和安全！”这是积极提示，舒适、安全的提示方法，一般会收到明显的效果。

换一种说法，效果可能完全不一样：“欢迎各位乘坐本公司的高级游览车观光，我们保证大家不会感到不舒适，也不会发生意外事故！”这就是消极提示，客户听了这些话，也许会产生不舒服和发生事故的可怕联想，从而拒绝此类旅游服务。

但消极提示法的作用并不一定都是消极的，在某种特定的推销环境中，也可以产生积极的心理效应，间接刺激客户的购买动机。例如，可以说：“先生，请允许我看看您的汽车轮胎。哎呀，不太妙啊！这轮胎已经不行了，还是赶快换掉吧！要不然会出事的。”这是十分明显的消极提示，帮助客户发现问题，提示了问题的严重性，引起客户的高度重视，为了防止发生事故，客户自然就会接受推销人员的建议。

4. 积极提示法

积极提示法是指推销人员运用积极的语言劝说客户购买产品的一种洽谈方法。例如，“我明白您的意思。打折的时候买，价格确实看起来会便宜点儿，只是买过季打折的衣服，可能穿不了几次就被压在柜底了，这样衣服的价格其实反而更高，您说是吗？如果您现在买，不但可以享受到贵宾卡折扣，而且您可以穿一整季。”

这名推销人员同时采用了直接提示法、积极提示法和消极提示法说服客户购买。

5. 联想提示法

联想提示法是指推销人员通过向客户提示或描述与推销有关的情景，使客户产生某种联想，进而刺激客户购买欲望的一种洽谈方法。联想提示法要求推销人员善于运用语言艺术去表达、描绘产品的特点和性能，打动客户，感染客户，让客户觉得贴切可信，但不能过分夸张。有些人称联想提示法为催眠法，当然这种催眠不是依靠药物而是凭借语言的功力。例如，“催眠式”楼盘销售，实际上就是一种心理暗示。通过观察客户言行举止的细节，包括说话的语气、站立及行走的姿势、翻阅楼书观望沙盘时的神态等等，对客户性格及潜意识进行初步揣摩，之后，销售人员有针对地给出信息，这样的楼盘介绍是最有感染力的。

置业人员：刘女士您好，刚才与你交流后感觉您是一位非常有责任心的好妈妈，对家的认识特别让人感动，我们这套房间正好可以满足你的需要。你看，客厅和餐厅直接相连，可以给你的孩子特别大的活动空间，周末时非常适合几家孩子聚会，孩子们在客厅玩耍，家长们在餐厅准备美食，可以在这边置办一个长的餐桌，想想这个场景就让人愉快轻松！

置业人员通过描述“家庭聚会”的场景，让客户联想产生“催眠”效应。

6. 明星提示法

明星提示法是指推销人员利用名人效应来激发客户采取购买行为的一种洽谈方法。例如，可以利用经济学专家的声望推销经济类书刊：“这本书是著名经济学家 ×× 推荐出版的作品，他提出了许多独特的见解。”

实践证明，在洽谈中运用明星提示法，把企业的产品与明星结合起来，能吸引客户的注意，提升产品的市场定位，减少推销说服的时间和精力。但此方法最好不要滥用，否则它的效果就会下降。如果明星在客户心目中的定位与客户的要求不符合或者相反，那么就会产生明显的反作用力。

在实际推销过程中，无论推销人员采取何种提示法，都应注意两个问题。

（1）做好准备，抓住客户关心的利益点。在运用提示法进行推销洽谈之前，推销人员要做好准备，对客户的主要需求、主要购买动机与客户的性格特点做到心中有数，并准备好应急方案。在介绍产品时，抓住客户关心的利益点进行说服，证明产品能满足他的要求。

（2）尽量替产品说好话。俗话说：“王婆卖瓜，自卖自夸。”没有人会说自己的产品不好，就算客户察觉到产品的缺点，也要想办法加以掩饰，为产品说好话。具体方法有以下两种。

① 扬善去恶：强调自己产品的特色与优点是提升客户认同感的主要方法。没有产品是十全十美的，对于产品的缺点，推销人员要懂得去掩饰，而不是欺骗客户，掩饰只是一种转移想法的技巧。

> 美国著名的推销专家约翰·温克勒在他的《讨价还价技巧》一书中指出：“如果对方在价格上要挟你，你就和他们谈质量；如果对方在质量上苛求你，你就和他们谈服务；如果对方在服务上挑剔你，你就和他们谈条件；如果对方在条件上逼迫你，你就和他们谈价格。”

② 避重就轻：若是客户发觉产品有两项以上的缺点，就必须采用避重就轻的方法，也就是承认较不具伤害性的缺点，以免客户直接打击重大缺点，令你无计可施。运用避重就轻的方法可以掩盖产品的部分缺点，提高销售成功的概率。在日常生活中，这种处理方法在推销场合被广泛地采用。例如，在汽车销售中，当客户同时提出进口车比国产车贵，而且耗油量大等进口车无法改变的缺点时，推销人员要立即承认进口车价格比较高，并以车辆使用年限较长且折旧率较低来掩饰，以免令客户想到耗油量大，将会增加未来长期使用成本的问题，而降低购买意愿。

讨论

王经理 10 年来始终开着一辆车，未曾换过，有许多汽车推销人员跟他接触过，劝他换辆新车。

陈姓推销人员说：“您这种老爷车很容易发生车祸，换了它吧！”

李姓推销人员说：“像您这种老爷车，修理费相当昂贵！”

张姓推销人员到他家拜访，对他说：“我看您那辆车子还可以用半年，现在若要换辆新的，真有点可惜！”

结果，其中一名推销人员成功地把一辆崭新的汽车推销给了王经理，其余两名推销人员则失败了。请问：你知道是哪名推销人员成功了吗？他运用了哪种提示法？为什么能成功？

5.3.2 演示法

演示法是指推销人员通过一定的道具来展示有形产品特性的一种洽谈方法。在推销访问的开始阶段，为了引起客户的注意，推销人员往往利用语言抽象地介绍产品的某种特性。然而，耳听为虚，眼见为实，客户不会轻信推销人员对产品的介绍。要说服客户，推销人员就需要用一定的方式向客户证明产品确实具有自己所说的优点。推销专家认为，证明的方法通常采用演示法，推销人员通过演示或示范让客户亲眼看到产品的特性或优点，客户的兴趣便会油然而生。具体的演示法包括产品演示法、行动演示法、体验演示法、文字演示法、图片演示法等。

1. 产品演示法

产品演示法是指推销人员直接演示产品的使用方法，或通过一定方式的表演来突出产品的特色，以此来说服客户购买产品的一种洽谈方法。

这种方法被很多商家采用，特别是安利公司。人们在超市购买日常用品时，一般是凭着自己对产品的认识或依靠媒体广告的介绍去判断它的好坏。但安利公司在销售它的日用品时，已形成了自己的风格，每名推销人员都可以在公司获得产品演示手册，手册上介绍了每种产品如何向客户演示，有的产品还介绍了多种演示方法。所以，当你有机会接触到安利公司的推销人员时会发现，他们的口才或许还不如你，可他们却做得如此成功。既然如此，那些口才不太好的推销人员就不应该自卑，而应该好好利用这种"眼见为实"的推销方法。

注意

要做好有吸引力的产品演示说明，推销人员要注意做到以下三点。

- 事先检查推销产品，确保演示过程不发生意外。演示应突出产品的关键部位与特点，将满足客户主要需求与主要购买动机的内容作为演示的重点。
- 抓住有利时机进行演示。当客户对推销产品产生兴趣时，就是产品演示的最佳时机。
- 演示时间不宜过长，可边演示边讲解，边演示边传播产品知识。

2. 行动演示法

行动演示法是指推销人员通过比较夸张的表演来展示产品特性的一种洽谈方法。行动演示法的主角是推销人员。例如，销售洗涤剂的推销人员，先往自己穿的衣服上倒上墨汁，然后当场敷上洗涤剂冲洗干净，使人不得不相信洗涤剂的去污性能。又如，一名起重机推销人员为了向客户说明起重机操作简便、省力的特点，让一名学生在众多的客户面前现场操作起重机。

由于行动演示法相对而言比较夸张，所以对于现场促销比较有效，可以吸引客户关注，也能在短期内刺激消费，起到良好的促销作用。

注意

- 演示过程要精心设计。要在公众场合演示之前，做好演练工作。
- 在演示过程中始终要注意传达产品的信息，不要忘记自己的本职工作。

3. 体验演示法

体验演示法就是在推销过程中让客户亲自接触，体会产品的利益与好处的一种洽谈方法。它是产品演示法和行动演示法的结合与细分，体验演示法的主角是客户。

激发客户兴趣的关键，在于使客户看到购买的利益所在。安排客户亲身参与演示要比推销人员唱独角戏的效果更佳。推销人员把客户置于推销情境之中，让客户打消疑虑，确信产品能满足他所需要的利益；并且边演示边指导，让客户对学会如何使用产品产生浓厚兴趣，那么就大大增加了客户购买这种产品的可能性。例如，在预售房屋时，房地产商都会不惜成本地盖出一间样板房，让参观的客户看到房子的全貌，触摸到室内的装修，并带着客户亲身体会住进这所房子的感受。

推销洽谈是一种双向沟通的过程，能否让客户亲自参与演示活动，以及客户是否有体会，决定了体验演示法的成功与否。体验演示法就是一种可以让客户亲自动手、亲自动口、亲自操作、亲身体会，使客户需求获得最大满足的洽谈方法。

4. 文字演示法

文字演示法是指推销人员利用文字资料，包括企业印制的产品介绍宣传单、报纸上对本企业产品的报道、相关产品知识的介绍资料来说服客户购买产品的一种洽谈方法。在不能或不便直接演示推销产品的情况下，推销人员可采用这种方法。下面是一名推销人员向经销商推销新型抽油烟机的情景。

“张经理，知道您很关心产品的质量和性能。您看，这是产品质量鉴定书；这是一部分客户使用了我们的产品后写来的信，其中有几封真让我感动，特带来一部分，给您看看。”

张经理本来对新产品的功效半信半疑，他仔细地看着手中的文字材料，尤其是那些客户的来信，并不时地在一个本子上记录。过了好一会儿，他说：“我们再找一个人来具体商量一下。”

推销人员知道这些客户来信起作用了，心里很高兴。

文字演示法可以传递大量企业和产品的相关信息，既能省去推销人员进行推销提示的重复劳动，又能节省说明时间，同时也有利于客户通过重点阅读和快速阅读，更准确、全面地掌握推销人员所提供的推销信息。产品性能和使用说明书、产品价目表、产品证明文件、报刊等文字材料，是这种方法十分适宜且有效的工具。

5. 图片演示法

图片演示法是指推销人员在推销过程中利用各种图片资料来说服客户采取购买行动的一种洽谈方法。这些图片可以由企业提供也可以自己制作，图片的展示可以通过纸张也可以通过计算机等工具。一般来说，图片演示法可以比较生动、形象地传递企业、产品的信息，很容易让客户产生身临其境的感觉，所以效果不错。

西蒙内尔在一家食品批发公司做冰激凌推销人员时，结合自己的特点，并充分考虑到客户的需求和思考方式，别出心裁地自制了一种推销用具——推销相册。

西蒙内尔在推销相册里贴上几年来在这里批发食品的上百家零售店的彩色照片，记录着这些零售店的冰柜、橱窗、门面等的一系列变化，贴有零售店的老板及家人、售货员笑逐颜开的照片，并附有他们的留言。在交易过程中，他经常把相册拿给客户欣赏，并尽心尽力地回答客户提出的各种问题，生意在不知不觉中就做成了。这本推销相册在西蒙内尔的成功史中扮演了十分重要的角色。

事实胜于雄辩，一览无余的图片比言辞更具有说服力，使生意谈起来格外顺利。这种方法不但省时、省力，而且降低了成本，提高了销售量，达到了十分理想的实际效果。

推销实践证明，如果推销人员备有促进推销的小工具，那么将更能吸引客户，激发他们的兴趣和好奇心，引发他们的购买欲。一名皮包里装满推销工具的推销人员，一定能对客户提出的问题给予令人满意的回答，客户也会因此而信任产品并放心购买。

如果条件允许，推销人员在演示图片、文字资料时可带上便携式计算机，这样会让客户感觉更专业。

5.4　推销洽谈的语言技巧

以下是汽车加油站的推销人员与客户的交流。

推销人员 A（欠妥的提问）：“您需要加多少升汽油？”
客户：“加 10 升吧！”
推销人员 B（恰当的提问）：“我为您把油加满吧？”
客户：“好吧！”

案例中推销人员 A 问：“您需要加多少升汽油？”客户就会思考后回答出一个数字，这个数字常常是偏小的。但推销人员 B 这样问客户：“我为您把油加满吧？”面对这样的提问，客户往往会说：“好吧！”油的销售量会因此增加。

推销洽谈是一门艺术性、技巧性很强的学问。虽然洽谈的形式多样、内容各异，但口头传播仍是基本方式。推销洽谈实际上就是提问、答复、倾听、叙述、劝说等的过程，恰到好处地问、答、听、说等，有利于推销洽谈的顺利进行，促使推销走向成功。

5.4.1　提问技巧

成功推销名言：优秀的推销人员总是善于提专业的问题。

在推销实践中，提问是一种非常有用的面谈方式。推销人员应特别注意问题的表述，因为不同的表述会带来不同的结果。在推销洽谈中，提问的主要功能如下：引起客户的注意；探求客户的潜在需求，获得自己所需要的有关信息；引起客户思考，赢得时间；向客户传达自己的感受，或传递客户不知道的信息；减少与客户之间的误会等。

寻找客户需求提问五步法如图 5.2 所示。

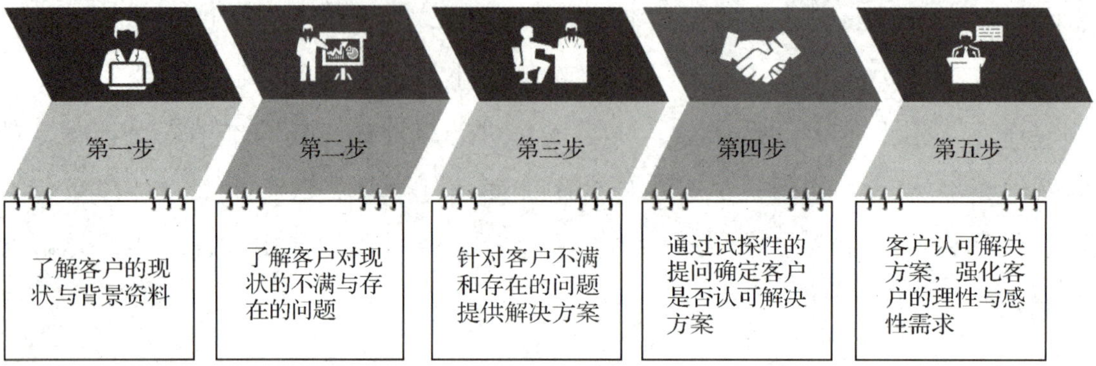

图 5.2　寻找客户需求提问五步法

推销人员在推销洽谈中常用的提问方法有以下五种。

1. 直接式提问

直接式提问是对客户的意见进行直接提问或引申，以便了解更多的详细情况。这种提问方法既可以发掘较充分的信息，又可以说明推销人员对客户意见的重视。

2. 澄清式提问

澄清式提问是重复一遍客户的答复以使客户澄清或补充原来的答复，或者让客户做出评价的一种提问方法。这种提问方法在关键时刻、关键问题上很常用。通过提问，推销人员可以从客户那里进一步得到确认的反馈。例如，可以问："您刚才说比较喜欢红色和蓝色的汽车，也就是说如果这种款式的车没有红色，您就会选择蓝色，是吗？"

3. 开放式提问

开放式提问是不限定客户回答问题的答案，而完全让客户根据自己的喜好，围绕谈话主题自由发挥和阐述自己的意见或建议的一种提问方法。这种提问方法有利于让客户全面表达自己的看法与想法，有助于推销人员获取更多的信息。例如，可以问："您认为 A 品牌有哪些优点？""您希望拥有一辆什么样的车？"

4. 封闭式提问

封闭式提问又称选择式提问，是推销人员将自己的意见提供给客户，让客户在一定范围内加以选择的一种提问方法。这种提问方法具有一定的诱导性，诱导客户在推销人员所限定的范围内加以选择；在客户确认点上，推销人员可发挥自己的优点，引导客户进入要谈的主题，缩小主题的范围。例如，可以问："王总，您买房是打算长期住还是短期过渡？"

5. 不恰当的提问

在推销实践中，有一些推销人员往往会在洽谈中向客户提出这样一些问题：“这种事你没有权力决定，是吗？”“你今天带够钱了吗？”“你平时买东西是不是也像现在这样犹犹豫豫的？”

这种提问类似于“最后通牒”的形式，容易使客户感到尴尬。为了摆脱来自推销人员一方的压力，客户会毫不留情地拒绝推销人员的建议：“不，我现在不想谈。”

以下是一名家具推销人员与客户之间的对话，让我们一起来学习提问的技巧。

推销人员：“先生，请问您想了解一下什么样的床呢？”

【点评：客户表示想购买一张床，推销人员用直接式提问来了解客户的需求。】

客户：“要 1.8 米的，下面可以放东西的那种。”

【点评：客户有明确的需求点，基本确认是潜在客户。】

推销人员：“明白，我们有两种床很适合您，一种是下面带抽箱的，另一种是高箱体，您是都看看呢，还是……”

【点评：推销人员用封闭式提问进一步了解客户的需求。】

客户：“有两种吗？那我都看看吧！”

推销人员：“好的，请跟我来！先生，我想了解一下您为什么比较喜欢这种实用的床呢？”

【点评：用开放式提问挖掘客户的深层次需求，以确保后面能够进行有针对性的说服。】

客户：“家里房子小，一到夏天，冬天使用的东西没地方放，所以现在买床就考虑买下面可以放东西的。”

推销人员：“您是要放被子和厚衣服之类的东西吗？”

客户：“对！衣柜里东西太多，所以考虑在床下面放一些。”

推销人员：“那我知道了，我建议您看看高箱体的，它里面空间很大，可以放很多东西。您看，把这块板打开之后，就可以放得下您想要放的东西了。您觉得怎么样？”

客户：继续看产品，不发表看法。

推销人员：“先生，如果您使用这张床，就可以把平时用不上的被子和厚衣服之类的物品全部存放在它下面，这样您就不用把什么东西都往衣柜里塞了，找东西或收拾房间的时候就不会像以前那样麻烦了，对吗？”

客户：“的确是。”

推销人员：“您太太一定也希望找衣服或收拾东西的时候很方便，对吧？”

【点评：用联想提示法反问客户，让客户联想到这种产品对自己太太的重要性。】

客户：“她总是吵着东西没地方放。”

推销人员：“您看，先生，当您拥有这张床之后，最高兴的就是您的太太了，她再也不会感到像以前那样不方便了，对吗？”

【点评：再次强调这种产品的好处及为客户带来的方便。】

这里介绍一种非常有利于提问、了解客户需求的方法——SPIN 销售法。SPIN 销售法是尼尔·雷克汉姆（Neil Rackham）先生创立的。他分析了 35 000 多个销售实例，与 10 000 多名推销人员一起到世界各地进行工作，观察他们在销售洽谈中的实际行为，研究了 116 个可以对销售行为产生影响的因素和 27 个销售效率很高的国家，耗资 100 万美元，历时 12 年。SPIN 其实就是情境性（Situation）、探究性（Problem）、暗示性（Implication）、解决性（Need-

Payoff）四种问题的英文单词首字母合成词，因此，SPIN 销售法就是指在销售过程中职业地运用实情探询、问题诊断、启发引导和需求认同四大类提问技巧来发掘、明确和引导客户的需求与期望，从而不断地推进营销过程，为营销成功创造基础的方法。SPIN 销售法有助于找到客户现有背景的事实，引导客户说出隐藏的需求，放大客户需求的迫切程度，同时揭示自己产品的价值或意义。使用 SPIN 销售法，推销人员还能够掌控长时间销售过程中客户细微的心理变化。

看看保险行业是如何运用 SPIN 销售法的。

研究显示，成功的保险推销人员采用的 SPIN 销售程序如图 5.3 所示。

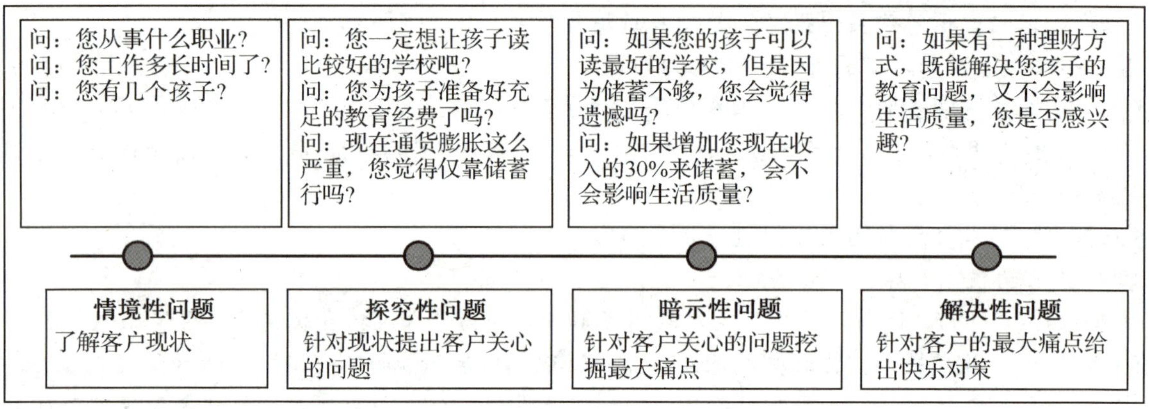

图 5.3　保险推销人员采用的 SPIN 销售程序

（1）利用情境性问题（如“您从事什么职业？”）来了解客户的现状以建立背景资料库（收入、职业、年龄、家庭状况）。推销人员通过资料的收集，方能进一步导入正确的需求分析。此外，为避免客户厌烦与反感，情境性问题的发问应适可而止。

（2）推销人员会以探究性问题（如“您的保障够吗？对产品内容满意吗？”）来探索客户的隐性需求，使客户透露出所面临的问题、困难与不满之处，由技巧性的接触来引起客户的兴趣，进而营造主导权使客户发现明确的需求。

（3）推销人员转问暗示性问题，使客户感受到隐性需求的重要性与紧迫性。由推销人员列出各种线索以维持客户的兴趣，并刺激其购买欲望。

（4）一旦客户认同需求的严重性与紧迫性，且必须立即采取行动时，成功的推销人员便会提出解决性问题让客户产生明确的需求，以鼓励客户将重点放在解决方案上，并明了解决问题的好处与购买利益。

然而，并不是所有销售情况都必须遵照 SPIN 销售程序的发问顺序，例如：当客户立即表达明确的需求时，推销人员可以立即提出解决性问题；有时候推销人员在询问暗示性问题以探索隐性需求的同时，需辅以情境性问题来获取客户更多的背景资料。多数销售拜访会遵循 SPIN 销售程序。

5.4.2 答复技巧

答复既回答对方的提问，又阐明己方的见解。在推销洽谈中，巧妙、得体地答复客户，会赢得客户的信任和好感。为提高答复的效果，推销人员在答复时应把握以下两个要点。

（1）应先搞清楚客户提问的真正含义，稍加考虑后再答复。答复应当有条有理、通俗易懂、简明扼要；不要东拉西扯、不着边际、杂乱无章，因为客户的许多提问是为了探求推销人员的真实情况。

（2）答复要有分寸，正确的答复不一定是最好的答复。答复的技巧在于掌握什么应该说，什么不应该说，而不在于答复的对错。对于客户提出的一些问题，有的可以局部答复，不必主动提供更多信息；对于不愿答复的问题，可以“记不得”或“资料不全”等为借口来拖延答复；对于企业保密的资料，应巧妙地绕过去而不正面回答，或委婉地加以说明，并表示歉意，切不可信口开河。当然，答复不要言过其实，更不能弄虚作假。一些精明的推销高手常常会提供“等于没有答复的答复”。下面就是一位房产经纪人答复客户的例子。

客户：“这套房子最低多少钱？”（如标价 125 万元）

【点评：客户一般都会直接询问价格。】

经纪人：“您认为多少钱比较合适呢？”

【点评：此时最好不要直接明确地告诉对方价格，应给自己一个缓冲的时间，让自己有时间去探究客户的需求情况。】

客户：“110 万元左右。”

经纪人：“110 万元，那我请房东过来，您能不能马上定呢？”

【点评：聪明的经纪人会给客户一定的压力。】

客户：“那肯定要考虑一下。”

经纪人：“所以说，买房子不能只以价格为准，最关键的是房子适不适合您，如果房子您不满意，即使便宜一点儿您也不会买，是吧？所以我们还是先去看一下房子。”

【点评：经纪人这样回答，既没有直接告诉客户房子的价格，又从关心客户的角度去提醒客户买房是件大事，要认真考虑清楚再谈价格。这样的回答为掌握谈判的主动权赢得了时间。】

5.4.3 倾听技巧

“喜欢说，不喜欢听”是人性的弱点之一。推销人员应了解这一人性的弱点，让客户畅所欲言。不论是客户的称赞、说明、抱怨、驳斥，还是警告、责难、辱骂，都要仔细倾听，并适当反应，借以表示关心与重视。如此就能赢得客户的好感与善意的回报。因此，倾听——用心听客户的话，不论是对推销的新手还是老手来说，都是一句终身受用不尽的忠告。有关倾听的重要性，你将会从乔•吉拉德的经历中得到启发。

乔•吉拉德向一位客户推销汽车，交易过程十分顺利。当客户正要掏钱付款时，一名同事跟乔•吉拉德谈起昨天的篮球赛，乔·吉拉德一边跟同事津津有味地说笑，一边伸手去接车款，不料客户却突然掉头而走，连车也不买了。

乔•吉拉德苦思冥想了一天，不明白客户为什么突然放弃了已经挑选好的汽车。

夜里 11 点，他终于忍不住给客户打了一个电话，询问客户突然改变主意的理由。客户不高兴地在电话中告诉他：“在今天下午给你付款时，我同你谈到了我的小儿子，他刚考上密歇根大学，是我们家的骄傲，可是你一点儿也没有听见，只顾跟你的同事谈论篮球赛。”乔•吉拉德明白了，这次生意失败的根本原因是自己没有认真倾听客户谈论自己最得意的儿子。

看到这里，相信你对倾听的重要性有所了解了。首先，推销人员如果注意倾听，就会发现许多问题，能避免许多不必要的误会。即便不能避免，推销人员也可以立即向客户解释，消除误会。其次，推销人员如果注意倾听，就会让客户感到被尊重、重视，从而拉近彼此之间的距离。最后，推销人员如果注意倾听，就能了解客户对推销产品的看法和购买倾向，这样便于在之后的洽谈中针对这些情况提出自己的对策，从而增强说服的针对性。

如果你遇上了与乔・吉拉德一样的状况，需要如何去面对呢？下面介绍几种倾听技巧。

1. 站在客户的立场上，仔细地倾听

每个人都有自己的立场及价值观，因此，推销人员必须站在客户的立场上，仔细倾听客户所说的每句话，设身处地地为客户着想，不用自己的价值观去评判客户的想法。

2. 要有积极的回应

（1）推销人员可轻轻地点头，做出反应。推销人员用这种方式表示自己正在听客户说话，有时轻轻点几下头，表示对客户所传达信息的默许或赞同。

（2）推销人员目光注视正在说话的客户，不要做任何动作，也不要说话。这表明推销人员正在专心致志地听客户说话，并且表现出浓厚的兴趣。

（3）推销人员可偶尔发出一点声音，用尽量少的语言表示出自己的意思。这类词语一般有“我了解”“嗯，嗯”“是的”“是那样”“很有趣”等。使用这些词语，一般表示推销人员在听，对于客户的话有所了解，或者表示推销人员同意客户的看法。

（4）推销人员重复客户一句话的最后几个字，以表示对客户意思的肯定。

3. 态度诚恳，不要打断客户

推销人员不要在客户说话时插话，更不要打断客户。推销人员如果打断客户，就会引起客户的反感。即便推销人员根本不同意客户的观点，或者急于纠正客户的观点，也要耐心地听客户讲完。只有听得多，才能够发现客户的真正需要和主要疑虑，从而有针对性地予以解决。

讨论

有企业曾聘用过有言语障碍的推销人员，实践证明他们的业绩并不比一般人差。你认为这说明了什么道理？

5.4.4 叙述技巧

叙述是推销人员在推销洽谈中阐述自己观点的过程。因为洽谈过程始终都离不开说，所以，叙述对洽谈过程的影响至关重要。叙述得恰到好处，就有利于双方的理解，有利于尽快交易；反之，则不利于洽谈的顺利进行。对叙述的要求总体来说是简洁明了、言辞达意、中心突出，注意说话的方式、语气、气氛和时机，讲究艺术性。

1. 要用通俗易懂的语言叙述

推销人员为了使客户理解自己的观点，应尽量使用共同语言，要尽量避免过多地使用方言、专业术语。即使不可避免地要使用专业性很强的术语，也应尽量以简明易懂的语言对其加以解释。

一家公司刚搬到一个新的办公区，需要安装一个能够体现公司特色的邮箱，于是便咨询了一家公司。接电话的推销人员听了客户的要求，便坚持认定客户要的是他们公司的 CSI 邮箱。可客户对这个 CSI 一无所知，于是问 CSI 是金属的还是塑料的，是圆形的还是方形的，这名推销人员对于客户的疑问感到很不解。他对客户说："如果你们想用金属的，那就用 FDX 吧，每个 FDX 可以配上两个 NCO。" CSI、FDX、NCO 这几个术语搞得客户一头雾水，客户只好无奈地对他说："再见，有机会再联系吧！"

客户要买的是办公用具，而不是字母，而且，客户不愿意花时间去了解这方面的知识，更不想告诉推销人员他对此一无所知。所以，这位客户去找其他卖家了。因此，推销人员首先要做的就是用客户明白的语言来介绍自己的产品。

2. 不做长篇演讲

每次叙述时间不要太长，不要长篇大论。如果每次叙述的时间过长、主题太多，将会使客户听不进、记不住、理不清。

3. 要围绕主题来叙述

在推销洽谈中，叙述要得体，不要随便发表与洽谈主题毫无联系的个人意见，不能离题太远，随心所欲地信口开河；围绕主题适当地运用一些幽默语言是可以的，但不能哗众取宠，抛开主题去高谈阔论。这样，既无助于达到己方的目的，又会使客户感到厌烦，形成洽谈障碍。

4. 叙述要生动

要点前后的停顿，自然地提高或降低声调，适当地变化说话速度，都可以使信息表达得更为有效。

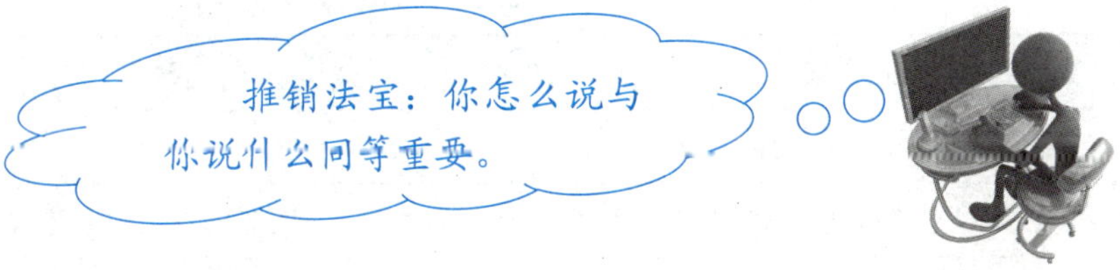

5.4.5 产品推介技巧

产品推介就是系统地通过一连串的需求来确认产品特性、优点和特殊利益的陈述，从而激发客户的购买欲望。

成功的产品推介的目的有：

- 提醒客户对现状问题点引起重视；
- 让客户了解能获得哪些改善；
- 让客户产生购买欲望；
- 让客户认同该产品或服务。

在介绍产品时，可以应用 FABE 销售法，把产品的特色、优点、能带给使用者或客户的好处等几个方面的具体情况简明扼要地表述出来。同时还需要一些相关的信息或佐证资料，以便让客户看到这些资料后能加深对该产品的信任。

FABE 销售法是由美国奥克拉荷马大学企业管理博士、中国台湾中兴大学商学院院长郭昆漠总结出来的，是非常典型、非常具体、具有高度、可操作性很强的利益销售法，具体如图 5.4 所示。

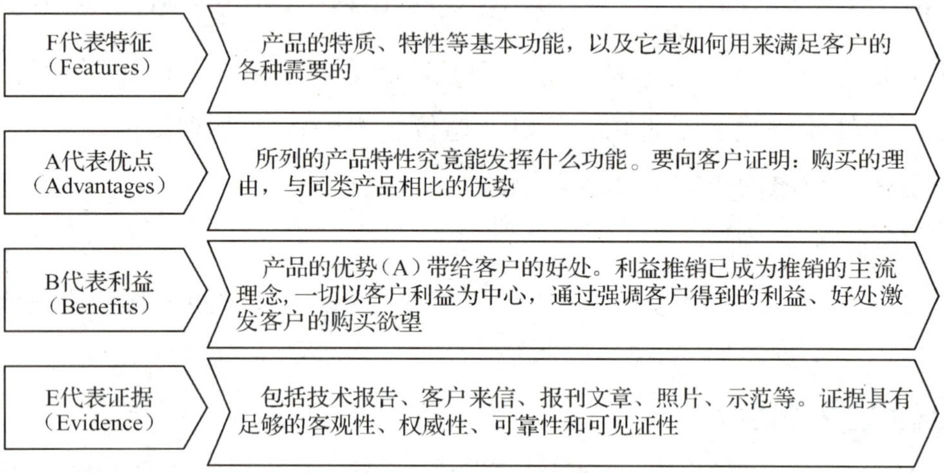

图 5.4　FABE 销售法

简单地说，FABE 销售法就是在找出客户感兴趣的各种特征后，分析这些特征所产生的优点，找出优点能够带给客户的利益，最后提出证据。通过这四个关键环节，证实该产品的确能给客户带来这些利益，极为巧妙地处理客户关心的问题，从而顺利实现产品的销售。

只有充分地掌握产品知识，才能将推销工作做好。在彻底理解并熟悉 FABE 销售法的基础上，再将这些单独的句子连在一起，你就会发现描述产品很容易。其标准句式如表 5.2 所示。

表 5.2　用 FABE 销售法描述产品的标准句式

描述环节	标准句式	案　例
F（特征）	因为产品具有……的特质或特性	这款沙发是真皮的
A（优点）	所以它可以达到……功效	先生您坐上试试，它非常柔软
B（利益）	对您而言可以带来……利益	您坐上去会觉得非常舒服，放置在家里显得很上档次
E（证据）	您看这是……证据	您看这是沙发的样皮及其他证明材料

在具体实践中可以省略特征（F）、优点（A）及证据（E）中的一个或几个，任何一种编排都可以，但不能省略利益（B），否则将无法打动客户。

5.4.6 报价技巧

下面来谈一谈应该如何提出价格。

首先，要让客户对推销产品有一个大概的了解。其次，推销人员提出价格的用词一定要恰当。例如，在提出价格时，应该想一想用哪种说法会让人听起来感觉更舒服一些。可以比较一下下面的例子。

推销人员 A:“这种产品每个要卖 800 元。”

推销人员 B:“您只要花 800 元就可以得到这个产品了。”

在提出价格后，紧接着把所推销产品的优点和将要提供的服务再次强调一下，还可以顺便做出概括性的说明。例如，保险推销人员可以这样说:“保费全年 6 729 元，每月 561 元，每天仅为 18 元。此保险计划着重于养老金和定期家庭补贴，每三年由保险公司给予 4 000 元家庭日常补贴，可以选择和太太外出旅游；也可以作为家庭保健或娱乐支出；更可为孩子添置一台计算机，使家人时时感受到关爱。60 岁时可一次性领取 10 万元作为养老金。另有住院安心险、附加意外险和意外医疗保障险，可防范日常生活的风险，不至于给家庭带来沉重的经济负担。保费仅占您年收入的 13%，保额却是您年收入的近 10 倍，足以使家庭在遇到不测时，能维持十年的正常生活水平。”

报价是非常需要技巧的，它能扭亏为盈。请看下面的例子。

小李刚到工厂，厂里就交给他一项任务：厂里 100 多万元的布料压在库里已逾五个月，要小李尽快把这批货销掉。小李到处打电话，但结果不尽如人意。于是小李不得不静下来认真思考：由于库存不是紧俏货物，越是急于出手，客户杀价越狠，再加上价格没有弹性，难以使客户产生兴趣，这是明显的劣势。然而也并非没有优势，手里有货，而且是质量过硬的货，并且布料的季节性强，等到天气转凉，不愁没有市场。只要随时注意行情变化，抓住一切有利时机，就有可能销出去。于是小李开始制订推销计划，设计推销策略。

酷暑将尽，询问的客户多起来。小李选择外省一家服装公司，刚开始每米布报价少 1 角钱，首先以价格来吸引对方。果然第二天刚上班就有电话打过来:“昨天的报价能不能定下来，如果行的话，我们要 10 万米布。”小李知道客户是到各处询问价格后又回来的，这说明自己的报价有竞争力。“对不起，现货只有 5 万米。”小李欲擒故纵，对方有些着急:“拜托你一定设法搞 10 万米布。”“这要与工厂商量后才能定。”拖到下午小李才打电话通知对方:“工厂可以在两个月内再供 5 万米布，但由于原料价格上涨，原来的价格已拿不到货。”这次小李报出比第一次每米高 2 角钱的价格，这样先后两个 5 万米布，小李可以做到保本销售。客户提出必须一个月内交付 10 万米布。此客户很健谈，说多了难免漏嘴，他虽然意识到并很快打住，但小李还是听出他已收取了客户的订金。小李利用客户已收取了订金的处境和急于成交 10 万米布的心理，开始向他施加压力。“现在已另有客户对这个品种有兴趣，并很快来看货，所以价格已没有商量的余地，至于交货期，只有与工厂商议才能定，不过先到先得，我会尽最大努力满足您的要求。”这一招果然灵验，客户唯恐货源流失，不得不接受了小李的报价。

至此，这家服装公司基本满足了小李的要求，即使立即成交，工厂也能保本。可小李觉得付出那么多，对此结果并不满足。第二天，在与客户谈论交涉结果时，小李说:“工厂方面说，目前生产非常紧张，安排不了那么多台位，该产品的产量实在有限，再加上这个品种比较难织，用原料多，劳动强度大，要满足贵公司一个月交货的要求，只有挤掉别的品种，厂家为补偿受到的损失，价格要有所提高，这一点您一定会理解的。另外，我厂在这笔生意上也要赢利，每米再要您 1 角钱不算多吧？”电话那边也同样不甘心，一边压价，一边施压，说价格太高承受不了，若再涨就另寻货源。小李知道客户是想逼他退步，于是说:“市场已经启动，这个价位比较合理了，如果错过了这个机会，估计您很难找到这样的价格。”对方仍然坚持说价格不能接受。“如果您仍然感到为难，我厂可考虑每米降到 8 分，您看如何？”话筒另一端是短暂的沉寂，之后对方开口:“5 分，每米布加 5 分。”对方紧逼不放。“好了，就依了您，这次是特殊优惠，下次可没有这么便宜的事了。”最后客户反复强调:“你必须保证是一等品的货物和一个月内的交货期限，下午把合同传真过去，你们盖章。”“一切放心，保证没有问题。”结果，工厂不仅没赔钱，还赢利了。

5.4.7 说服技巧

推销洽谈的实质无非是说服客户购买自己的产品，因此，洽谈过程也可以说是一个劝导和说服的过程。说服需要高超的技巧，极难掌握，在此介绍以下几种。

1. 建立良好的人际关系

要想说服别人，必须先与之建立良好的人际关系，对方对你有了信任感，才愿意接受你的劝导和说服。因此，在推销洽谈中，双方关系越融洽，气氛越和谐，彼此的合作诚意就越强，就越容易说服对方，谈判成功率就越高。

有经验的推销人员都非常重视营造良好的洽谈气氛，重视人际关系的建立。他们往往这样做：和客户一见面，就像老朋友那样真心诚意，落落大方，使客户感到一见如故，消除戒备感。在双方见面之后，不是急于进入正题，而是有一个较短暂的过渡期，在此期间谈一些轻松的、非业务性的话题，如对客户的问候、对客户领导及其他熟人的问候，谈谈个人的爱好，回顾一下从前双方愉快的合作经历等，以沟通感情。在洽谈中，利用空暇时间，邀请对方参观游览，参加一些娱乐活动等，这些都能对建立良好的人际关系起到积极的作用。

2. 先易后难，循序渐进

人们对事物的理解和认识总是由浅入深、由易到难的。不论做什么事，如果一开始就遇到困难，就会因失去信心而放弃。如果开始比较容易，那么成功了就会受到鼓舞，树立起信心，即使后面遇到困难，也会为了不前功尽弃而努力克服困难。推销洽谈基本上也是这样一个过程。在洽谈中，要想说服客户就必须先易后难，循序渐进。在此，易者无非是双方都认为不太重要、容易谈成的项目；难者无非是双方都极为敏感、存在争议、容易引起纠纷、短时间内难以谈妥的项目。在洽谈时，双方先求同存异，把容易解决的问题一一解决，然后再讨论有争议的问题。此时，因为前面已经取得了一定的成果，如果不能解决争议，那么必将功亏一篑，这是双方都不愿看到的结果。因此，双方都会做出适当的让步，从而较顺利地解决争议，保证交易的顺利达成。

3. 投其所好，适当让步

在一般情况下，客户是不会轻易接受推销人员的劝说、做出让步的。客户提出某种要求作为接受意见的条件，这时，推销人员若不予满足，前面的说服工作就等于白做了。因此，推销人员在说服客户时，要在深入了解客户要求及意图的基础上，在不影响自身目标的前提下，投其所好，适当让步，让客户得到满足，同时也给自己争取到进一步说服对方的筹码。这种以他方利益为出发点而达到自己目的的说服技巧，通常能产生较好的效果。采用这种投其所好的让步技巧时要注意：不要做无谓的让步。要知道，每次让步都是为了换取对方在其他方面的相应让步，即这次让步是为了说服客户接受其他意见或条款，千万别把让步作为赢得客户好感的手段。让步的频率不能太高，幅度不能太大，否则，客户会得寸进尺，步步紧逼，提出更高的要求，反而使自己处于被动地位。

4. 旁敲侧击，迂回作战

在客户提出的建议不利于己方的情况下，不与客户直接冲撞，而应采取迂回的方法向客户表达自己的观点，以此劝说客户改变立场。这样做既可以避免僵局的出现，又可以较容易地使客户接受自己的观点。

例如，客户压价很低，说别人的产品如何便宜，以此来提出降价时，推销人员若与客户直接争论，恐怕会引起客户的反感，不但不能说服客户，反而会导致双方感情的破裂，造成不良后果。这时，推销人员若给客户讲故事，说某先生只贪图价钱便宜，而货物的质量低劣，致使亏损了一大笔钱；或者讲一位先生买了便宜的货，结果对方不能按期交货，使得他无法向零售商交代，失去信用等。这样，客户就能听出弦外之音，也会对推销人员的涵养和认真表示钦佩。

5.5 与大卖场洽谈的技巧

目前，消费者对日用品的消费日益向大卖场集中，大卖场已成为大众日化产品销售的主要渠道。然而，面对大卖场索要的进场费、条码费、促销管理费、特殊陈列费、店庆费、开户费和合同续签费等名目繁多的费用，不少中小企业越来越感到大卖场操作的艰难。其实，是否与卖场合作，要根据企业的具体情况做出决策。相关研究表明，大众日化产品在大卖场的销售额通常会占厂家总销售额的70%以上，由此可见，大卖场对大众日化产品的销售额提升有着举足轻重的作用。但是，由于大卖场在谈判中的强势地位，众多推销人员对大卖场还是谈虎色变，畏难情绪越来越严重。其实，与大卖场的谈判并不像有些推销人员想象得那么难。下面来了解一下与大卖场洽谈的工作内容，掌握一些与大卖场洽谈的技巧。

5.5.1 谈判前的重点准备工作

1. 收集信息

尽可能多地收集相关信息，如市场行情、市场供需情况、竞争对手的正常售价及促销售价等，还有大卖场的状况，如对方的经营能力、管理能力、发展计划、资金情况等。

2. 确认共同的利益

在谈判前要考虑，大卖场对自己的期望是什么？双方有哪些短期利益、中期利益、长期利益？然后，进行目标设定。目标设定是为了营造可行的谈判空间，扩展预期目标与最终底线的距离空间，增加谈判的弹性空间。

3. 盈亏测算

应根据对某家大卖场同类产品的销售状况及卖场经营费用的了解，做一次较为精细的盈亏测算。对照自己产品的毛利率，测算出最低需要销售多少才能保持盈亏平衡。再对照自己的产品，看是否有可能达到这个销售量。通过分析，可以降低经营风险，最终确定是否与这家大卖场合作。

4. 评估大卖场的可能行为和应对策略

评估大卖场的可能行为和应对策略是为了预测大卖场的谈判策略及理由，预测大卖场的谈判模式及可能运用的武器，以此来确定让步的策略和反驳的理由，并确定自己的策略。策略准备包括整理所在企业具备的优、劣势信息，制订紧急替代解决方案，记录在准备过程中发现的所有问题，以备谈判时查看。

5.5.2 谈判技巧

大卖场谈判工作牵一发而动全身。在谈判过程中，一旦某个环节出现失误，那么在这家大卖场的操作就会告吹。与大卖场谈判时，至少应重点确定以下事宜。

1. 确定费用

通过谈判，力争从一开始就把各项费用压到最低。如果在谈判时没有控制好合作费用，以后若在经营过程中发现某些费用不合理，再去找大卖场调整，那么这样的要求是很难得到满足的。

> 某日化厂家在与A卖场谈判进场事宜时，为了尽早进场，在几个回合的谈判后，答应了A卖场年返利的条件，结果在操作过程中发现，这样的返点，再加上其他各项费用，给厂家的正常经营带来了很大压力。为了改变这一现状，厂家的推销人员在以后几年续签合同时，很想让A卖场降低年返利的点数，却遭到拒绝。几年后，这家日化厂家在A卖场的年返利政策仍然如故。

2. 确定报价

报价是谈判过程中非常重要的环节，因为报价关系到产品进场后的毛利空间。

> 2003年，40克蛇油护手霜是隆力奇集团的冬季拳头产品，该产品在全国大多数超市的正常零售价为2.00元/支。但这一产品在进入山西家家利卖场时，发现家家利卖场对利润率的要求很高。为此，隆力奇集团山西分公司将40克蛇油护手霜的零售价定为3.00元/支，并且在进场一周后，与家家利卖场合作开展了1.99元/支的特价促销活动，在特价促销活动开展的10天内，共销售40克蛇油护手霜500件，不但确保了利润，而且大大提升了单品销量，抢夺了同类产品的市场，同时也进一步密切了与家家利卖场的关系。

3. 确定品项

大卖场更多的是考虑产品的互补，所以通常不一定会完全答应厂家要求进场的品项。所以，谈判人员一定要做好公关工作，确保自己选定的品项能够顺利进场。

4. 确定导购

谈判人员从一开始就要与大卖场谈好进场导购的数量，同时确定导购上班的班次。从某种程度上看，大卖场导购上班的班次决定着产品在这家卖场销量的好坏。经验表明，白班相对来讲没有晚班好。

5. 确定活动

大卖场提供给厂家促销活动档期的多少和活动的促销力度，直接决定着产品的销量。因此，进场谈判时就应该与大卖场敲定促销活动的数量、时间、形式等内容。同时，在促销活动谈判时要注意确保单品项的价格不能降下来，一定要据理力争，维护好产品的市场价格体系。因为大卖场经常会以厂家热销的品项开展低价促销活动。

某品牌花露水在某大卖场一直十分畅销，年底，该大卖场为了冲销量和吸引客流，未经厂家同意，开展了 9.9 元 / 瓶的惊爆价促销活动，而该品牌花露水在该大卖场的正常零售价为 12.2 元 / 瓶，结果促销活动开始后的第二天，其他几家大卖场纷纷责问厂家，要对厂家做出处罚。后来该厂家费尽心思，才平息了这场风波。

总而言之，在与大卖场谈判时要特别注重心态，不要未谈先怯，要知道合则双赢。只有双方互惠互利，才能实现真正的长期合作，即使谈不成，也没有什么直接损失，对于双方来说只是一种遗憾而已。

练习与实训

1. 选择题

（1）推销洽谈的任务有（　　）。

A. 强化购买欲望　B. 处理客户异议　C. 展示客户利益　D. 传递产品信息

（2）推销洽谈必须遵循（　　）原则。

A. 鼓动性　B. 参与性　C. 针对性　D. 诚实性

2. 填空题

（1）推销洽谈的种类，按洽谈人员的多少可划分为__________、__________、__________和__________。

（2）访问程式一般可分为__________、__________、__________、__________四个阶段。

（3）产品演示法的主角是__________。

（4）推销洽谈的方法有提示法和__________两大类。

3. 案例分析题

（1）在某友谊商店里，一对外商夫妇对一枚标价 8 万元的翡翠戒指很感兴趣。推销人员做了些介绍后说："某国总统夫人也曾对它爱不释手，只因价钱太贵，没买。"这对夫妇听了此言，欣然买下。

（2）一名美容化妆品的推销人员对一位女士说："您身材标准苗条，打扮时尚大方，看起来像个电影明星。只是皮肤……似乎让人感到有点美中不足。您看看这个产品的说明书。"

（3）以下几组描述中，哪位推销人员的描述更能打动你？为什么？

第一组。

产品：手机

卖点：夜拍效果好

描述 1——×× 手机，夜拍更清晰！

描述 2——×× 手机，可以拍星星的手机！

第二组：

产品：手机

卖点：充电快

描述 1——×× 手机，充电快如闪电！

描述 2——×× 手机，充电 5 分钟，通话 2 小时！

第三组：

产品：纸巾

卖点：超韧

描述 1——超韧细密，湿水不易破！

描述 2——超韧细密，一张抵三张，湿水不易破！

第四组：

产品：保温杯

卖点：保温效果好

描述 1——采用先进保温技术，保温更持久！

描述 2——长效保温，8 小时后还有 60℃！

请问：① 这几位推销人员用的是什么推销洽谈方法？

② 该推销洽谈方法的适用条件和优缺点是什么？

4．课堂实训

全班学生分为两部分，一部分扮演客户，另一部分以 3 人为一组扮演推销人员。扮演推销人员的学生自己选取熟悉的产品在教室设柜台销售。扮演客户的学生同时担任考评员，要给每位参加推销的学生打分。

地点：教室。

要求：① 遵守推销洽谈的原则。

② 掌握说服客户的方法与技巧。

③ 演示过程（语言）连贯。

评分标准：按照表 5.3 中的标准分给学生打分并给出评语。

表 5.3　评分标准

评分项目	标准分	得　分	考评员评语
举止礼仪	20		
语言表达	20		
应对方法与技巧	40		
演示的整体效果	20		
合　计	100		

5．课外实战

指导教师负责学校内部的协调，学生自行进货，在校园里开展销售活动，5 ～ 6 人为一组。

地点：校园内。

评分标准：按照表 5.4 中的标准分给学生打分并给出评语。

表 5.4　评分标准

评分项目	标准分	得　分	考评员评语
仪表	20		
进货量及销售额	20		
推销洽谈方法与技巧	40		
促销效果	20		
合　计	100		

阅读材料

材料 1：老大娘买水果

客户其实就在你身边，请看以下案例：一位老大娘与四名水果摊摊主都交谈了，但结果却不同。

第一天：

老大娘走向水果摊。

摊主 1："大娘，您要买点什么？摆在最外边的荔枝是我们今天刚到的货，您可以尝一尝，绝对甜，如果您要的话，我给您市场最低价十三块五（元 / 斤，1 斤 =500 克），好不好？"

【点评：不问清楚客户的需求就直接推销，注定要失败。】

老大娘：……

摊主 1："大娘，别犹豫了，如果您问到有比我还便宜的价格，我白送两斤给您。"

老大娘："那我去问问。"

于是，老大娘走掉了。

第二天：

老大娘走向水果摊。

摊主 2："大娘，您好！今天要买点什么水果？"

老大娘："请问你这里的水果哪一种较甜，哪一种较酸？"

摊主 2："大娘，瞧您说的，我们从来就不卖酸水果，如果您买回去吃到酸的，我这水果摊上的水果全部送给您！"

【点评：摊主 2 与摊主 1 一样，没有了解清楚客户的需要就开始推销。】

老大娘："那我不要。"

摊主 2："不买就不要问！"

【点评：作为推销人员，不能说伤人的话。如果说了，便可能永远失去一位客户，甚至更多。】

于是，老大娘又走掉了。

第三天：

老大娘走向水果摊。

摊主 3："大娘，您好，今天一大早就出来，想买点什么水果？"

老大娘："请问你这里的水果哪一种较甜，哪一种较酸？"

摊主 3："请问您是要酸的还是要甜的？"

老大娘："我要酸的。"

摊主 3："我这里最酸的是刚上市的橘子，您看皮很青，叶子还挂在上面。"

老大娘："多少钱一斤？"

摊主 3:“五块三（元 / 斤），称几斤？”

老大娘:“给我称三斤吧，多了我也提不动。”

老大娘提着橘子回家了。

【点评：这是典型的传统型推销人员，说话、办事按部就班，不会按照客户的需要调整自己的销售策略。】

第四天：

老大娘走向水果摊。

摊主 4:“大娘，您好，看您老人家身体硬朗，有高寿之福啊！”

老大娘:“快六十（岁）了，跑不动了。”

摊主 4:“这两天天气变化大，您老人家要多注意身体！”

老大娘:“哈哈哈，你这闺女真会说话，谢谢你！”

摊主 4:“我能帮您做点什么？”

老大娘:“我来称点水果，你这里有酸一点的水果吗？”

摊主 4:“一般人都不买酸的，大娘，您买回去做什么用？”

老大娘:“我女儿怀孕了，让我给她买点酸水果吃。”

摊主 4:“几个月了？”

老大娘:“三个月了。”

摊主 4:“大娘，恭喜您了。”

老大娘:“谢谢！”

摊主 4:“大娘，女性怀孕进入第四个月，要补充较多的蛋白质。这是胎儿形成组织和器官的重要时期。”

老大娘:“啥叫蛋白质？在哪儿买？”

摊主 4:“蛋白质主要含在各种食物中，要给您闺女多补充各种瘦肉、鱼、蛋、奶和豆类。”

老大娘:“闺女，我看你很懂的，下次有什么我都来问你。你看她想吃酸水果，对吗？”

摊主 4:“对的，在怀孕的第四和第五个月，除了上面说的富含蛋白质的物质，还要补充大量的维生素，比如维生素 A 和维生素 C，而酸性水果中维生素含量一般都很高。”

老大娘:“你给建议一下有哪些酸水果？”

摊主 4:“大娘，富含维生素的不仅仅是酸水果，其他水果也有，比如猕猴桃和橙子。”

老大娘:“挺复杂的，这样吧，你帮我女儿配一配，把她需要的水果都配上。”

摊主 4:“那好吧，我慢慢配，每样都少称一点，大娘，你先进来歇一歇。”

老大娘:“那太感谢了！”

摊主 4:“大娘，我还要谢谢您给我的关照。”

最后，老大娘高高兴兴地拎着水果回家了。

【点评：相信大多数人与这名摊主对话都会买下她的水果，在推销过程中体现了她的服务意识和高超的推销技巧。】

材料 2：把握推销节奏，挖掘老客户

小刘从工地回来，在售楼部看到了老客户汪女士。该客户在他们楼盘买了两间写字楼，今天过来看看小户型，想买一套作为休息室，意向定在面积最小的 40 平方米的户型。了解到这些信息之后，小刘给客户简单介绍了一下情况，告诉她这个户型现在只剩 15 楼的一套。由于客户前期购买写字楼时已对公司和项目有了相当的了解，于是他提议直奔 15 楼去看看现房。在现场，汪女士感觉房子还可以，于是问到了优惠问题。这套房子是最后一套，而且比较抢手，按揭是没有优惠的，他向客户引导，让其一次性付款，可享受 1 个点的优惠。客户说要回去看一下资金情况，下午再决定。临走时，小刘再一次向客户强调了房源的稀缺性和舒适性，让她尽快考虑。下午 3 点，客户再次出现在售楼部，直接交了定金。

此客户交付定金后，原本约定本周三到售楼部签订购房合同，可后来她打来电话，说在上海出差，

本周三回不来，申请延迟签约的时间。经过和主管商量，售楼部同意把签约时间延迟到本周五，如果再逾期，定金不退，房源另行出售，客户表示同意。周四晚上，客户打电话说在封闭培训，周五白天出不来，要到周六才有空，要求再延迟一天签约。小刘当时也动摇了，找到主管，说明了情况。当时的情况是，周六来访客户较多，并且已经有五组客户约定周六来签约，如果这个客户也周六来签约，那么案场根本没有人手来接待新来访客户，所以主管直接拒绝了小刘，而且说，如果客户明天不来，那么后天来签约时要征收客户违约金，取消所有优惠。在没有希望的情况下，小刘给客户打电话，把主管的话重复了一遍。于是，周五中午，客户抽空来售楼部签订了购房合同。

【点评：这个下单过程看起来是比较简单和容易的，但是，这是建立在持续的客户维护的基础上。一直与客户保持联系，向其说明项目进展情况，再深入挖掘客户的购买潜力；从客户的意向点入手，深入挖掘其需求。在推销过程中，推销人员要守信，同时也要要求客户守信，合同、订单是推销人员约束客户行为的基础，在客户违约的情况下，推销人员要有理有据地提出要求，避免造成损失和导致被动。】

友情推荐

网站：营销培训网

项目 6 处理客户异议

知识要点

◎ 客户异议的类型

◎ 客户异议的成因

◎ 处理客户异议的策略

◎ 处理客户异议的方法

能力要点

◎ 具有较强的洞察力，及时发现客户异议产生的原因

◎ 具有较强的说服力，消除客户心中的疑虑

◎ 具有较强的执行力，及时处理客户的异议

任务引入——芈乐处理客户异议

芈乐第一次去拜见客户以失败告终，他闷闷不乐地去欧经理办公室解惑。

欧经理很淡定地说：“在推销过程中，任何推销人员都可能遭遇客户异议。在实际推销活动中，个别推销人员，尤其是没有经验的刚入职人员，一旦遇到客户异议，就特别紧张，根本无法认真倾听客户讲话。我们推销人员在遇到客户提出问题时，首先应尊重对方，认真倾听，然后比较专业地有针对性地解答问题。推销人员面对客户提出异议时的表现在一定程度上决定了谈判的成败。”爱默生曾说“逆境有一种科学价值。一个好的学者是不会放弃这种机会来学习的。”人生最大的失败是错过后不再追求，最大的成功是成功后再去追求更精彩的辉煌。

芈乐自己总结出了处理客户异议的要点：坦然对待，专业处理！

在推销活动中，任何一笔交易的达成都不是一帆风顺的，客户肯定会提出这样或那样的意见。据美国百科全书的统计，推销人员每达成一笔生意平均要受到 179 次异议。可见，客户异议是常见的现象。在平常的买卖过程中，客户异议是多种多样的，推销人员处理的方法也千差万别，必须因时、因地、因人、因事而采取不同的方法。

6.1 客户异议的含义、类型与成因

6.1.1 客户异议的含义

客户异议又称推销障碍，是指客户对推销产品、推销人员及推销方式和交易条件等发出怀疑、抱怨，提出的否定或反对意见。客户异议贯穿于整个推销过程中，推销过程就是一个充满阻力并不断克服、排除这些阻力的过程。

（1）提出异议是客户本能的自我防卫。从心理学角度来看，每个人内心都存在着自我防卫机制。面对推销，客户的条件反射多数表现为轻微的异议，寻找借口力求避免做出购买承诺。这种异议只是为了抵御推销人员进攻的本能反应，一旦客户认识到推销人员是诚心诚意的，所推销产品和服务值得购买，戒备心就会消除。因此，专业推销人员不要被这些异议吓倒，而应用更谦和的态度拉近与客户的距离。

（2）提出异议是客户要求得到更多信息的委婉表达。客户做出购买决定时，看似平静的外表下却蕴藏着内心激烈的斗争，在买与不买之间徘徊且难以做出选择。此时，客户会提出各种疑虑或刁难的问题，而这些异议恰恰说明了客户对产品有渴望和需求，只是推销人员还没有完全说服他。因此，客户需要更多信息来确认自己做出的购买决定是正确的。

对推销人员而言，可怕的不是客户异议而是客户没有异议，不提任何意见的客户通常是最令人头疼的客户。因为客户异议具有两面性：既是成交障碍，也是购买信号。有一句经商格言“褒贬是买主，无声是闲人”，说的就是这个道理。

所以，推销人员应该理解：

- 异议是正常的、必然的现象；
- 异议说明客户仍有合作的愿望，客户异议可以用来判断客户接受程度；
- 异议是同客户沟通、了解需求、建立联系的机会，其中包含大量信息；
- 异议所指，兴趣所在，通过客户异议能够判断客户的需求点在哪里。

讨论

为什么有人说“嫌货人才是买货人”？

6.1.2 客户异议的类型

异议往往是客户出于保护自己而提出的，其本质不具有攻击性，但若处理不好，不但可能影响一次推销的成功，而且可能形成舆论，对推销活动造成在空间、时间上扩大的不利影响。要消除客户异议的不利影响，首先要识别和区分客户异议的类型，然后采用相应的方法给予处理。

1．按客户异议的性质来划分

客户异议按性质可分为真实异议与虚假异议。

（1）真实异议。客户对推销活动的真实意见和不同看法就是真实异议。有这种异议的客户确实有意接受推销，但会从自己的利益出发对推销产品或推销条件提出质疑和探讨，如对产品的功能、价格、售后服务、交货期等提出质疑。在这种情况下，客户会非常注意推销人员做出的反应。对于真实异议，推销人员要心平气和地对待。下面这位保险推销人员就能比较灵活地处理客户异议。

肖女士："你谈得很好。不过我还要回家和我爱人商量商量。"

推销人员："也就是说，您本人对这份保险很满意，已经决定购买了，是吧？"

肖女士："我觉得还不错。"

推销人员："您说要和您爱人商量一下，看得出你们彼此非常尊重，您真幸福。哎，探听个小秘密，您家平时谁做主？"

肖女士："大事都是他做主。"

推销人员："先生是做什么工作的？"

肖女士："律师。"

推销人员："好职业！他什么时间休息？"

肖女士："周六、周日一般都休息。"

推销人员："我明白了。您看这样好吗？周六中午，我正好要去您家旁边的那个小区给客户送资料，中午我请您和您爱人一起吃个便饭，我们一起来谈谈家庭保险这个问题，顺便我也有法律上的一些问题请教您爱人。"

肖女士："那多不好意思。"

推销人员："就这样定了！"

看得出来，这位推销人员非常有经验。在客户提出异议时，他能心平气和地进行处理，既尊重了客户，又达到了自己的目标。

（2）虚假异议。虚假异议是指客户为拒绝购买或达到其获得优惠的预期购买目的而提出的不真实的问题。例如：

"不好意思，这个问题有时间再探讨吧，我要外出考察一段时间。"

"真对不起，这项工作不属于我管，我帮不上你什么忙。"

"是非常漂亮，不过我不需要。"

"孩子太小，等孩子大一点再说吧。"

"我在家不能当家做主，下次带我夫人来看看。"

一般情况下，对客户的虚假异议，推销人员可以采取不理睬或一带而过的方法进行处理。重要的是推销人员如何分辨这种异议的真假。如果客户提出虚假异议，推销人员就要分析真实原因，并采取相应的应对方法。

2. 按客户异议的内容来划分

客户异议按内容可分为以下几种。

（1）产品异议。产品异议是指客户对产品本身的质量、品种、包装、生产厂家等要素提出意见和看法。客户最关心的是产品的功能是否能满足自己的需要，产品的质量是否合格，使用是否安全、可靠、方便，即针对产品的质量问题直接提出异议。这类异议带有一定的主观色彩，主要是由客户的认识水平、购买习惯及其他各种社会成见造成的。推销人员应在充分了解产品的基础上，采用适当的方法进行比较、说明来消除客户异议。

（2）价格异议。在推销实践中常常会听到这样的意见："这个产品确实好，但我支付宝上的钱不够了""这个是什么材质，标价这么高""别人的比你的便宜"。这是客户提出的价格异议，是一种较常见的异议，是指客户认为产品价格过高或价格与价值不符而提出的看法，是客户基于自身的购买习惯、购买经验、认识水平及外界因素影响而产生的一种自认为推销产品价格过高的异议。推销人员如果无法妥善地处理这类异议，那么大概率不会成交。

（3）服务异议。客户常常抱怨送货方式不灵活且时间不及时，或售后服务（如安装、调试、检修、零配件的供应等）不理想，这些都是客户对企业或推销人员提供的服务不满意，也就是服务异议。推销人员需要了解企业的政策规定和行销程序，才能用恰当的方法取得客户的谅解。

（4）时间异议。时间异议是指客户认为现在不是最佳的购买时间或对推销人员提出的交货时间提出反对意见。客户提出推迟购买时间，说明他不急于购买。在这种情况下，推销人员对客户提出的时间异议要有耐心，但是也必须抓紧时间，认真分析时间异议背后真正的原因，并进行说服或主动确定下次见面的具体时间。此外，由于企业生产安排和运输方面的原因，或正处于销售旺季，企业可能无法保证货物及时供应。在这种情况下，客户有可能对交货时间提出异议，例如，"交货时间太晚了，我们等不及。"面对此种异议，推销人员应诚恳地向客户解释缘由，并力图得到客户的理解。

（5）推销人员异议。有时客户不购买产品并不是他们不需要，而是对推销人员的行为不满意，这就是推销人员异议。日本专家曾做过一次调查，结果表明 70% 的客户没有什么真正明确的拒绝理由，只是泛泛地反感推销人员的打扰，对推销人员本人产生怀疑和恐惧，进而对其带来的产品也产生疑虑。推销人员态度不好，或自吹自擂，过分夸大推销产品的好处，或礼貌用语欠佳、不修边幅等都会引起客户的反感，从而拒绝购买推销产品。因此，推销人员一定要注意保持良好的仪容仪表，举止得体，并注意自身素质的培养，给客户留下良好的印象，从而顺利地开展推销工作。

（6）企业异议。有些客户不肯买某种产品，只是对推销人员所代表的企业有异议。客户对推销人员所代表的企业不相信，有疑虑，如"没听说过这个企业""我不用这个企业的产品"等。客户的这种异议往往和产品异议有一定联系，有时对产品的偏见还会影响到对企业的看法。例如，客户把企业的社会知名度和美誉度不高、企业厂址过于偏僻和规模太小等因素与产品的性能相联系而产生顾虑。在企业信誉不佳，同行之间竞争激烈，售后服务跟不上，特别是客户对推销人员所代表的企业不了解，受传统的购买习惯约束的情况下，容易提出这类反对意见。其实客户是需要产品的，也愿意购买，只是对企业有疑虑。这时推销人员应当有锲而不舍的精神，采用反复接近法增加洽谈次数，增进感情联络，加强对自己企业及推销产品的宣传和介绍。

（7）需求异议。需求异议是指客户从自身的需求出发，自称不需要某种推销产品的一种异议。它往往是在推销人员向客户介绍产品之后，客户首先提出的一种异议。客户提出这类异议，或许确实不需要推销的产品，或许是借口，或许是对产品给自己带来的利益缺乏认识。推销人员应该对客户的需求异议进行具体分析，弄清客户提出异议的真正原因。处理需求异议的关键是要使客户相信"推销人员推销的产品正是我所需要的，我能从购买中受益"。先让客户动心，再向客户推销产品。

（8）财力异议。在推销活动中，往往推销人员刚介绍完产品，客户就说"产品确实不错，可惜资金紧张""没有钱，不买"等，这就叫财力异议。财力异议是指客户认为缺乏货币支付能力而提出的一种异议。财力异议往往有真实与虚假之分，出现这种虚假异议的真正原因可能是客户早已购买其他产品，也可能是因为推销说明不清楚而使客户没有意识到产品的价值。如果客户确实无力购买推销产品，那么推销人员最好的解决办法是暂时停止向他推销。总之，推销人员要善于分析，加以区别、判断后，采取妥善的处理办法。

（9）权力异议。权力异议是指客户以缺乏购买决策权为由而提出的一种异议，如"这事我做不了主""经理出差了，等他回来再说吧"。就权力异议的性质来看，真实的权力异议是直接成交的主要障碍，说明推销人员在进行客户资格审查时出现了差错，应及时予以纠正，重新接近有关推销对象；而对于虚假的权力异议，应视为客户拒绝推销人员和推销产品的一种借口，要采取合适的转化技术予以化解。

（10）政策异议。政策异议是指客户对自己的购买行为是否符合有关政策的规定而有所担心，进而提出的一种异议，又称责任异议。推销人员在进行产品销售之前，就应该对有关政策有所了解，在实际的推销工作中能有的放矢地解决客户的政策异议方面的问题。如果客户不了解有关政策而提出无效的政策异议，那么推销人员只需要把有关政策说清楚、讲明白，便不难解决客户异议；若属于有关政策明确规定不能销售的情况，企业就应该立即停止销售活动，不能欺骗客户。

客户异议多种多样，推销人员必须根据推销产品的特点，在推销计划实施之前，对各种可能出现的客户异议做出分析和预测，做好化解各种客户异议的准备，这样就能大大提高推销洽谈中的应变能力，有利于妥善处理客户异议。

6.1.3 客户异议的成因

一个江苏宜兴卖紫砂壶的老板发现自己在桂林开的店铺生意很不好，这种状况一直持续了两个月。有一天他从与一个老人的谈话中发现了原因：当地人对紫砂壶的功能不了解，许多人平时使用的茶具就是一般的茶壶，几元或十几元。找到原因后老板马上改变了销售策略：在该店前为客户现场制作紫砂壶，夫妻俩做了分工，一人专心制作，一人现场讲解，销售效果不错。为了进一步让客户了解紫砂壶，他们还在店内专门开辟了“品茶赏茶”之地。

知彼知己，才能百战不殆。推销人员只有了解产生客户异议的真正原因，才能开展有针对性的推销。客户异议产生的真正原因主要有以下两个方面。

1. 客户方面的原因

需要是促使客户实施购买行为的决定性因素。只有当客户产生了某种需要时，才会设法通过各种方式获得某种产品或接受某项服务。当客户不清楚、没有认识到、没有发现需要时就会产生异议。

（1）客户没有真正认识到自己的需要。一方面是客户没有发现自己有某种需要。例如，许多年轻人因为年轻、身体健康，会认为自己不需要投人寿保险。另一方面是客户缺乏相关知识，对推销产品的功能、方便性、可靠性、节能性等一无所知，尤其是对新产品更是一无所知。推销人员对于这类因缺乏认识而产生需求异议的客户，应通过全面、深入的调查了解来确认客户的需要，并从关心与服务客户的角度出发，对客户进行有关产品购买、消费方面的知识启蒙与普及工作，通过通俗易懂的形式使客户认识与发现自身需求，对客户需求进行启发与引导，以便有效消除客户异议。

（2）客户的思想观念落后。客户由于受传统观念的影响，安于现状，固守原来的消费方式，对于购买对象、购买内容和购买方式墨守成规、不思改变都会引起异议。他们往往认为自己现有的产品虽然陈旧一些，但还能用，从而不接受推销产品。对于这类保守型客户，关键是要改变客户的消费观念，让客户接受新的生活方式。

（3）客户有偏见和成见。客户以偏概全，对推销产品有成见，这也是产生异议的原因，如认为凡是上门推销的产品都是假冒伪劣产品。偏见和成见往往不符合逻辑，其内容十分复杂并带有强烈的感情色彩，不是靠讲道理就可以轻易消除的。在不影响推销的前提下，推销人员应尽可能避免讨论偏见和成见问题，并针对客户的认识观，做好转化与耐心的解释工作。如果客户说任何一种甲国香水都比乙国香水好，那么推销人员可以先说甲国香水的优点，然后把话题引向别的问题，不要讨论产地问题。

（4）客户有比较固定的购销合作关系。大多数客户在长期的生产经营活动中，往往与某些推销人员及其所代表的企业形成了比较固定的购销合作关系，而且这种合作关系一直很融洽。一般地，客户与他的合作企业之间都会达成一种共识和默契，如果不出现什么意外，那么大多数客户不会轻易更换合作企业。在推销活动中，推销人员应当认真分析、辨别，一方面要善于发现和了解客户的真正需要；另一方面要善于启发、引导、影响与培育客户的需要。当发现客户确实不需要时，不要强行推销，而应该立即停止推销。

（5）客户的购买能力不足。常见的情况有：一是客户经济状况一直不好，没有足够的资金支付货款，对于这类客户，推销人员要慎重推销；二是客户暂时出现经济困难，一时难以筹措资金，在这种情况下，推销人员可在客户有抵押、保证等担保条件下向客户推销产品，以便顺利成交，与客户建立长期合作的业务关系；三是客户以缺乏支付能力为借口，向推销人员施加压力，希望争取更多的交易利益，对于此类客户，推销人员可在不损害己方利益的前提下，适当做出让步，以达成交易。

（6）客户的自我保护意识强。一些客户认为自己对产品略有了解，又能言善辩，喜欢与人争长论短，借以显示自己见多识广，消息灵通，或欲从心理上压倒推销人员，以达到对自己有利的交易目的。还有一些客户根本不懂产品，又要表现出对产品十分熟悉的样子，强装内行，其目的是提防推销人员欺骗自己，或自己曾被别的推销人员欺骗过，以至于对所有推销人员都有一种提防心理。这些一般都是无效的异议。推销人员应以博大的胸怀对待这些客户，并采取适当的方式排除这类异议。

（7）客户希望得到更好的销售条件。客户并不是对产品不满意，而是希望通过提出异议掌握主动权，争取到更多的优惠或利益。

沟通是艺术，即使客户的认识或观点不对，推销人员也不应该否定他，而应该先肯定他，然后通过委婉的方式去表达自己的意见。

以下是针对客户异议做出肯定回复的方式。

- 您说得很有道理。当客户听到这句话后，会有种被尊重的感觉，认为自己获得了肯定和认可。
- 我理解您的心情。当客户对某件事或某个产品持有怀疑态度时，推销人员要有同理心，通过理解去建立沟通的共识。
- 我了解您的意思。当客户讲述了对某件事或某个产品的批判态度时，推销人员可以说“我了解您的意思”“您说得很有道理，是我之前了解得不够全面”等。
- 感谢您的建议和意见。当客户通过沟通表达出对产品或服务不满意时，推销人员先不要着急去反驳，而应先表达肯定、认同。等到客户宣泄完情绪后，再表达自己的看法。
- 我认同您的观点。当客户表达出他的观点后，推销人员应该先强调认同这一观点，再站在企业的立场上阐述企业所追求的观点同客户的观点一致，这就与客户的价值观匹配了。
- 这个问题您问得很好。当客户提出问题时，推销人员应充分肯定这个问题的价值，这样客户就找不到否定的理由了，推销人员根据问题的核心观点再去解释时，客户也容易接受。
- 我知道您是为我好。每个人都希望能够做到影响别人、帮助别人，从而体现自己的价值。当推销人员讲出这句话时，瞬间提升了客户的形象，客户会觉得他所说的一切都是有价值的。

记住，所有的客户都不愿意向否定他的人买单，也不愿意向与他有争执的人买单。

2．推销方面的原因

小李一直在向一位客户推销压板机，并希望对方订货。他接二连三地向客户介绍了机器的各种优点，还向客户提出到目前为止，交货期定为 6 个月，从明年 1 月份起，交货期将定为 12 个月。客户告诉小李，自己不能马上做决定，并让小李下个月再来见他。

到了 1 月份，小李又去拜访这位客户，他把过去曾经提过的交货期忘得一干二净。当客户再次向他询问交货期时，他仍说是 6 个月。当客户质问时，小李想起他在一本有关推销的书上看到的一条妙计：在背水一战的情况下，应在推销的最后阶段向客户提供最优惠的价格条件，只有这样才能促成交易。于是他向客户建议，只要马上订货，可以降价 10%。而上次磋商时，他说过削价的最大限度为 5%，客户听他现在又这么说，一气之下终止了洽谈。小李无可奈何，只好扫兴而归。

可见，推销障碍除了客户本身的原因，还有推销方面的原因，主要表现在以下几个方面。

（1）推销产品方面的问题。如客户需要的是高品质的产品，而推销人员推销的却是一般性的产品；客户需要的是价格便宜、质量要求不太高的产品，而推销人员推销的却是极品等。这一切都可能构成推销产品方面的客户异议，成为推销的障碍。

（2）推销服务方面的问题。如果推销人员不能提供比竞争对手更多、更优质的服务，就会影响客户购买。常见的情况有：一是推销过程中服务工作不周到，如推销人员不能指导客户正确地使用推销产品，不能帮助客户调试、操作产品；二是售后服务不能保证，客户购买产品后要求得到运输、零配件供应、安装、调试、维修、退换、技术培训等服务，如果不能满足这些要求，客户就会失去信心，甚至终止购买。因此，推销人员只有向客户提供应有的、足够的、良好的推销服务，才能有效地预防和处理客户对推销活动的服务异议。

（3）推销企业方面的问题。企业是推销的主体，在推销活动中扮演着十分重要的角色。这个角色也会引起客户异议，形成推销障碍。客户对推销企业产生异议的原因如下：一是企业缺乏知名度；二是企业的社会形象不佳；三是企业所处地区交通条件落后，或产销距离远，客户担心产品运输困难；四是客户了解到企业管理水平低、生产能力低、产品质量不稳定，担心影响交货时间、数量等；五是社会上存在不利于企业的传闻。对此，企业应该加强管理，提高技术水平，扩大宣传，树立良好形象，从根本上消除客户对企业的异议。只要企业的社会形象好，讲信誉，且产品适销，质量过硬，就可以弥补交通条件落后等客观因素带来的不利影响。

（4）推销人员方面的问题。推销人员是企业的代表，直接与客户打交道，言行稍不得当就会引起客户异议。客户对推销人员产生异议的原因如下：一是推销人员素质不高；二是推销人员形象不好；三是企业更换了推销人员。消除客户对推销人员异议的关键是，推销人员要加强学习，提高自身素质，熟练掌握推销技巧，努力塑造自己的职业形象。同时，推销人员应注意加强与老客户的联系，培养感情。当企业需要更换推销人员时，应首先通知老客户，并把新推销人员介绍给老客户。

总之，产生客户异议的原因多种多样，十分复杂，各种原因之间相互联系、相互影响。推销人员必须认真分析，弄清楚客户异议产生的真正原因，有针对性地开展工作，以消除异议，确保推销成功。

某企业推销人员的失败分析表如表 6.1 所示。

表 6.1　某企业推销人员的失败分析表

<table>
<tr><td colspan="2">推销人员姓名</td><td></td><td>时　间</td><td>年　月　日</td><td colspan="3">客 户 姓 名</td></tr>
<tr><td>分类</td><td>序号</td><td colspan="3">检 查 要 点</td><td></td><td></td><td></td></tr>
<tr><td rowspan="6">访问前的准备</td><td>1</td><td colspan="3">是否对客户进行了充分的事先调查</td><td></td><td></td><td></td></tr>
<tr><td>2</td><td colspan="3">是否喜欢、信赖所推销的产品</td><td></td><td></td><td></td></tr>
<tr><td>3</td><td colspan="3">产品知识是否准备充分</td><td></td><td></td><td></td></tr>
<tr><td>4</td><td colspan="3">是否具有熟练、标准的说话艺术</td><td></td><td></td><td></td></tr>
<tr><td>5</td><td colspan="3">拟订访问计划后是否先电话约定，后登门拜访</td><td></td><td></td><td></td></tr>
<tr><td>6</td><td colspan="3">是否掌握了竞争对手的未来动态</td><td></td><td></td><td></td></tr>
<tr><td rowspan="7">接近客户的方法</td><td>7</td><td colspan="3">是否对客户的状况判断失误</td><td></td><td></td><td></td></tr>
<tr><td>8</td><td colspan="3">是否适当使用了推荐信</td><td></td><td></td><td></td></tr>
<tr><td>9</td><td colspan="3">是否延误了访问时机</td><td></td><td></td><td></td></tr>
<tr><td>10</td><td colspan="3">服饰、仪容是否有不足之处</td><td></td><td></td><td></td></tr>
<tr><td>11</td><td colspan="3">礼仪是否有冒犯客户之处</td><td></td><td></td><td></td></tr>
<tr><td>12</td><td colspan="3">接近客户时的话题是否得当</td><td></td><td></td><td></td></tr>
<tr><td>13</td><td colspan="3">和客户是否形成心灵上的沟通</td><td></td><td></td><td></td></tr>
<tr><td rowspan="16">洽谈的进行方式</td><td>14</td><td colspan="3">是否努力引起客户的注意</td><td></td><td></td><td></td></tr>
<tr><td>15</td><td colspan="3">是否努力激发客户的兴趣</td><td></td><td></td><td></td></tr>
<tr><td>16</td><td colspan="3">是否充分地推销自己的企业</td><td></td><td></td><td></td></tr>
<tr><td>17</td><td colspan="3">是否充分地推销自己</td><td></td><td></td><td></td></tr>
<tr><td>18</td><td colspan="3">是否使客户感觉融洽</td><td></td><td></td><td></td></tr>
<tr><td>19</td><td colspan="3">是否提出适当的问题，并真正地了解客户的心理</td><td></td><td></td><td></td></tr>
<tr><td>20</td><td colspan="3">是否能看穿客户的欲望</td><td></td><td></td><td></td></tr>
<tr><td>21</td><td colspan="3">是否过于焦躁而让客户起疑心</td><td></td><td></td><td></td></tr>
<tr><td>22</td><td colspan="3">洽谈的方式是否适合客户的类型</td><td></td><td></td><td></td></tr>
<tr><td>23</td><td colspan="3">是否注意到客户购买心理的差异</td><td></td><td></td><td></td></tr>
<tr><td>24</td><td colspan="3">是否妥善地利用销售要点</td><td></td><td></td><td></td></tr>
<tr><td>25</td><td colspan="3">是否运用“绝对保证”的销售方法</td><td></td><td></td><td></td></tr>
<tr><td>26</td><td colspan="3">是否运用示范的方法</td><td></td><td></td><td></td></tr>
<tr><td>27</td><td colspan="3">推销说明是否完整</td><td></td><td></td><td></td></tr>
<tr><td>28</td><td colspan="3">推销工具是否得当</td><td></td><td></td><td></td></tr>
<tr><td>29</td><td colspan="3">是否根据客户的欲望提出适当的诉求</td><td></td><td></td><td></td></tr>
</table>

续表

推销人员姓名		时　间　　年　月　日	客户姓名		
分类	序号	检查要点			
洽谈的进行方式	30	是否把握准成交的机会			
	31	是否注意观察购买信号			
	32	是否与竞争产品进行比较			
	33	是否使用“能卖得出去”等词进行推销			
	34	是否在遭受拒绝时没有适时扭转气氛			
	35	是否传达现有客户的喜悦和满足			
成交	36	成交方法是否有误			
	37	是否有勇气、坚持信念地进行推销			
	38	对于在场的第三者是否也能耐心地说服			
态度	39	说话时语气是否适当			
	40	是否让客户了解自己的诚意			
	41	是否保持微笑			
	42	是否具有幽默感			
整体的反省	43	开拓客户的方法是否适当			
	44	是否有耐心重新拜访客户			
	45	对客户的信用状况是否了解			
	46	是否进行强制性的推销			
	47	是否流于乞讨式的推销			
	48	是否流于商业面孔式的推销			
	49	是否强调打折而使自己处于下风			
	50	是否做出了完善的推销计划			

讨论

如何理解“没有卖不出去的产品，只有不会推销产品的推销人员”这句话？

6.2　处理客户异议的策略

客户异议是推销过程的障碍，也是客户的权利。推销人员若想成功推销产品，就必须做好应对和消除客户异议的准备。为了高效而顺利地推销产品，推销人员在处理客户异议时必须遵循一些基本原则，灵活地运用一些基本策略。

6.2.1　正确对待客户异议

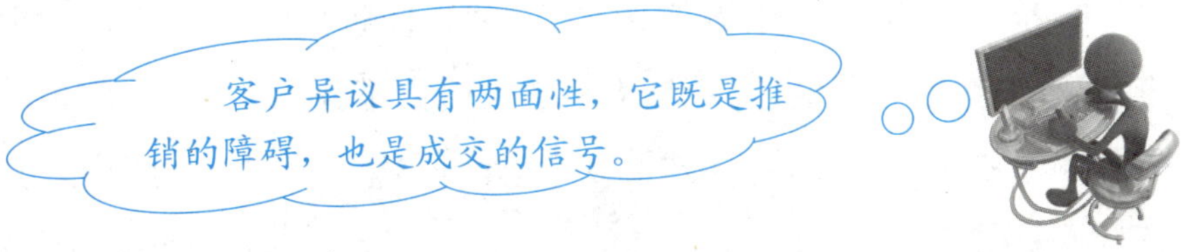

在推销活动中，客户异议的产生是必然的，推销人员对此应有正确的态度和清醒的认识。

1. 要鼓励客户提出异议

客户有异议表明对产品感兴趣，有异议意味着有成交的希望。推销人员通过对客户异议进行分析可以了解客户的心理，知道他为何不买，从而对症下药。一位推销专家说得好：“从事推销活动的人可以说是与拒绝打交道的人，战胜拒绝的人才是推销成功的人。”所以，推销人员不能只顾自己说，而不许客户讲话。

2. 认真倾听客户异议

倾听客户异议，一方面，表明推销人员对客户的重视和尊重；另一方面，可以促使客户发表意见。当客户谈话时，应注视客户，神情专注，不要中途插话、试图辩解。推销人员倾听客户异议时，关键是要从客户的语言、表情、动作等方面分析其真实异议。

3. 正确对待客户的提问

在推销洽谈中，客户可能会提出一系列问题，要求推销人员回答。对此，推销人员一般不应回避，而应准确回答，否则会引起客户更大的异议。但是，准确回答不等于正确回答，在洽谈中，正确的答复不一定是最好的，推销人员应该知道哪些该说，哪些不该说。所以，推销人员要掌握回答客户提问的技巧，具备较强的应变能力。

推销行话：占争论的便宜越多，吃的销售的亏越大。

4. 不要与客户争辩

不与客户争辩，是处理推销障碍的人际关系原则。不管在什么情况下，推销人员都不应与客户发生争辩，更不能争吵。许多推销实践证明，辩论往往会挫伤客户的自尊心，辩论中推销人员的胜利往往会导致客户购买意愿的消失，与客户争辩，失败的永远是推销人员。当然，永不争辩并不是要求推销人员接受客户异议，或放弃推销，或在客户的不合理要求中不断让步；而是要求推销人员通过间接的、迂回的方式而不是针锋相对的方式，采用客户能够接受的态度和方法来处理客户异议。

5. 维护客户的自尊

（1）即使异议被证实是一种偏见，也要注意给客户留面子，保持良好的气氛。因为人是感情甚于理智的动物，如果推销人员让客户感觉“不给面子”“看不起他”，甚至羞辱他，那么，无论推销人员在建立产品的价值与功能方面做了多大的努力，无论推销人员所推销的产品如何价廉物美，也难以成交。请记住，没有人愿意接受别人的训斥，没有人愿意让别人觉得他是愚蠢的，尤其是不愿意在偶尔相遇的推销人员面前承认自己低能。说服客户最好的办法是让客户在不知不觉中接受，甚至让其觉得这是他自己的主意。

（2）成功的关键在于控制自己的身体语言。当听到客户异议时，推销人员应该放松，表现出豁达的态度。推销人员的思想应集中在考虑自己的对策上，首先找出客户提出异议的原因，接着提问，然后做出回答。推销人员回答时，要使用微妙的手势，并表示理解。

许多企业经常组织一些专家收集客户异议，制订标准的应答用语，并要求推销人员牢记、运用。在推销实践中，编制标准的应答用语是一种较有效的方法，具体程序如下。

第一步：把推销人员每天遇到的客户异议写下来。

第二步：做分类统计，依照出现频率排序，出现频率最高的客户异议排在最前面。

第三步：以集体讨论方式编制适当的应答用语，并编写、整理成文。

第四步：推销人员熟记在心。

第五步：由有经验的推销人员扮演客户，轮流练习标准的应答用语。

第六步：对在练习过程中发现的不足，通过讨论进行修改和完善。

第七步：对修改过的应答用语进行再练习，并最后定稿备用。最好印成小册子，以供推销人员随时翻阅，达到运用自如、脱口而出的程度。

注意

有的客户脾气不太好，推销人员要想与客户友好交谈，就要讲究技巧。下面的一些方法可供参考。

- 保持沉默，但要微笑。
- 可以转身去做一件小事，消除剑拔弩张的紧张气氛，如咳嗽一下。
- 可打断客户的话，与其谈一些与争论无关的事情，以此转移其注意力。
- 将话题终止，转而讨论其他话题。
- 表示某种歉意，使客户停止争论某个问题。
- 可改善一下谈话气氛，如给客户倒一杯水，或送给客户一份小礼品等。

有一天，一对夫妇来汽车 4S 店看车，推销人员黄桦问：“你们确定要这辆车了吗？”他们说还需要考虑考虑，黄桦微笑着说：“你们知道吗？我跟我太太也和你们二位一样。”

“一样，是吗？”他们说。

“在做决定之前，我跟我太太也是常常需要商量半天。正因为这样，我在做销售时，我愿意让客户考虑，是因为我不喜欢我的客户感受到强迫。说实话，要是那样的话，我宁可不和你们做生意。请别误会，我真的很想同你们合作，但对我来说，更重要的是，你们能够在离开时有一种好心情、好感觉！”

“我们很高兴你这么想。不错，我们从不向那种企图强求的推销人员处购买任何东西。”那对夫妇说。

“讲得对，我很高兴听你们这样讲。我请求二位花点时间，好好想一想。”然后，黄桦就闭上嘴，坐到他的椅子上去了。

几分钟后，黄桦走向这对夫妇：“你们好，商量得怎么样了？”

他们中的一位说：“还没商量好！”

“啊，真对不起。那好吧，你们商量吧！”黄桦回答说，“我去隔壁办公室打个电话，要是需要的话，请叫我一声。你们二位慢慢商量，不用急。”

10 分钟后，黄桦回到了那对夫妇身边，非常轻松地对他们说：“我有一些好消息告诉二位，我刚刚得知我们的服务部最迟今天下午就能把你们的车预备好。”

最终，那对夫妇从黄桦那里把车买回去了。

在销售过程中要尽量给客户提供宽松的购物环境，不给客户施加压力。如果尊重对方，那么对方也会给你回报。

6.2.2 正确选择处理推销障碍的最佳时机

根据美国某调研机构对几千名推销人员的研究，优秀推销人员遇到客户严重反对的次数只是一般推销人员的 1/10，原因就在于优秀推销人员往往能选择恰当的时机对客户异议提供满意的答复。在恰当的时机回答客户异议，便是在消除异议负面性的基础上发挥了其积极的一面。所以只有选择有利的时机来处理客户异议，才能有利于排除推销障碍。推销人员处理客户异议的时机有以下四种。

1. 预先处理

当推销人员告诉客户面前这支牙膏的价格是 30 元时，客户的眉头皱了皱，细心的推销人员马上说："你也许会觉得价格太高，但这种牙膏有洁齿作用，还有美齿作用，每次只要挤出黄豆那么大的颗粒就行。一人一支牙膏可以用 8 个月。"在推销人员的解释下，客户购买了 2 支牙膏。

预先处理是指推销人员在客户提出异议之前主动处理客户异议。经验丰富的推销人员能比较准确地预测不同类型的客户会提出哪些不同的意见，客户对某种产品会产生哪些异议。推销人员在推销访问之前认真准备，在觉察到客户会提出某种异议时，可以抢在客户前面主动地提出问题。这样推销人员可以争取主动，先发制人，避免去纠正客户的看法，或反驳客户的不同意见，也避免与客户发生争执。另外，推销人员准确地预测客户异议，并主动地提出异议且予以回答，不但可以节省交易双方交换意见的时间，而且会使客户感到推销人员非常了解他的想法，这样他就没有必要再提出不同意见了。推销新手一般不宜采用预先处理这种方法，因为在推销过程中不能想当然地去猜测客户的心理状况，要靠经验的积累。

2. 同步处理

同步处理是指当客户提出异议时，推销人员立即以充分的理由进行解释，从而成功地促成交易。客户提出的问题往往是其关心的问题，也可能是影响推销洽谈继续进行的重要障碍，甚至是唯一的障碍，所以马上处理有利于促成交易。在推销活动中，除了客户出于偏见、成见或恶意而提出的异议，其余异议，如客户因借口或出于了解情况的目的而提出的问题，以及对客户购买决定有重要影响的反对意见，推销人员通常都应及时回答。这样做的优点在于：表示对客户的重视和尊重，以免客户感觉受到轻视而增加戒备和对抗心理；使客户感到推销人员不回避问题，使问题在没有扩大的情况下及时解决，也使推销在客户注意力较为集中的情况下进行，增强说服客户的力度；一问一答，形成双向沟通，气氛融洽，有利于使双方之间的关系密切；使推销人员的回答能更具有针对性，既节约时间，又提高效率。所以，推销人员对客户提出的不同意见，能立即回答的应立即回答。同步处理客户异议，要求推销人员具有丰富的知识、敏捷的思维、灵活应变的能力、善变的口才和一定的临场经验。

3. 延迟处理

延迟处理是指当客户提出异议时，推销人员不立即回答，而是故意拖延一段时间后再回答。在推销过程中，推销人员对客户的某些异议不及时回答可能会丢掉订单，而对有些异议，如果急于求成而匆忙应答，则可能会永远失去这个客户。因此，对于客户提出的某些异议，如果推销人员认为不适合马上回答，那么可采用延迟回答的办法加以解决。推销人员在下列几种情况下可采用这一方法。

（1）如果推销人员没有足够的资料和证据给客户一个满意的回答，应暂时搁下，推迟处理。

（2）如果及时回答会影响到推销人员阐明推销要点或整个推销计划，那么最好不要马上回答。

（3）如果只是一般的、不太重要的客户异议，或客户异议与洽谈的内容无关或关系不大，推销人员又希望回避的，那么可以不马上回答。

（4）如果推销人员预计推迟回答不会引起客户的激烈反对，并有利于保持良好的洽谈气氛，或客户异议有可能随业务洽谈的进行而自行消失、转化，那么可以不马上回答。

（5）如果客户异议对整个洽谈的重要性尚不清楚，推销人员还未弄清楚客户异议的实质，或客户异议与推销人员后面将要说明的问题有关，那么不必马上回答。

采用这一方法时，推销人员最好能告诉客户推迟回答的原因及回答的时间，以取得客户的谅解。

4. 不予回答

不予回答是指推销人员故意不回答客户异议。一般来说，推销人员应尊重客户，有问必答，及时处理。但由于客户异议有别，真假混杂，其动机也不相同，推销人员不可能、也没有必要解决所有的客户异议。有的客户有偏见或性格古怪，甚至怀有恶意，其反对意见有失偏颇。有的客户不接受推销的借口与是否购买推销产品并没有必然的联系，这类异议本身不是成交的直接障碍，没有化解的实际意义。推销人员应尽可能回避这类异议，以节约面谈时间，提高推销效率，也免得弄巧成拙使这类异议转化为成交的障碍。总之，在推销过程中，推销人员应对所有的客户异议具体分析，区别对待，选择恰当的时机，运用适当的方法来消除客户异议，促进推销洽谈的顺利进行。

下面来看看这位家具导购是如何处理客户异议的。

客户："你好！你这里有没有布艺床？"
导购："您先来看看吧！"
【点评：其实这家店卖皮床，但为了留住客户，导购没有直接回答客户。】
客户："我邻居家买了布艺床，我很喜欢那种产品，你这里有没有布艺床呢？"
【点评：可知这位客户对产品了解得不多，如果进行引导，或许能够转变客户的想法。】
导购："布艺床看起来很不错，大姐，请问怎么称呼您呢？"
【点评：认同客户的基本观点，但再次延迟处理客户的问题。】
客户："我姓张。"
导购："张大姐！您先在这儿坐一下，我去给您倒杯水。"
【点评：为客户倒水，这样也可以让客户停留更长的时间。】

客户："我就是觉得布艺床好看，容易换洗，我邻居也说这种产品不错。"

导购："就是说您重视产品的外观和质量，是吗？"

客户："是，外观和质量都很重要。"

导购："我想请教一下张大姐，您认为家具的外观、质量、环保这三项，哪一项最重要？"

客户："家具会有不环保的吗？这个我还不太清楚。"

【点评：如果让客户充分认识到家具对人体健康的影响，就有机会让客户选择皮床。】

导购："很多人都不知道这一点很重要！您知道吗？现在市场上的很多产品在环保方面达不到国家规定的标准，这会让消费者的身体健康受到很大伤害。而环保性强的家具可以让您完全放心地使用。"

【点评：让客户认识到做出错误选择所带来的痛苦。】

导购："上个月的报纸上还刊登了，有一个孕妇因为使用了环保性差的家具，由此影响了她的生育，现在正在与家具厂家打官司。"

【点评：让客户认识到可怕的后果。】

客户："布艺床不会有这样的问题吧！我没听我邻居说过。"

导购："不能说布艺床就不环保，但我可以肯定地说，我们的皮床是环保的。"

客户："那么你们的床具有哪些不同？"

导购："科学、超前、简便、协调、环保、美观，用天然材质精制而成，让您更接近自然。这是一个有着悠久历史的床具品牌，目前公司的销售网点遍布全国，在国内已形成一百多个销售网点、近八十个专卖店。国际方面现已开发中东、欧美、南美等地区的业务。"

客户："这么说，还是皮床比较实用，那么，这两种产品的价格是不是差不多？"

【点评：客户开始对皮床产生兴趣了。】

导购："当然，从长远考虑，还是应该买皮床，实用，使用年份也长。与布艺床相比，当然是贵了一些，毕竟质量和材料不一样嘛。您稍等一下，我给您拿份产品资料吧！"

【点评：尽量让客户多了解产品，先不要谈价格。】

……

导购："张大姐。来，这份产品资料您拿着吧。为了以后我们有什么优惠活动可以通知到您，我想把您的联系方式记一下！"

【点评：现在这位客户已经是意向客户了，应当留下联系方式以便电话跟踪。需要注意的是，如果导购确定客户今天会购买，千万不可以告诉客户后期可能有优惠活动等。】

6.3 处理客户异议的方法

在推销活动中，推销人员除了要分析客户异议的成因，掌握处理客户异议的原则，还需要采取有效的方法，妥善处理客户异议。常用的处理客户异议的方法有以下几种。

6.3.1 反驳处理法

当客户对企业的服务、诚信有所怀疑且产生误解时，推销人员可以直接用反驳处理法消除客户的这种异议。反驳处理法又称直接否定法，是指推销人员根据事实和理由直接否定客户异议的一种方法。在推销活动中，推销人员应该尽可能与客户保持已经形成的良好洽谈气氛，尽量避免与客户对立。但是，当客户提出毫无根据的事件来破坏企业形象或贬低推销产品，根本不想购买推销产品而故意刁难，提出的异议明显不成立时，推销人员可以直接否定客户异议。总之，反驳处理法的基本思想是通过抓住客户异议中的谬误，以确凿的事实来纠正客户异议。

1. 反驳处理法的优点

（1）能坚定客户的购买信心。推销人员采用直接否定客户异议的坚决态度，直接指出客户异议的错误所在，并说明其错误的原因，能坚定客户的购买信心。

（2）能增强推销工作的针对性。一些客户期望通过某些异议来试探推销人员的心理，或抱着试探性心理期望获得优惠。推销人员直接反驳，使客户自动放弃这种想法，进而向推销人员直接表明自己的真实意图，这就能使推销人员有针对性地说服客户，排除障碍。

（3）有利于节约时间，提高效率。由于反驳处理法是直截了当地否定客户异议，不兜圈子，能使客户立刻明确推销人员的态度，避免长时间的洽谈，从而节省时间，提高推销效率。

2. 反驳处理法的缺点

（1）易导致洽谈中断。由于推销人员直接否定客户的意见，不给客户丝毫缓冲、辩解的余地，容易使客户灰心，从而导致推销洽谈中断。

（2）推销人员如果语气、语言使用不当，又与客户针锋相对，那么容易伤害客户的自尊心，激怒客户，使客户从一般的产品异议，转向对推销人员及其推销活动的异议，从而导致洽谈重点转移，增加排除客户异议的难度。

3. 使用反驳处理法时应注意的问题

（1）不能表现出对客户的轻视。

（2）反驳必须有理有据。

（3）反驳时要注意礼节，用词慎重。

（4）反驳处理法的运用应坚持反驳与传递信息相结合。

总之，使用反驳处理法，一般针对两种客户：一种是对产品缺乏了解，对购买存在疑虑而提出购买异议的；另一种是想通过提出异议取得优势地位，以利于与推销人员讨价还价的，这就是所谓的虚假异议。另外，推销人员在使用反驳处理法时，要有解决问题的良好愿望，既要面带笑容，又要理直气壮；言辞要坚定，态度要温和、诚恳，尊重客户的人格，在保持良好的人际关系的情况下，转化客户异议。同时，要坚持摆事实、讲道理的原则，有理有据，以理服人，以据服人，必要时要向客户提供更多的信息，让客户感受到推销人员的专业和自信，从而增强客户对产品的信心。

客户：“这个房屋的公共设施占总面积的比率比一般的要高出不少。”

推销人员：“您大概有所误解，这次推出的花园房，公共设施占房屋总面积的 18.2%，一般大厦的公共设施占比平均达 19%，我们要比平均值小 0.8%。”

客户：“你们企业的售后服务风气不好，电话叫修，总是姗姗来迟！”

推销人员："我相信您所说的一定是个案，有这种情况发生，我们感到非常遗憾。我们企业的经营理念就是服务第一。企业在全省各地的技术服务部门都设有电话服务中心，随时联络在外服务的技术人员，希望能以最快的速度为客户服务，以实现电话叫修后 2 小时内到现场修复的承诺。"

【点评：这位推销人员既直接反驳对方错误的信息，又提供企业正确的相关信息。这样的回答，会增强说服性。】

客户："我听说房价还会降呢！"

推销人员："我们这里的房价不会再降了，咱们都是工薪阶层，我很能理解您的心情，但是您想啊，现在人工费在涨，材料费在涨，运输费在涨，广告费也在涨，房价怎么降呢？现在房价有所回落，也就是买入的最好时机了。"

【点评：这位推销人员采用的是"澄清—认同—解决"的方式，先向客户清楚解释其问题的实际情况（澄清），并认同客户的感受（认同），然后提出意见（解决），引导客户做出决定。】

6.3.2 转折处理法

转折处理法又称间接处理法或但是处理法、"赞成—反驳"处理法，与反驳处理法相对应，是指推销人员根据有关的事实与理由来间接否定客户异议的一种方法。运用这种方法时，推销人员并不是直接与客户辩驳，而是先肯定对方的某些长处或表示同情，使客户有一种暂时的心理平衡，然后用类似"但是"的转折词对客户异议进行反驳处理。其模式一般是"是（对）……但是（然而）……"对于客户的不同意见，如果推销人员直接反驳，那么会引起客户不快，所以，推销人员可以先肯定客户的意见，再从其他角度向客户解释。

转折处理法首先承认客户异议有道理的一面，然后从另一面进行否定。这样做首先维护了客户的自尊（似乎赞成客户的说法），然后婉转否定，使客户更易于接受劝说。

1. 转折处理法的优点

（1）有利于洽谈的继续进行。良好的推销气氛是双方都希望的。由于推销人员首先肯定了客户的意见，从而避免了客户的抵触情绪，消除了客户疑虑，使客户相信他所提出的问题受到了推销人员的重视，并希望解决。这样，客户就有兴趣听取推销人员的进一步解释。

（2）可放慢洽谈进程，有利于推销人员思考反驳对方的理由。

（3）显得推销人员比较有修养，对树立企业形象比较有利。

2. 转折处理法的缺点

（1）如果推销人员经验不足，转折部分不能提供足够的理由，将不能达到促进销售的目的。

（2）如果推销人员一味使用该方法，会给客户一种错觉，认为推销人员对自己或对企业的产品没有信心。

（3）不利于节约推销时间。

3. 使用转折处理法时应注意的问题

（1）应明确这一方法的使用条件。转折处理法一般适用于下列情况：客户提出的问题不重要；客户异议属于主观异议，而且这种异议没有严重贬低推销产品的优点和推销企业的形象；推销人员要用这种方法缓和气氛，转换话题。另外，当客户既思想固执、个性强又十分敏感时，不宜使用此法。

（2）应选择好重新推销的角度。转折处理法能否见效，关键在于“但是”后面的内容，即推销人员以什么样的语气、用语、内容来表达自己的意思，说服客户，尤其要求推销人员在重复或肯定客户异议的短短几秒或几十秒内找到恰当的方法，从一个新的角度或从整体上向客户展示产品的特点。

（3）要注意转折的目的不是驳倒客户而是劝说客户，所以要介绍相关的知识和提供相关的证据资料。推销人员在选好角度后，主要提供客户所不知道的大量信息、知识。所以，“但是”后面要从另一个角度来介绍产品，消除客户的偏见，从而消除异议。

（4）要注意转折词的运用。尽量不用生硬的转折词，而应使用“不过”“我觉得”“还”“另外”等。为增强这一方法的运用效果，一些推销人员把“感觉”“感受”“发觉”用于转折处理法中。例如，“你的感觉有一定的道理”“许多客户购买时也曾经有过这种感觉”“不过他们使用后发觉……”等，这样可使客户感到自然、亲切，能增强说服力。

例 1：

客户：“我对木制家具没兴趣，它们很容易变形。”

推销人员：“您说得完全正确，如果与钢铁制品相比，木制家具的确容易发生扭曲变形现象。但是，我们厂制作家具的木板经过特殊处理，它的扭曲变形系数只有用精密仪器才能测得出。”

例 2：

客户：“保险公司是骗人的。”

推销人员：“这个问题提得好，我以前也是这么认为的，但是，在从事保险工作以后我才知道，原来保险是国家的三大金融支柱之一。保险公司有专门的监管部门，同时还有《中华人民共和国保险法》对其进行制约，来保证客户的利益。”

例 3：

客户：“你们品牌的产品好像噪声大了一些。”

推销人员：“是的，您说得不错，噪声是大点，但仍然在国家标准允许的范围内，不会影响您家人的生活与健康。它是针对塑腰、减肥设计的，受力强度和广度都要比一般按摩椅大，自然噪声就大一些，但是按摩效果更好。”

6.3.3 利用处理法

利用处理法又称转化处理法，即推销人员把客户异议中正确的观点作为自己的观点，来说服客户、排除障碍的一种方法。客户提出的异议有正确的，也有错误的，还有自相矛盾的。利用处理法针对客户异议本身的矛盾，以其内在的错误否定其表面的正确，把客户异议变成劝说客户购买的理由。

利用处理法是一种有效地排除障碍的方法，使用范围比较广泛。

1. 利用处理法的优点

（1）有利于建立良好的合作关系。由于推销人员采取了温和式策略，正视了客户异议，肯定了客户的某些异议，而没有回避矛盾，能很自然地转化客户异议，所以能取得与客户的合作，从而使客户有兴趣听取进一步解释和说明。

（2）既可以改变客户异议的性质，又能保持良好的推销气氛。

（3）有利于达成交易。利用客户异议正确的、积极的一面，去克服客户异议错误的、消极的一面，使客户在关键问题上转换看法，就可以变消极为积极，变障碍为成交，化阻力为动力，既能妥善处理客户异议，又能顺利达成交易。

2. 利用处理法的缺点

（1）容易伤害客户的自尊心而使其不满。由于推销人员直接利用与转化客户异议，会使客户产生被人利用和愚弄，进而有伤害自尊心的感觉，产生不满。

（2）会引起客户的失望情绪，从而提出新的异议。客户异议往往表现为借口，他希望以此达到其他目的，推销人员在承认了客户异议后，又引导客户来认识其异议的局限性。这样，客户就会因没有达到目的而失望，从而引起客户的恼怒和抵触，并提出新的异议。

（3）使用不当会引起反感。使用利用处理法时，如果推销人员的语气、时机掌握不好，那么会使客户感到推销人员在自吹自擂、夸大其词，从而产生反感。

3. 使用利用处理法时应注意的问题

（1）首先应肯定、承认客户异议。推销人员首先肯定、承认客户异议，就缩短了双方的心理距离，使客户从心理上接受推销人员的推销，为推销人员利用和转化客户异议创造良好的气氛。肯定客户异议时态度要诚恳，方式要得当。

（2）要利用客户异议中积极的、正确的部分。客户异议的表现形式很多，正确的和错误的并存，如果推销人员不加分析而盲目承认、肯定，就不利于消除异议，排除障碍。

（3）必须向客户提供正确的信息。推销人员在运用利用处理法时，应该正确分析影响推销的各种环境因素，分析影响客户购买的各种因素，向客户传达客观的、真实的、预测正确的信息，而不能为了推销产品而不负责任地向客户传递虚假信息，误导客户，蒙骗客户。

例 1：

客户：“这种铝制盘子太轻了！”

推销人员：“这种盘子的优点就是轻便，这正是根据女士的特点设计的，用起来极为方便。”

例 2：

客户：“我这种身材，穿什么都不好看。”

推销人员：“不是您身材不好，而是您没找到适合您穿的品牌。我们这个品牌就非常适合您，您可以试试。”

例 3：

客户：“这本书图多字少，太简单了。”

推销人员：“这正是这本书的特点，通俗易懂，化繁为简。”

6.3.4 补偿处理法

补偿处理法又称抵消处理法、平衡处理法，是指推销人员利用客户异议以外的优点或利益来补偿或抵消客户异议的一种方法，即用异议以外的其他有利因素抵消客户异议。

在购买活动中，客户总想十全十美，但很难实现。任何产品都有优点和缺点，但有时客户只看到了产品的缺点，而对其优点注意不够。在这种情况下，推销人员可以利用补偿处理法转化客户的异议，即承认缺点，讲明优点，利用优点抵消缺点，使客户达到心理平衡。尤其要让客户看到产品的优点大于缺点，购买划算，这样客户就有可能采取购买行动。

当客户提出的异议有事实依据时，推销人员应该承认并欣然接受，坚决否认事实是不明智的举动。但要切记，要给客户一些补偿，让他取得心理上的平衡，也就是让他产生物有所值的感觉。

例 1：

客户："这辆车的车身太短了！"

推销人员："车身短能让您停车更方便，若您有大的停车位，可同时停两辆。"

例 2：

客户："这个皮包的设计、颜色都非常棒，可惜皮的品质不是太好。"

推销人员："您真是好眼力，这个皮料的确不是最好的，若选用最好的皮料，价格恐怕要高出现在的五倍。"

例 3：

客户："你们的空调价格太高了。"

推销人员："价格是有点高，但一分钱一分货，我们的空调质量也是非常好的。对于您来说，这不是更重要吗？"

例 4：

客户："这款手机的功能真是强大，设计也非常棒，可惜体积大了一点。"

推销人员："您说得很有道理，体积确实大了一点。但强大的功能肯定需要更多的硬件配置，至少屏幕就需要大一倍，如果太小，您使用就不方便了。"

1. 补偿处理法的优点

（1）有利于保持良好的洽谈气氛。

（2）有利于促成交易。补偿处理法一方面肯定客户异议，另一方面通过摆事实、讲道理，介绍产品，使客户对产品有一个全面、公正的认识，并从理智上接受推销人员及其产品，获得心理上的平衡，从而达到消除客户异议、促成交易的目的。

（3）有利于开展重点推销。推销人员在补偿客户异议时，必然要向客户重点介绍产品的一系列优点，以及推销企业的有关情况，如技术条件、信誉、服务措施和宗旨等。通过重点推销，尤其是重点介绍客户利益，能刺激客户的心理，促使其进行分析、比较、判断，最终做出购买决策。

2. 补偿处理法的缺点

（1）可能会误导客户，让客户误认为推销人员默认了产品某些方面的不足，从而导致客户减弱购买的决心。

（2）可能会增强客户讨价还价的愿望。

3. 使用补偿处理法时应注意的问题

（1）只能承认正确、真实的异议。只有当客户提出的异议是有效的、真实的主要异议时，才可以使用补偿处理法。

（2）及时补偿客户异议，使客户切切实实地感受到产品使自己获得的实际利益远远大于所承受的损失。

（3）补偿的内容应具有针对性和真实性。绝不可夸大其词、无中生有，向客户讲述虚假的利益，进行虚假的宣传，欺骗客户。

6.3.5 询问处理法

询问处理法又称提问处理法、追问处理法，是指推销人员通过对客户异议提出疑问来处理客户异议的一种方法。在实际推销活动中，客户异议具有不确定性，令推销人员很难分析、判断异议的性质与真实原因，从而为排除推销障碍增加了困难。

1. 询问处理法的优点

（1）通过询问，推销人员可以展开有针对性的说服工作。

（2）通过询问，推销人员可以与客户进行更好的沟通。

（3）通过询问，推销人员可以有充足的时间去准备推销策略。

2. 询问处理法的缺点

（1）对于那些自尊心较强、爱面子的客户，这种方法不太适合。因为这些客户不喜欢别人了解他太多。

（2）对于那些内向、敏感的客户，使用这个方法时要特别注意，因为一不小心，就会引起客户的不满，致使推销洽谈中止。

（3）对于那些口才特别好的“闲人”，推销人员要特别注意，发问时要适可而止，否则客户过多的讲述将会延误推销的进程。

3. 使用询问处理法时应注意的问题

（1）询问的方式应该多样化。推销人员可以用求教式、启发式、讨论式等方式询问。只有及时地询问客户，且采用了上述方式，才能引导客户把产生购买障碍的真正根源说出来。推销人员不能用审问的方式提问。

（2）询问客户应抓住重点。推销人员应针对有关的客户异议进行询问，对于那些与推销成交无关的、次要的或无效的客户异议，不应该进行询问。

（3）询问应从客户便于回答的问题入手，也可从便于解决的问题入手。如果推销人员一开始就提出客户难以回答、无法回答、无权回答、无把握的问题，那么会使洽谈陷入僵局，排除障碍也就难以实现。

（4）询问时多说“你”“您”或“你们”，少说“我”“我们”，要充分表现出对客户的关心和尊重。

使用询问处理法的三个步骤。

第一步：试探客户——您能告诉我您不买的原因吗？

第二步：找出真正的原因——除了这个原因还有没有别的原因呢？

第三步：索要承诺（确认问题）——假如我帮您解决了这个问题，您买不买？

例 1：

客户：“我觉得你们的橱柜太贵了。”

推销人员：“王总，我们的产品从质量到性能，再到售后服务都是全行业中最好的，并且性价比也是最高的，所以我认为‘价格贵’不是您拒绝购买的真正原因。您是不是对我们的产品还存在一些不满意的地方呢？”

例 2：

客户：“你们的瓷砖颜色太少了。”

推销人员：“经过市场调查，我们已选择了五种最受客户欢迎的颜色，如果再增加更多颜色的产品，那么可能会给您的库存管理增添负担。我入行不久，对许多事情还不了解，而您是行业内的专家，您可以指点一下需要增加产品颜色的原因吗？”

例 3：

客户：“你们的汽车售后服务怎么样？”

推销人员：“王先生，我很理解您对售后服务的关心，毕竟这可不是一个小的决策，那么，您所指的售后服务是哪些方面的呢？”

客户：“是这样，我以前买过类似的车，但开了一段时间后就开始漏油，后来开到 4S 店去修，修好后过了一个月又漏油，再去修理的时候，对方说要收 5000 元修理费，我跟他们理论，他们还是不愿意承担这部分费用，我没办法，只好自认倒霉。你们在这方面是怎么做的？”

推销人员：“王先生，您真的很坦诚，除了关心这些，还有其他方面吗？”

客户：“没有，主要就是这个。”

推销人员：“好，王先生，我很理解您对这方面的关心。其实也有客户关心过同样的问题。我们公司的产品采用的是意大利 AA 级标准的加强型油路设计，这种设计具有极好的密封性，即使在正、负温差 50℃或者润滑系统失灵 20 个小时的情况下也不会出现油路损坏的情况，所以漏油的概率极低。当然，任何事情都有万一，如果真的出现了漏油的情况，您也不用担心，我们的售后服务承诺是，从您购买之日起 1 年之内免费保修，同时提供 24 小时的主动上门服务。您觉得怎么样？”

客户：“好，那我就放心了。”

处理客户异议的方法很多，以上仅介绍了五种，每种方法都有其优缺点。在推销活动中，推销人员应根据客户和客户异议的特点，灵活选择使用。

6.4 常见客户异议的处理技巧

6.4.1 如何处理价格异议

在推销过程中，客户对于价格是比较敏感的。在推销活动的早期阶段，推销人员不要主动提及价格，也不要急于回答客户提出的价格问题，更不要单纯地与客户讨论价格问题。推销人员只要听到客户说“太贵了，便宜一点吧”，就马上降价，这绝不是一个好方法。即使降价，客户也不一定会购买；如果客户需要这个产品，那么即使不降价，他还是会购买。客户购买产品的动机在于产品能带给他的利益，并将这种利益与付出的金钱进行对比。“划算不划算”就是价格和价值的比较。因此，价格是一个相对的概念。在推销过程中如果多强调产品价值，就会让客户产生价格相对便宜的感觉。在处理价格异议时最好“先谈价值，后谈价格；多谈价值，少谈价格”。下面介绍几种比较实用的处理价格异议的方法。

1. 加法处理法

加法处理法就是告诉客户，购买产品不但能享受到一般产品的基本功能，而且能得到更多的附加价值。重点谈购买产品能给对方带来的增值部分。

例 1：

推销人员：“您是一位很有经济头脑的人，肯定知道理财四分法，就是存款、股票、债券、保险各占 1/4。存款无风险，但危难时，一分钱只能做一分钱用；股票回报率高，但风险大；债券较稳妥，可不一定好买。现在我向您推荐一种更好的理财方法，就是投保我公司推出的‘××保险’，它集保险保障与投资理财于一身，方便家庭经济生活规划。”

例 2：

推销人员：“这套房位置佳，价格差不多是同地段房价的一半，升值潜力大，用于自住或出租，是再合适不过的了。”

2. 减法处理法

如果客户既想购买，又总在讨价还价，那么不妨用减法处理法去试试。

例 1：

推销人员：“我可以按您说的低价把这辆车卖给您，但是我要把其中的音响设备给拆下来，否则我对不起精心打造它的设计者。”

例 2：

推销人员：“如果您希望这套房的价格是 6 000 元 / 平方米，那么肯定不会送车库。”

3. 除法处理法

如果一次向客户报产品的总价格，客户很难马上接受，那么可以用除法处理法将时间分解，也可以将数量分解，缩小标价的单位。例如，告诉对方 1 两（50 克）茶叶的价格而不是 1 斤（500 克）茶叶的价格。

例 1：

推销人员："这份保险保障较高，保额有 20 万元，而保费却较低，一天只有 7 元多，您想，一天存 7 元，到 40 年后，您取回 ×× 万元，正好夫妻到全国周游一番，这之前还有 20 万元的保障。"

例 2：

客户："这茶叶怎么卖？"

推销人员："20 元 / 两。"

4. 对比处理法

如果产品有价格优势，那么推销人员就可以自信地利用对比处理法，告诉客户自己的产品与同类产品相比是非常优惠的。

一位法律专家对此评论说："从《中华人民共和国反不正当竞争法》的法律条款来看，没有界定'对比销售'就一定是不正当竞争，关键是要掌握好一个'度'。如果'对比销售'确实有其明确的倾向性，那么对竞争对手而言是极其不公平的，就像一架发生倾斜、失去平衡的天平，成为误导消费的工具。"

客户："其他问题倒没有什么，不过我觉得我更偏好 A 品牌。"

推销人员："您偏好 A 品牌，一定有某些原因吧？"

客户："很多人都说 A 品牌的质量不错，我看了几次，也感觉不错，你认为 A 品牌怎么样？"

【点评：客户询问推销人员对 A 品牌的评价，证明客户比较接受这名推销人员。】

推销人员："是的，A 品牌的质量还是比较稳定的。王总，除了产品质量，您认为 A 品牌还有哪些方面比较好呢？"

【点评：客户通过身边人的评价和自己的判断，已经认可了 A 品牌的质量，如果推销人员在这时说 A 品牌的质量很差，那么客户一定不会相信你，反而会失去对你的信赖。】

客户："A 品牌的售后服务怎么样？"

【点评：客户好像对 A 品牌的售后服务有些疑问。】

推销人员："售后服务真的很重要，一般大品牌都做得比较好。像我们公司每年至少开展一次客户电话回访，为那些使用我们产品的客户解决问题。"

【点评：就算 A 品牌的售后服务真的很不好，也不能直接说出来。】

客户："产品的质量及售后服务确实很重要。"

推销人员："王总，这两方面正是我们的强项。而且，作为行业里最具规模的大企业之一，我们的知名度和美誉度都很高，只有这样的企业才能真正保障客户的利益，是吧？"

【点评：避开谈论竞争对手，而是转过来谈论自己的优势。记住，花时间谈论自己的优势，比直接谈论竞争对手更有价值！】

客户："是的，相对来说，大企业的产品用起来比较放心！"

6.4.2 如何处理产品异议

1. 现场示范

很多商家采用现场示范的方法来向客户展示自己产品的特色，特别是一些鲜为人知的新产品。一位经营木炭制品的老板为了让客户相信木炭有净化空气的保健作用，就在店前进行现场示范。这种方法看似老式，但效果却不错。不过，推销人员在做示范前一定要做好充分的准备，甚至要进行多次演习。

2. 现身说法

很多推销人员在推销产品时，采用举证法劝说客户，但更好的办法是现身说法。如果能够很详细地告诉客户使用后的感受，那么会更有感染力和说服力。一位瘦身专家说："为了更好地推广瘦身项目，身体不算胖的他居然按着方案试着'瘦身'训练了半个月，一看到效果，他马上'抽身'。"

如果你参加过直销公司的培训，那么就应该明白为什么公司让你做的第一件事就是"做百分百的客户"。因为只有自身体验过，才能更好地现身说法。

3. 邀请考察

如果条件允许，那么可尝试把客户邀请到企业或产品生产线，让他们亲眼看见企业生产的产品是放心产品，用"身临其境"的办法让客户"流连忘返"。例如，现在一些食品生产厂家允许主要客户群到其企业参观生产线并免费品尝。

4. 鼓励试用

如果产品质量好，效果比较明显，试用的成本也不高，那么推销人员可以鼓励客户试用产品，这比现场示范和现身说法更直观。例如，在进行在房地产销售时，可以用"能感到—曾感到—发现到"的话术，即要令客户感到问题是可以理解的（能感到），并且使客户知道其他人在同样的情况下，也曾有相同的感受（曾感到）。当客户认真地再三思考后，就会发现这些异议其实是一些不必要的疑虑（发现到）。

> 客户："我不信你们一年就能交房。"
>
> 推销人员："陈先生，我很理解您的感受，其实我刚听到这个消息的时候，和您有同样的感受，我也不相信一年就能盖好。不过，后来我亲自去工地盯了几天才发现，差不多也就是一个星期建一层吧，进度相当快。所以您大可不必担心工程进度的问题。"

6.4.3 如何处理需求异议

1. 传播产品相关知识

作为推销人员，应该充分认识到人的需求是相对的，是可以创造的，是可以被引导的。所以，如果客户说不需要某产品时，那么推销人员要做的第一件事不是去判断这一异议是否真实，而是设法去多传播一些产品知识给客户。当然，如果太直接或太急迫，那么效果会不佳。推销人员可以很自然地把一些相关资料留给客户，让他们从文字或图片中寻找自己想要的东西，特别是针对一些文化层次比较高的知识分子，这种沟通的方式会更委婉。因为很多人都不喜欢别人去说教自己。

2. 举例说明

推销人员还可举例说明，最好的例子是客户身边认识的人，这样他们可以更方便地求证产品的真实使用效果。

例如，对没用过护理品的人说：“护理是最好的放松休息，每天忙忙碌碌的，要保养自己，轻松一下，享受享受，做完后会更喜欢自己。深层清洁的产品会清洁出毛孔内很多的脏东西，使皮肤健康白皙。”

对皮肤好的人说：“您天生丽质，但皮肤不会永远好，应补充营养和水分，留住好时光，否则等皮肤衰老时，花多少钱都买不回青春。”

对经常换产品的人说：“别人说哪个好就用哪个，您的小脸都成试验田了，皮肤改善了吗？不好，没有变化，钱没少花，就是没买到适合您的。不能再用油脂的了，应多补水，一试就比出来了，适合您的才是最好的。”

对需要日护保养的人说：“周护是一周一次，改善生活；日护像一日三餐，人一顿不吃饿得慌，何况皮肤。韩国女人的皮肤之所以好，就是因为她们懂得给皮肤配营养餐。”

欣赏了以上的销售技巧，你是否真正领悟到“需求是可以创造的”这句话的含义？激发客户的需求可以用比喻、举例等方法。但要记住，一定要从客户的实际情况出发，有针对性地推荐产品。

6.4.4 如何处理财力异议

1. 针对客户的具体情况，推荐合适价位的产品

如果客户认为推销人员现在所推荐产品的价格太高，难以接受，在经过尽力洽谈后仍不能达成交易，那么推销人员不必再坚持，可以试着推荐其他低价位的产品给客户，并把前后推荐的产品进行对比，然后让客户自己去权衡、去拿主意。

2. 建议客户采用分期付款或延期付款等方式

贝蒂·哈德曼是亚特兰大的房产经纪人。哈德曼强调，今天的房产经纪人必须对贷款有所了解。知道什么样的房产可以获得什么样的贷款是一件很重要的事。所以，房产经纪人只有随时注意金融市场的变化，才能为客户提供适当的融资建议。

> 客户：“我的钱有其他用途，不想买你们的保险。”
>
> 推销人员：“您真是有主见的人，能不能请教一下，一般像我这样的人最好怎样理财呢？（倾听，对比合理的收入分配找出问题）看来真应该这样。不过，像您这样的人不妨取出 10% 的收入来参加这个计划，一来可以拥有稳定的保障，二来可以坐享保险公司红利，这不会影响您原来的投资计划，您看怎么样？”

6.4.5 如何处理权力异议

处理权力异议时，应根据客户有无购买权力采取不同的方法。

1. 请求有购买权力的客户做决定

有购买权力的客户迟迟不拍板购买，肯定是有内因的。推销人员应找出问题所在，将客户的需要与产品的使用价值密切地结合起来，进一步刺激客户的购买欲望；或者可以在价格、服务等方面做出一定的让步；或者帮助客户解决困难，达成交易。

2. 慎重对待无购买权力的客户

对于那些没有权力购买产品的客户，推销人员应做到以下两点。

（1）摆正心态，以礼相待。虽然有的客户没有真正的购买权力，但推销人员仍应注意摆正心态，以礼相待，不要藐视他们或意图摆脱他们，因为他们是买方的成员之一，他们的观点和建议有时能促成一笔买卖，有时也会扼杀一笔买卖。

（2）善待没有购买权力的客户，力争得到他们的帮助。推销人员善待无购买权力的客户，有利于客户心理平衡，并与客户建立起良好的人际关系。这样，在推销人员请求客户帮助自己或将自己及产品引荐给有购买权力的人时，客户才会答应。

例 1：

客户："我需要打电话问问我老公的意见。"

推销人员："您每个月赚的钱与您爱人不相上下，为什么购买化妆品都要征询他的意见？您可能认为这是尊重他，但也许他会认为您是个没主见的女人。我劝您今后购买这种小东西自己做主就行了。"

例 2：

客户："我要问我太太是否同意这个保险计划。"

推销人员："您这样将会把这一难题丢给您太太，您太太难道要告诉您，为了自己及子女要买多少保险？毕竟还是您的问题，而不是您太太的问题。"

例 3：

客户："能不能再便宜一些啊，我还是很想买这件衣服的，但确实没有这么多预算。"

推销人员："亲，我们这款衣服是今年的新款，别家都没有，只有我家有哦！这款毛衣我们用的是95% 的羊毛，这个价格已经很便宜了呢！"

需要提醒的是，处理客户异议的技巧固然能帮推销人员提高效率，但前提是必须对异议持正确态度。只有正确、客观、积极地认识异议，推销人员才能在面对客户异议时保持冷静、沉稳。也只有保持冷静、沉稳，推销人员才有可能辨别异议真伪，才有可能从异议中发现客户需求，才能把异议转换成销售机会。因此，推销人员不但要训练自己的异议处理技巧，而且要培养面对客户异议的正确态度。

练习与实训

1. 选择题

（1）客户说："这种冰箱还可以，但如果坏了没有地方修。"这种异议是（　　）。

A. 价格异议　　B. 服务异议　　C. 质量异议

（2）客户说："我从来不用化妆品。"这种异议属于（　　）。

A. 产品异议　　B. 需求异议　　C. 利益异议

（3）客户说："这种盘子太轻了！"推销人员说："这种盘子的优点就是轻便，这正是根据女士的特点设计的，用起来极为方便。”这种异议处理法被称为（　　）。

A．利用处理法　　B．反驳处理法　　C．补偿处理法

（4）客户说：“这辆车车身太短了！”推销人员说：“车身短能让您停车更方便，若您有大的停车位，可同时停两辆。”这种异议处理法被称为（　　）。

A．利用处理法　　B．反驳处理法　　C．补偿处理法

（5）推销人员说：“现在买车送冰箱。”这种价格异议处理法被称为（　　）。

A．加法处理法　　B．减法处理法　　C．除法处理法

2．判断题

（1）补偿处理法是以全部接受客户异议为前提的。（　　）

（2）永不争辩就是要求推销人员接受客户异议，不与客户争吵。（　　）

（3）无效异议是指没有事实依据和不能成立的异议。（　　）

（4）客户说：“这个产品的设计太古板。”这种异议属于客户对产品实体的异议。（　　）

3．案例分析题

（1）请阅读以下案例，并回答相关问题。

有个卖玉米的人，他的玉米棒子特别大，摊前围了一群人，其中一个人正在挑选。说来也怪，几乎每个玉米棒子上都有虫子。那个人拿出一个虫子特别多的玉米棒子说：“伙计，你这玉米棒子倒不小，只是虫子太多，你是卖玉米呢，还是卖虫肉呢？你还是回家去吧，我们到别处买好啦！”他一边说一边做滑稽动作，把众人都逗乐了。

这个人一席话，说得大家都不敢买了，纷纷要退货。卖玉米的人一见这阵势，心里明白，只要大伙一散，这买卖就算完了。于是，他一把夺过那个玉米棒子，面带微笑高声地说：“这位老乡，我说你从来没吃过玉米咋的，我看你根本不懂好坏！棒子上有虫子，正说明棒子好吃，没有农药。请问，你愿意吃有农药的，还是愿意吃绿色食品呢？”他又转过脸对众人说：“各位都是有见识的，你们说说，连虫子都不愿吃的玉米棒子还能好吗？比这小的玉米棒子就好吗？你们再仔细看看，我这些虫子多懂道理，只在玉米棒子上打了一个洞，玉米粒连碰都没碰，请问，你是吃玉米棒子呢，还是吃玉米粒？”说到这儿，他又转向那个人说：“那你就到别处去买吧。不过，到时候可别后悔，其实……”他顿了一下，探过身子，把嘴凑到那个人耳边，故作神秘地说：“这么大、这么好吃的玉米，我还真舍不得这么便宜卖呢！”这席话，把大伙镇住了，于是人们纷纷挑选起来。

请问：卖玉米的人为什么能“化险为夷”，顺利地将玉米卖掉？

（2）请阅读以下销售场景，并回答相关问题。

推销人员：“李先生，我知道你们对上次订购的地板非常满意。这次你们公司又承接了这么大的工程，我想您一定还要订更多的货吧！”

客户：“我们不再订购地板了。”

推销人员：“为什么不需要了？这批地板可是用优质松木经过最新技术压制而成的，受潮不易变形，在市场上非常畅销呀！”

客户：“我知道你们的产品质量不错，但是我们不需要了。”

推销人员：“您是说这次不打算买了？”

客户：“不买了。”

推销人员：“真的不买？”

客户：“真的不买。”

推销人员：“您肯定是千真万确、的的确确、当真不买吗？”

客户：“我不买、不买，就是不买！”

推销人员：“哦，我的问题全都问完了。感谢您这么直率。”

① 分析这个场景，如果你遇到同样的情况，应该采用的处理方式是（　　）。

A．这个客户没有需求，不必再耽误时间了

B．改变发问方式，运用开放式的问题鼓励客户说出细节

② 假如你是这名推销人员，你应该如何提问，以获得客户不再订购地板的原因。

③ 请你根据客户的回答，补充恰当的提问。

推销人员："李先生，我知道你们对上次订购的地板非常满意。这次你们公司又承接了这么大的工程，我想您一定还要订更多的货吧！"

客户："我们不再订购地板了。"

推销人员：____

客户："因为我们不再需要了。"

推销人员：____

客户："因为我们采用了新的材料。"

推销人员：____

客户："我们要用石料进行地面装饰。"

推销人员：____

客户："（表现出兴趣）哦，是吗？那我们可以好好谈谈。"

推销人员：____

客户："听起来不错。"

（3）请阅读以下案例，并回答相关问题。

齐德勒先生是一位烹调器推销人员。有一次，他在向一位家庭主妇介绍产品后，约好第二天再去拜访她。

到了第二天，这位家庭主妇虽然在家等着他的拜访，但听了他对产品进一步的说明后便说："还要再想一下，这件事还要同丈夫商量后再决定。"

这时，齐德勒虽然知道这次成交的概率不大，但他走前想要确定这位主妇是有意拖延还是确有不买的理由，是真的要同丈夫商量一下，还是打发他走。于是他说："这很好，我到晚上再来，可以吗？"

主妇拖延着不置可否。

于是，齐德勒提出："让我问您一个问题，什么时候您丈夫带食品回家？"

她反问："你这是什么意思？他根本不带食品回来。"

齐德勒问道："那谁买呢？"

她说："我买。"

齐德勒问："您经常买吗？"

她说："当然。"

齐德勒说："食品很贵吧？一星期的食品将花费您 20 元或 25 元（折合成人民币后），是吗？"

她说："什么 20 元或 25 元，应当是 120 元或 125 元，你大概从来没买过食品吧？"

齐德勒说："是的，让我保守一点估计，您每星期在食品上花费至少 50 元，可以吗？"

她说："可以。"

接着，齐德勒拿出一个笔记本，对主妇说："夫人，您每星期花费 50 元买食品，一年以 50 个星期算，那么将花费 2 500 元（齐德勒边说边在本上写下 50×50）。您刚才告诉我，您已结婚 20 年了，这 20 年来，每年 2 500 元，共花费了 50 000 元（写下），这是您丈夫信任您让您买的。您总不会每次把食品都给他看吧！"

她听后笑了。

齐德勒说："夫人，您丈夫既然信任您，让您用 50 000 元钱买食品，他肯定会让您再花 400 元买烹调器，以便更好、更省力地烹调下一个 50 000 元的食品吧？"就这样，齐德勒卖出了一套烹调器。

请问：齐德勒采用了怎样的技巧来化解客户异议？

4．课堂实训

组织学生参加模拟招聘会。内容为某企业招聘推销学生用品的推销人员，但没有具体要求。请学生以自愿为原则到讲台上去做应聘演说，由教师及三位学生充当评委，其他学生旁听。

5. 课外实战

（1）学生 3 ～ 5 人为一组，到市场上去接触多种产品的推销人员，观察和学习他们处理客户异议的能力和技巧。

（2）由教师组织货源，让学生在学校附近开展产品推销活动，进一步提高学生处理客户异议的能力。

阅读材料

材料 1：跨界联名的乐趣

回顾往年，各类与生肖、年味儿等相关的文化 IP 元素，成就了许多爆款联名产品，让人看到就忍不住剁手！下面我们就来盘点一下，2021 有哪些好玩的新年 IP 联名产品，值得回味一下。

1. 可口可乐 & 九阳：跨界打造 • 高颜值萌潮锅具

可口可乐经典的喜庆红代表着新一年的红红火火，而复古的锅具造型设计，更是完美营造出了新年的氛围，2021，让做饭变得更快乐！

2. 汉仪字库 & 饿了么：趣味十足的新年日历套装

日历套装里有红包、日历、暖水袋、胸针、贴纸，打开这本日历，不仅能解决今天中午吃什么的世纪难题，还能帮你解锁生活中的各种难题。饿了么把品牌名下沉到用户的真实生活，借此机会给大众献上一本无形的《新年自救指南》，拯救他们新一年将面对的各种难题，拉近了品牌名与年轻人之间的距离。饿了么携手汉仪字库的跨界产品，可以说有梗、有趣又有料，这样的周边设计不仅用心，也从侧面解锁大众的外卖自由，传递了品牌的温度。

3. 颐和园 & 大白兔：文化遗产与大白兔合作推出文创产品

“吉兔游园”系列文创新品，给人满满的童年甜蜜记忆，礼盒内包括大白兔糖果礼盒、游园书签、吉兔拍拍灯等产品。把中华文化遗产与代表童年记忆的大白兔相连接，完美提取传统文化等元素，这种新与旧的创意结合是大家都爱的设计方式。

4. 科大讯飞 & QQ：时尚感与科技感满分的联名产物

“讯誓旦旦”取了讯飞的“讯”字，通过礼盒内科大讯飞 C 端产品——智能录音笔、彩色阅读器，把新一年的誓言与祝愿传递给想要送给的人。同时“旦旦”又是 QQ 形象的变形，一语双关，奶牛 & 企鹅 QQ，一起迎接牛年的到来。

5. OPPO & 故宫：传统文化与现代科技的创意结合

都说“万物皆可故宫”，作为当下“顶级网红”的故宫 IP，这次与 OPPO 联合推出 OPPO Enco X 故宫福启版、OPPO Watch 故宫新禧版两款定制产品，通过吉祥如意元素，为新年开启新气象。当一件件富有现代感的单品烙上了故宫独有的古韵神采，其满满的传统文化风味让整个产品看起来相当精致。

6. 共禾京品 & 周大福：跨界打造国风元素的马克杯

共禾京品和周大福的联名款太好看了！一共有 3 个系列：牛年限定国潮风马克杯牛转乾坤系列、国漫四喜系列、鲲凤飞腾系列。可爱的牛遇上了国风元素的马克杯，带来更多的美好寓意。

年味十足的品牌联名产品彰显了人们对牛年新春的美好祝福！

材料 2：网店标准服务流程及标准用语

1. 客户刚进入聊天界面

首语自动回复：“您好！欢迎光临 ×× 店，我是客服 ××，很高兴为您服务。”（如果有活动或者好的提示语也可以加入：如新店开张，全场包邮，仅限七天。）

（1）如果是新客户则跟上一句：“亲，有什么可以帮您的吗？”

（2）如果是老客户则跟上一句：“亲，很高兴您再次光临，请问有什么可以帮您的吗？”

（3）如果咨询的客户比较多，可以回复：“您好，实在是不好意思，因为咨询的客户比较多，让您久等了，非常感谢您的耐心等待！”

2. 客服中间忙

应及时发微笑表情或“不好意思，稍等”之类的话语。

3. 客户明确表示不买

客服术语：“亲，感谢您的惠顾。希望您可以收藏下咱家店铺，我们会不定期上架新品，亲要多多关注哦，再次感谢您对 ×× 店的支持。”

4. 聊天中断

客服术语：“亲，还在吗？”（表情）

5. 客户联系之后表示考虑或看看

客服术语：“亲，还有什么疑问或者相关的问题吗？或者我哪里没有讲清楚？”

6. 客户拍下订单，10 分钟内立即付款

客服：“亲，感谢您惠顾 ×× 店，我跟您核对一下您拍的宝贝，××× 款，1 件。收件人 ×××，地址 ×××，电话 ×××。请您核对后确认一下。”

客户：“对的。”

客服：“嗯嗯，好的，您的货品将在 ××× 时由 ××× 快递寄出，请保持手机畅通，收到货品时请本人签收，先检查外包装的完好性，如果外包装封条有被撕开过的痕迹，请您拒收。请拆开包装确保货品没有被偷走或调包，如果发现调包请及时联系我们，我们会立即处理。如果使用中有质量问题或其他问题，请不要犹豫，马上联系我们。如果对我们的产品满意，请确认收货，并给我们好评哦，我们期待您晒单呢！“

客服：“再次感谢您惠顾 ×× 店，我们会持续努力，也欢迎亲经常回来看看哦！祝您生活愉快！”

7. 拍下后未付款

客服术语 1：“亲，我是 ×× 店 ××，您拍的宝贝我们已经包装好了，您如果 ×× 点之前付款，我们今天就能发出去了哦！”（表情）

客服术语 2：“亲，我是 ××，您拍的宝贝我们已经包装好了，宝贝安静地躺在精美的包装袋里默默等待跟您见面的那一刻，您 ×× 点之前付款的话，我们今天就能发出去了哦！”（表情）

8. 拍下一两天后未付款

客服术语：“亲，我是 ×× 店 ××，昨 / 前天与您进行了宝贝 ×× 的交流（相关具体内容大致描述），请问您还需要吗？”

9. 退款

客服术语：“亲，已经退款，请留意查收。×× 店欢迎亲再次光临！”

10. 询问客户信息

在回答客户的所有问题之前一定要确认客户想要购买的是哪一款，并了解客户的需求。

第一步（问清楚是哪款宝贝）：“亲，您看中的是哪款宝贝呀？我给您查找一下。”

第二步（告知是哪款后）：“好的，我马上给您查询一下，请稍等。”

第三步（找到信息后）：“不好意思让亲久等了 + 需要回答的信息。”

友情推荐

期刊：中国商界

拓展微课：处理客户投诉

项目 7

促成交易

知识要点

◎ 促成交易的基本策略
◎ 签订和履行购销合同
◎ 促成交易的方法
◎ 成交后的跟踪

能力要点

◎ 掌握常用的说服客户技巧
◎ 掌握签约的技巧
◎ 掌握售后服务的内容与方法
◎ 掌握促成交易的能力
◎ 掌握收回货款的方法

任务引入——芈乐签单了

芈乐与沙老板见了面，之前双方电话沟通过几次，对方对芈乐推销的产品比较满意，但芈乐联系沙老板几个月了也没听到他提出订货。芈乐担心会“竹篮打水一场空”，不得不跑去向欧经理“求救”。

欧经理听芈乐介绍完情况后，乐观地告诉他：“凡事一定要主动出击！沙老板应该在等着你的签单请求，你提出签单要求，他便处于主动状态，这便于他与你讨价还价。你现在要做的就是先针对沙老板的讨价还价思考应对策略，然后大胆提出签单要求。”

芈乐在欧经理的指导下，成功获得了沙老板的订单，他不得不相信“姜还是老的辣”。

促成交易是整个专业化推销流程中的重要环节，是推销成败的关键，也是推销人员梦寐以求的结果。它不是一个单一的动作，而是一连串服务动作的延续，是水到渠成的结果。这犹如踢足球，经历了抢球、传球，好不容易把球带到对方的门前，可是，若临门一脚没踢进去，所有的努力就都白费了。因此，成功地运用推销技巧，解除客户的犹豫情绪和顾虑，抓住当前时机促成交易，是推销过程中的关键环节。

7.1 促成交易的基本策略

某军事将领说“战争的目的在于赢得胜利”，而推销的目的就在于使交易成功。所谓成交，是指客户接受推销人员的推销建议及推销演示，并且立即购买推销产品的行动过程。只有客户购买了推销产品，才算买卖双方最后达成交易。只有成功地达成交易，才是真正成功的推销。如何才能达成交易呢？

7.1.1 克服成交过程中的心理障碍

成交是整个推销过程中最重要的一环，气氛往往比较紧张，容易使推销人员产生一些心理上的障碍。推销人员克服心理障碍的方法有以下几种。

1. 不要对成交抱有过高的期望

不可否认，推销工作充满挑战，需要坚强的毅力和强大的耐力。推销人员无数次地约见新客户，最终达成交易的只是少数。对成交期望太高，就会产生较大的成交压力。一旦成交期望太高，就会破坏良好的成交气氛，引起客户反感，阻碍成交。因此，在推销工作中，推销人员务必做到：不要对成交抱有过高的期望。

2. 改变“客户会主动要求成交”的心理

有些推销工作之所以失败，是因为推销人员认为客户会主动要求成交。其实，这是一种错觉，也是一种严重的成交心理障碍。在推销过程中，有些推销人员没有与客户达成交易，就是因为他们认为没有必要主动提出成交，认为客户在面谈结束时会自动购买产品。但事实证明，绝大多数客户都采取消极态度，需要推销人员首先提出成交要求。因此，推销人员应改变“客户会主动要求成交”的心理，主动提出成交要求，并适当地给客户施加成交压力，积极地促成交易。

3. 务必克服职业自卑感

职业自卑感是指有些推销人员总认为自己的工作低人一等，形同乞讨，是在恳求别人买东西，存在着很强的自卑感。职业自卑感的产生原因主要在于社会上对推销人员存在着极大的偏见，同时，这也与推销人员自身的知识水平有限有关。为了有效克服职业自卑感，消除成交心理障碍，推销人员应当认真学习现代推销学基本理论和技术，提升职业修养，培养职业自豪感和自信心，从而使自己在成交阶段信心倍增。

4. 不要担心成交会失败

担心成交失败是一种很大的成交心理障碍。产生这种心理障碍的主要原因在于社会偏见的深刻影响。有些推销人员缺少成交经验，没有足够的心理准备，产生成交恐惧症。大量的推销实践证明，并非每次推销洽谈都会导致最后的成交，真正达成最后交易的只是少数。只有充分地认识到这一点，推销人员才会鼓起勇气，不怕失败，习惯于听“不”字。信心和勇气是成交的心理条件，没有必胜的成交信心和勇气，就无法促成交易。

5. 不要轻易放弃

如果客户说“我考虑一下”，推销人员就放弃了，那么就会前功尽弃。因此，在签订销售合同或现款现货的交易中，一些推销人员的不良心理倾向会阻碍成交，所以必须克服这种心理。只要度过黎明前的黑暗，光明就在眼前。在推销过程中，到最后促成的阶段，是很多人放弃的时候，不是成交不了，而是放弃了成交的果实，没有坚持到最后。因此，推销人员应该常常告诉自己“我是最棒的”“我能成功”，学习如何积极地要求、愉快地要求、有礼貌地要求、有所期待地要求，要求安排见面，要求客户说出犹豫不决的理由。最重要的是，推销人员得要求客户下订单。要在所有的解说完毕、进入尾声之际，请求客户做出购买决定。

知识拓展

7.1.2 善于捕捉购买信号

购买信号是指客户在推销洽谈中所表现出来的各种成交意向。简单地说，购买信号就是客户用身体与声音表现满意的形式。在大多数情况下，购买信号的出现是较为突然的，有时候，客户甚至可能会用某种购买信号打断推销人员的讲话，因此推销人员要保持警觉。

购买信号的表现形式是复杂多样的，一旦出现，推销人员就要及时抓住机会，促进成交。

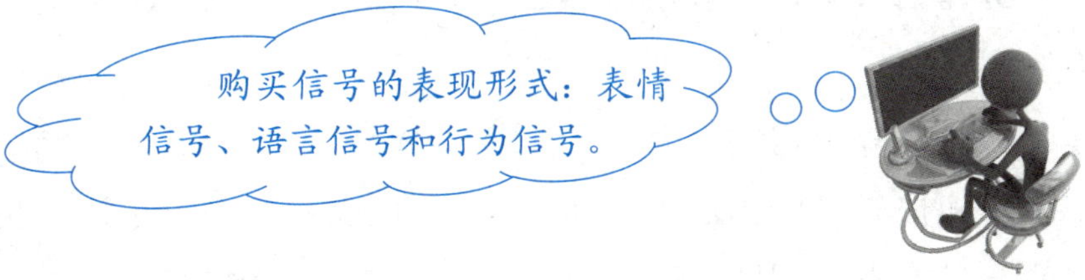

1. 表情信号

表情信号是指客户的心理在面部表情上的反映。例如，客户的目光对产品的关注或分散、面带微笑、表情严肃等，均是判断成交时机的重要依据。

2. 语言信号

语言信号是指客户在言语中所流露出来的意向。例如，客户赞赏产品的性能、质量，故意压价，挑剔产品的款式，具体询问有关交货的时间、地点及售后服务等，都是成交的信号。

3. 行为信号

行为信号是指客户在举止行为上所表露出来的购买意向。例如，客户不断用手触摸产品并不停点头，拍推销人员的手臂或肩膀，做出身体自然放松的姿势等，均是有意成交的表现。身体语言可以传递很多信息。一名优秀的推销人员，可以从客户的肢体语言中获得各种各样的信息。

（1）客户的瞳孔放大，眼睛发亮。客户一进店门（或接近某个货架时），突然眼睛睁大，直盯着某一处，脸上露出兴奋的表情，说明某种产品与其想象中相差无异。

（2）客户突然沉默，不再发问，若有所思。客户从一进门开始，就对着产品东摸西看，并不断地发问并陈述自己的意见，但从某个时刻起，突然停止对话，似乎若有所思。此时，客户并不是不高兴，而是内心在权衡买还是不买。

（3）同时索取几个相同的产品。客户可能让推销人员左一次、右一次地拿同一类产品，然后非常仔细地比较产品的颜色、款式、价格等。

（4）东摸西看，关心产品有无瑕疵。客户开始精心挑选，比较某种产品，仔细观察产品的每个细微之处，生怕把残次品买回去。

（5）非常注意推销人员的动作和谈话。客户的眼睛非常锐利，密切注视推销人员的每个细微动作、眼神、谈话的语气和内容，一副担心上当的样子。

（6）不断点头。当客户一边看产品，一边微笑着点头时，表示他对此产品很有好感。

（7）翻阅产品资料。客户非常仔细地翻阅产品说明或有关产品的宣传资料。

（8）离开商店后再度折回，并查看同一产品。客户在购买产品时心里一定会有货比三家的想法，当客户咨询完产品离开商店一段时间后（也可能是几天），又回来看同一产品时，这是非常明显的购买信号。

（9）客户观察和盘算不断交替出现。客户时而精心挑选，比较产品的价格；时而凝视产品，若有所思；时而向同伴或导购问一些比较深入的问题。

总之，从客户的身体语言中，可以解读很多细节内容。例如，洽谈进入了什么状态，客户是否希望继续洽谈等。

值得注意的是，一些经验丰富的谈判者会利用身体语言来迷惑对方，因此，身体语言并不能完全地、真实地表现谈判者的内心。要更准确地判断谈判者的内心，还要综合整个现场环境及对方所有人的身体语言来判定。

7.1.3 保留一定的成交余地

保留一定的成交余地，有以下两个方面的含义。

一是即使某次推销活动双方不能达成交易，推销人员也要为客户留有一定的购买余地，以便在数日后还有成交的机会。客户的需求总是不断变化的，今天不能接受推销，并不意味着永远不接受。在一次不成功的推销之后，如果推销人员能给客户留下联系方式或产品目录，并真诚地对客户说："如果有一天您需要什么的话，请随时与我联系，我很愿意为您服务。在价格和服务上，还可以考虑给您更优惠的条件。"那么，推销人员就会经常得到一些回心转意的客户。

二是在推销洽谈中，推销人员应该及时提出推销重点，开展重点推销，去说服和吸引客户，但不要从一开始就把交易条件和盘托出。因为，客户从对推销产生兴趣到做出购买决定，总要经过一定的过程。到了成交阶段，推销人员如能再提示某个推销要点和优惠条件，就能促使客户下最后的购买决定。有些推销人员不了解客户心理，一开始就口若悬河，既不利于客户逐步接受推销信息，又不利于最后的成交。推销应该讲究策略，注意提示的时机和效果，留有一定的成交余地。请看一位医药代表再次拜访药剂科主任的情景。

医药代表：“韦主任，您好！”

主任：“小谢，你好！听说你召开了一次很成功的新产品介绍会，很多医生对你的专业知识非常赞赏，是吗？”

医药代表：“过奖了！医生们在鼓励我。能召开这次新产品介绍会，与您的支持是分不开的。要不是您上次介绍我认识张医生，我根本没有机会，我打心眼儿里感谢您！”

（小谢迅速地从公文包里拿出一支派克笔，双手递给韦主任。）

医药代表：“这是我公司的广告小礼品，请您收下。您每次写字的时候，就会想起我公司的新产品。贵医院是否可以进一些新产品试一试？”

主任：“几位医生已经向我提出了这一要求，我正在考虑这件事。贵公司的供货价是原价基础上打多少折？”

医药代表：“七八折。”

主任：“这就不好办了，因为我们医院的进货价一般不超过七五折，贵公司的供货价可能无法接受。”

医药代表：“我公司生产这类产品的成本比较高，市场运行成本也很高，供货价实在难以下调，请主任多多原谅。”

主任：“贵公司在我们医院推销新产品，是否发放宣传费？”

医药代表：“我们公司在其他医院进行推销时，都根据医院的实际情况灵活处理。其他药厂的医药代表推销新产品时，他们是如何处理宣传费呢？”

主任：“我不怎么清楚，大家都要遵守《中华人民共和国药品管理法》。”

医药代表：“谢谢韦主任的提醒！”

主任：“还是回到供货价这个问题上。贵公司是否可以考虑降几个百分点？”

医药代表：“实在很难。不过，我回去请示一下我的上司，看看能否给贵医院特殊的优惠政策。”

主任：“行！你回去请示一下，再来找我。”

（小谢回去之后，请示了她的上司。上司决定给予此医院七六折的优惠政策。小谢带着这一优惠政策又来到韦主任的办公室。）

医药代表：“韦主任，您好！”

主任：“小谢，你好！带回来什么好消息了？”

医药代表：“我回去之后，马上请示我的上司，经过我的努力，上司终于同意给贵医院优惠政策。”

主任：“多少折？”

医药代表：“七六折！”

主任：“还是没有达到我们的要求，我如何向院长交代呢？”

医药代表：“韦主任，这是我公司在该地区的最低供货价，实在不能再低了，请多多原谅！”

主任：“好吧！好吧！小丫头，机灵鬼，我只好代你受批评了。”

医药代表：“谢谢韦主任的谅解。您看，这次订两件还是三件呢？”

主任：“先订两件，用好了，再继续订，行吗？”

医药代表：“行！”

（小谢把事先准备好的合同拿出来，迅速地填好有关项目，交给韦主任签字、盖章。经过一个月的努力，小谢终于建立了与这家医院的业务关系。）

7.1.4 灵活机动，随时促成交易

成交并非推销人员留给客户的最后一个话题。一个完整的推销过程，要经历寻找客户、接近客户、推销洽谈、处理客户异议和促成交易等不同的阶段，但并不是说每次成交都必须逐一地经过每个阶段。这些不同的阶段相互联系、相互影响、相互转化，在任何一个阶段都可能达成交易。推销人员必须灵活机动，随时发现购买信号，把握成交时机，促成交易。在推销过程中不存在最佳的成交机会，却存在着适当的成交机会，只要推销人员发现客户的购买信号，就可随时提出成交要求。

掌握成交时机，要求推销人员具备一定的直觉判断能力。只有具有这种特殊的职业敏感性，才能及时、有效地做出准确的判断。一般来说，下列三种情况可视为促成交易的好时机。

1．重大的推销障碍被处理

化解了客户的重大异议后，推销人员可以立即提出交易。因为重大的异议是客户决定是否购买的重要障碍，解决异议后实际上客户已经承认了产品的价值。这时，推销人员可以用恰当的语气说："您看，现在基本上没有什么问题了，那我们就这么定下来吧！"

2．重要的产品利益被接受

在推销人员说明完一个推销重点后，要表示出一个达成协议的动作，以确认这个重点是否是客户关注的利益点。如果错过这样的机会，在辛苦忙碌了几个小时之后，客户可能已经没有兴趣了。轻易地让成交机会溜走，就算最后交易成功，也会浪费客户的时间。

3．客户发出各种购买信号

当客户发出各种购买信号，尤其是用肢体语言发出购买信号时，推销人员应抓住时机，促成交易。

下面来分析发廊推销人员会如何抓住机会促成交易。

一位女士在发廊外驻足，一直往发廊内看，但下不了决心是否进去。这时，一位发廊的员工会面带微笑地走向她并友好地说："早上好，请进。"只要这位女士愿意走进发廊，就说明她对这家发廊是比较信任的。接着，发廊的员工会问："您是想洗头还是做发型？"如果这位女士说做发型，那么发廊的员工会很轻松地说："您先过来洗头吧！"发廊的员工为什么不继续问想做什么发型、想做什么价位的，就直接让客户去洗头呢？因为发廊的员工凭经验知道，只要客户按照他的提示去做，说明客户愿意接受这里的服务。

当烫好头发之后，发型师会对客户说："如果把头发染色会更洋气。"在客户犹豫之时，发型师会温柔地告诉客户："染色不贵，但做出来的发型效果会很棒。"只要客户没有提出异议，染色板就可以拿到客户的面前供其选择。

这一程序快结束时，发型师又会建议客户接着再做头发护理，因为烫染后做护理效果更佳。发型师会告诉客户这次只要加几十块钱就可享受到很好的产品。客户往往在迟疑间就接受了所有的服务项目。

你是否遇到过同样的情况？从这个案例可以看出，发廊的员工较好地体察了客户的心理，并抓住了各种信号来促成交易。

7.1.5 充分利用最后的成交机会

告别时的客户往往是最受欢迎的客户。大量的推销实践和推销学研究成果表明，许多交易就是在推销人员与客户即将告别的那一刻成交的。客户的情绪、态度和成交的机会复杂多变。机会需要及时把握，同时推销人员也必须不懈地做出努力。即使在推销洽谈中多次成交失败，也不能放弃最后的机会。

在正式洽谈以后，客户没有成交的心理压力，心情变得轻松愉快，可能会同情推销人员，也可能会担心失去好机会。在推销人员忙于收拾推销工具，重新包好产品样品，眼看就要起身告辞时，推销气氛达到了高潮，这是成交的好时机。推销人员如果善于利用这一时机，那么很可能是“山重水复疑无路，柳暗花明又一村”。有的推销人员很善于利用这一时机，每当与客户告别时便慢慢收拾东西，有意无意地露出一些能引起客户注意的其他物品，试图达成交易。推销人员如果完全忽视这最后的成交机会，那么可能会造成很大的损失。

总之，在成交过程中，推销人员要讲究一定的成交策略，坚持一定的成交原则，并运用相应的成交技术和成交方法，才能成功地促成交易，完成推销任务。

讨论

“在推销人员做完产品推荐介绍后，只要客户真正需要所推销的产品，便会主动地提出成交请求。”你如何评价这种观点？

知识拓展

7.2 促成交易的方法

成交方法是指推销人员用来启发客户做出购买决定、促成客户购买推销产品的推销技术与技巧。常用的促成交易的方法有下列几种。

7.2.1 请求成交法

请求成交法又称直接成交法或“快刀斩乱麻法”，是指推销人员向客户主动提出成交要求，直接要求客户购买推销产品的一种方法。

1. 使用请求成交法的时机

（1）当客户是老客户时，推销人员了解老客户的需要，而老客户也曾接受过推销人员的产品，因此一般不会反感推销人员的直接请求。例如，面对老客户，推销人员可以很轻松地说：“瞧，我必须得说实话，我需要您的生意。”“老同学，这个月我差 2 万元就能完成任务了，支持一下我的工作吧！”

（2）客户对推销的产品有好感，也流露出购买意向，可又一时拿不定主意或不愿主动提出成交的要求，这时推销人员就可以用请求成交法来促成交易：“既然没有什么问题，我看现在就签合同吧！”

（3）有时候客户对推销的产品表示有兴趣，但思想上还没有意识到成交的问题，推销人员在回答了客户的提问，或详细地介绍产品之后，就可以提出请求，让客户意识到该考虑购买的问题了，如“该说的我都说了，您应该同意购买了吧”。

2. 请求成交法的优点

运用请求成交法可以充分地利用各种成交机会，快速地促成交易；可以节省推销时间，提高工作效率；可以体现推销人员灵活机动、主动进取的推销精神。

3. 请求成交法的缺点

如果应用请求成交法的时机不当，那么可能会给客户造成压力，破坏成交的气氛，使客户产生一种抵触成交的情绪，还有可能使推销人员失去成交的主动权。

注意

请求成交不是强求成交，也不是乞求成交。使用请求成交法时要做到神态自然坦诚，语言从容，语速不快不慢，充满自信。但要见机行事，不能自以为是。

7.2.2 假定成交法

假定成交法又称假设成交法，是指推销人员在假定客户已经接受推销建议，且同意购买的基础上，通过提出一些具体的成交问题，直接要求客户购买推销产品的一种方法。

1. 假定成交法的优点

运用假定成交法可以节省时间，提高推销效率。因为它是暗示成交，可以适当地减轻客户的成交压力。

2. 假定成交法的缺点

如果使用假定成交法的时机不当，那么会给客户造成心理压力，破坏成交气氛；不利于客户自由选择；不利于成交。

注意

假定成交法主要适用于决策能力低、依赖心理强和被动求购的客户，不适合自我意识强或没有明显购买意向的客户。

因此，应用假定成交法时要看准客户类型和购买信号，表情自然大方，语言温和、委婉、亲切；切忌自作主张、咄咄逼人，产生强加于人的高压气氛。

推销人员：“王女士，今天是您第四次来店，加上前几次的了解，想必您对要购车的品牌和车型都有一个完整的概念了吧？”

【点评：对客户前面的情况做一个小结，有助于后面提出成交要求。】

客户：“是的，通过你们的介绍和其他品牌店的介绍，虽然是初次购车，但我已经有了一个大概的认识了。”

【点评：得到客户的回应，这是成交的良好开端。】

推销人员：“好，现在我们就来讨论一下，您要买的车是什么样的？”

客户："好的。"

【点评：客户已经从心理上接受被诱导了。】

推销人员："如果我没有记错的话，您首先考虑的是外观要符合您的职业特点，对吧？"

【点评：把客户关注的第一个购买重点进行强化，有助于强化客户的购买欲望。】

客户："是的。"

推销人员："经过您的比较，这款车应该比较适合您的想法，没错吧？"

【点评：循循善诱，强化认同。】

客户："你记得很清楚。"

【点评：客户从心理上再一步被诱导。】

推销人员："从安全的角度来看，四气囊的配置是最低的要求，应该不会错吧？"

【点评：再次针对客户关注的重点进行强化。】

客户："是的。"

推销人员："从内饰来看，真皮方向盘、带卫星导航的六碟 DVD、八喇叭音响系统，也是必需的选择，没错吧？"

【点评：继续针对客户关注的重点进行强化，接下来是一个渐进的强化过程，当客户认同的心理已经成为一种定式后，成交的曙光就显现了。】

……

推销人员："如果我总结一下，那就是我们推荐的这款车最符合您的要求，对吧？"

【点评：这是最关键的一步。由于客户对问题的回答已经习惯"是的""对""没错"，这时即使推销人员提出一个错误的结论，客户也容易顺嘴回答"是""对""好的"，这是一种高超的心理诱导术。】

客户："对。"

推销人员："那好吧，既然这款车您这么中意，只要您把这份合同签了，车就是您的了。"

（边说边把事先准备好的合同递到客户面前。）

【点评：客户并没有直接说要购买，但在客户一系列的认可表示后，推销人员可以大胆地提出成交要求。只要客户在合同上签字，就大功告成了。】

7.2.3 选择成交法

某商场休息室里经营咖啡和牛奶，刚开始时服务员总是问客户："先生，喝咖啡吗？"或者"先生，喝牛奶吗？"其推销额表现平平。后来，老板要求服务员换另外一种提问方式："先生，您是喝咖啡还是喝牛奶？"结果推销额大增。究其原因在于，第一种提问方式容易得到否定回答，而后一种提问方式是选择式的，在大多数情况下，客户会选择其中一种。

选择成交法是指推销人员向客户提供几种可选择的购买方案，并要求客户立即做出抉择的一种方法。选择成交法是推销人员在假定成交的前提下，提供可挑选的购买方案，先假定成交，后选择成交。客户无论做出何种选择，其结果都是成交，是假定成交法的应用和扩展。选择成交法的特点，就是不直接向客户提出易遭到拒绝的问题，而是让客户在"买多与买少""买这与买那"之间选择，不论客户如何选择，结果都是成交。如"我们是周二见面还是周三见面"这种限定式的问话，很自然地将客户的注意力吸引到是选 A 还是选 B 的问题上，而 A、B 之间的区别仅仅是数量的多少或时间的远近，"买与不买"的问题自然被绕了过去。对于此种二选一的问话技巧，只要客户选中一个，就是下决心购买了。

1. 选择成交法的优点

选择成交法既能调动客户的积极性，又能控制客户决策的范围；可以减轻客户的心理压力，制造良好的成交气氛。从表面上看，选择成交法似乎把成交的主动权交给了客户，而事实上只是让客户在一定的范围内进行选择。这种方法可以有效地促成交易。

2. 选择成交法的缺点

如果不经过仔细分析和观察而滥用这一方法，那么会给客户造成成交高压，甚至使客户失去购买信心，增加新的成交心理障碍，同时还会浪费时间，降低推销效率。

3. 使用选择成交法的注意事项

推销人员所提供的选择应使客户能从中选出一种肯定的回答，而不要给客户拒绝的机会。使用选择成交法时，首先，要看准购买信号，针对客户的购买动机和意向找准推销要点；其次，要限定选择范围，一般以两三种选择为宜，多了会使客户举棋不定，拖延时间，降低成交概率；最后，推销人员要当好参谋，协助决策。

推销人员：“先生，如果您要买车的话，您是选择黑色的还是选择白色的？”

【点评：推销人员把这个问题推给客户，如果这个客户的回答是肯定的，就直接顺理成章地进入买卖；如果客户的回答是否定的，就说明这个客户肯定有什么问题没解决，推销人员应想办法再去了解并解决那个问题。毕竟这是一个试探性的问题，客户会根据他自己的需要回答。】

客户：“我还是喜欢银色的。”

推销人员：“这辆银色的车，我查了查库存还剩两辆，是星期一刚到的货，六辆车现在只剩两辆了。”

【点评：这位客户一听就紧张了，再不买的话，过两天就没了，但他近期想用车——很多人都是到了某个节骨眼儿上才来买车，还特别着急，这就是客户的心理。】

7.2.4 小点成交法

小点成交法又称局部成交法、次要问题成交法或避重就轻成交法，是指推销人员利用局部成交来促成整体成交的一种方法。小点成交法利用客户成交的心理活动规律，避免直接提示重大的及客户比较敏感的成交问题。先就成交活动的具体条件和具体内容达成协议，再就成交本身达成协议，从而促成交易的实现。

某办公用品推销人员到某办公室去推销碎纸机。办公室主任在听完产品介绍后摆弄起样品来，自言自语道：“东西倒挺合适，只是办公室这些小年轻毛手毛脚的，只怕没用两天就坏了。”推销人员一听，马上说：“这样好了，明天我把货运来的时候，顺便把碎纸机的使用方法和注意事项给大家讲讲，这是我的名片，如果在使用过程中出现故障，请随时与我联系，我们负责维修。主任，如果没有其他问题，我们就这么定了？”办公室主任很快地接受了推销人员的建议。

以上案例中，推销人员在假定客户已经做出购买决定的前提下，就碎纸机的使用和维修事项与客户达成了协议，从而避开了重大的成交问题，使客户轻松地接受了成交。

1. 小点成交法的优点

小点成交法可以创造良好的成交气氛，减轻客户成交的心理压力，有利于推销人员主动地尝试成交，合理地利用各种购买信号，从而有效地促成交易。

2. 小点成交法的缺点

小点成交法可能引起客户的成交误会，产生成交纠纷；拖延成交时间；分散客户的成交注意力，形成不利于成交的气氛。

3. 使用小点成交法的注意事项

应针对客户的购买动机，选择适当的成交小点；要避免直接提示客户比较敏感的重大问题。

小点成交法以假定成交法作为理论基础。推销人员假定只要小点成交，就能形成大点成交。小点成交法是一种试探成交，要求推销人员直接促成小点成交，间接促成大点成交。

7.2.5 优惠成交法

优惠成交法又称让步成交法，是指推销人员通过提供优惠的条件促使客户立即购买的一种方法。优惠成交法是对客户的一种让步，主要满足客户的求利心理动机。成交优惠条件主要是价格优惠。提供价格优惠的方式有多种，如提供成交时间优惠、成交批量价格优惠等。成交优惠条件除价格优惠外，还包括试用、赠品、设备安装、人员培训、以旧换新，以及满足客户的某种特殊需要等优惠条件。

客户再次来到家具城，看曾经看过多次的那套家具。

推销人员："陈老师您好！最近还好吗？"

【点评：能够记住客户的姓或名，可以快速拉近与客户的距离。】

客户："还行，你看我又来了！"

推销人员："我就等着您来呢，您是老师，好向您学习嘛！请坐，我为您倒杯水！"

【点评：一个"等"字，解除客户的不安。指明对方的职业并请教对方，让客户感到亲切。】

客户："好，谢谢！咦，好像这套家具涨价了？"

推销人员："是啊，如果您上次把这套家具买下来，就可以省下 2 000 多元，我可是为您感到遗憾！"

客户："怎么会变得这么快？这段时间这个价格还会降下来吧？"

【点评：看得出来客户仍然想购买这套家具。】

推销人员："这个很难说。我们公司的产品长期以来一直受到市场的欢迎，降价的可能性比较小。这样吧，我们都这么熟悉了，如果您今天就能把它定下来，我找一下老板为您争取一个好价格，怎么样？"

【点评：尝试用优惠成交法促成交易。】

……

客户："我再想想。"

推销人员："陈老师啊，只有您行动才会造就您家庭的幸福和孩子的健康成长，对不对？"

（客户在思考。）

推销人员："我向老板申请，按原来的价给您，怎么样？"

【点评：再次用优惠成交法诱导。】

（客户考虑了一阵。）

客户："好吧，谢谢你啊！"

【点评：让客户掏钱还说谢谢的推销人员很厉害。】

7.2.6 保证成交法

保证成交法是指推销人员直接向客户提出成交保证，使客户立即成交的一种方法。所谓成交保证，是指推销人员对客户所承诺的交易后的某种行为，举例如下。

“您放心，这台机器我们5月1日前给您送到，全程的安装由我亲自来监督。等没有问题后，我再向总经理报告。”

“我们店铺是正品专卖店，众多老客户对我们店铺的售后服务一致赞扬。我们向您保证，您购买了我们的宝贝后，一定能享受到超值的售后服务。”

1．使用保证成交法的时机

当产品的单价过高，缴纳的金额比较多，风险比较大，客户对此种产品并不是十分了解，对其特性和质量也没有把握，产生心理障碍、犹豫不决时，推销人员应该向客户提出保证，以增强其成交信心。

2．保证成交法的优点

运用保证成交法可以消除客户的成交心理障碍，增强其成交信心，同时可以增强推销人员的说服力及感染力，有利于推销人员妥善处理有关成交的异议。

3．保证成交法的缺点

如果企业没有相应的保证条件，兑现不了保证，就不能使用保证成交法，以免失去推销机会，引起客户反感乃至纠纷，反而有碍交易的达成。例如，20世纪90年代，有一家电冰箱厂家为了推销出滞销的电冰箱，开展还本推销活动，承诺购买该品牌电冰箱的5年后还本，但在5年后，企业由于经营不善，难以兑现当年的保证，因而惹上了官司。

4．使用保证成交法的注意事项

应该看准客户的成交心理障碍，针对客户所担心的几个主要问题直接提示有效的成交保证条件，以解除客户的后顾之忧，增强其成交信心，促使成交。

根据事实、需要和可能，向客户提供可以实现的成交保证，切实体恤客户，既维护企业的信誉，又不断地去观察客户有无心理障碍。

7.2.7 从众成交法

有这么一个实验：某高校举办了一次特殊的活动，请“德国化学家”展示他发明的某种挥发性液体。当主持人将满脸大胡子的“德国化学家”介绍给阶梯教室里的学生后，“德国化学家”用沙哑的嗓音说：“我最近研究出了一种具有强烈挥发性的液体，现在我要进行实验，看要用多长时间能从讲台挥发到全教室，凡闻到一点味道的同学，请马上举手，我要计算时间。”说着，他打开了密封的瓶塞，让透明的液体挥发……不一会儿，前排的学生、中间的学生、后排的学生先后举起了手。不到2分钟，全体学生举起了手。

此时，“德国化学家”一把把大胡子扯下，拿掉墨镜，原来他是本校的德语老师。他笑着说：“我这里装的是蒸馏水！”

这个实验生动地说明了学生之间的从众效应——看到别人举手，也跟着举手，但他们并不是撒谎，而是受“德国化学家”的言语暗示和其他学生举手的行为暗示，似乎真的闻到了一种味道，于是举起了手。

从众效应又称“乐队花车效应”，是指个体受到群体的影响（引导或施加的压力），会怀疑并改变自己的观点、判断和行为，朝着与大多数人一致的方向变化，也就是通常人们所说的“随大溜”。

推销人员可以利用客户的从众心理，用一部分客户去影响另一部分客户。

从众成交法又称排队成交法，是指推销人员利用客户的从众心理，促使客户立刻购买产品的一种方法。人的消费行为既是一种个人行为，又是一种社会行为，既受个人购买动机的支配，又受社会购买环境的制约，个人认识水平的有限性和社会环境的压力是从众心理产生的根本原因。因此，客户会把大多数人的行为作为自己行为的参照。从众成交法就是利用人们的这一社会心理创造出一种众人争相购买的社会风气，以减轻其购买风险心理，促使其迅速做出购买决策。社会心理学研究表明，从众行为是一种普遍的社会心理现象。客户之间的相互影响力和相互说服力，可能要大于推销人员的影响力和说服力。利用客户的从众心理促成交易，是一种非常简单的方法。

1. 从众成交法的优点

运用从众成交法有利于吸引和招揽客户，有利于大量交易。从众成交法可以减轻客户担心的风险，尤其是新客户——大家都买了，我也买，可以增强其成交信心。

2. 从众成交法的缺点

遇到个性较强的、喜欢自我表现的客户，会引起客户的反从众心理。他们会反感地说：“别人是别人，跟我无关。”

3. 使用从众成交法的注意事项

针对客户的心理，选择与利用有代表性和权威性的客户；讲究职业道德，不能利用虚假的成交信息来欺骗客户。

7.2.8 激将成交法

激将成交法是指推销人员运用适当的语言技巧巧妙地刺激客户，但又不太伤害客户的自尊心，使客户在逆反心理作用下完成交易活动的一种方法。人们常说：“请将不如激将。”在推销洽谈的成交阶段，推销人员若能巧妙地运用激将法，一定能收到积极的效果，取得更多的成交机会。

1. 激将成交法的优点

（1）激将成交法利用了客户的自尊心，只要运用得当，往往能促使客户马上购买。

（2）在推销中，如果推销人员能够合理、正确地利用激将法，就会迫使那些不愿讲实情的客户将其底细透露出来，从而获得更多的信息。

（3）推销人员合理运用激将成交法，可以减少客户异议，缩短整个成交阶段的时间。

（4）如果对象选择合适，不仅不会伤害对方的自尊心，还会在购买中满足对方的自尊心。

2. 激将成交法的缺点

（1）在运用激将成交法时，会因时机、语言、方式等的微小变化而导致客户的不满、愤怒，以致危及整个推销工作的进行，所以使用时必须谨慎。

（2）在运用激将成交法时，推销人员如果激错了对象，可能会置自己于“死地”，或使事情向更坏的方向发展，反而不利于成交。

3. 使用激将成交法的注意事项

（1）要看准对象。激将成交法并不适用于所有客户，一般来说，多用于那些购买经验不太丰富且容易感情用事的客户。至于那些办事稳重、理智的经验老成者，激将成交法就很难在他们身上发挥作用。同时，对于那些谨小慎微、自卑感强、内向敏感的客户也不适用，因为带有刺激性的语言会被他们误认为挖苦、嘲笑，甚至会产生怨恨心理。

（2）要讲究言辞。并不是什么语言都可以激发客户的情感。语言锋芒毕露、太刻薄，容易引起客户的对抗心理；而语言不痛不痒，又难以让客户产生情绪波动。推销人员一定要注意避免太直接的刺激，因为这会让客户感到被挑衅，即使客户这次买了产品，也绝不会买第二次。这会对商家的形象造成损失，使坏名声口口相传，从长远来看有害无益。

（3）要注意态度。“激将”只可以运用言辞，绝不可以有态度上的喜恶表现。所谓伸手不打笑脸人，话要说得精准，态度更要一直保持谦恭、谨慎，让对方觉得你的话有分量，却不足以发作。为了面子，避免脸上挂不住，大部分客户会尽快结束交易，不再计较那些犹豫的小事。

7.2.9 最后机会成交法

淘宝客服：“今天是优惠价的截止日，如果真的喜欢就赶紧拍下吧，快递公司的人再过 10 分钟就要来了，如果现在支付成功的话，马上就能为你寄出了。”

客户：“那我买一件试试！”

最后机会成交法是指推销人员直接向客户提示最后成交机会，从而促使客户立即购买推销产品的一种方法。这种方法的实质在于推销人员通过提示并利用最后成交机会所产生的心理效应，增强成交的说服力。越是得不到、买不到的东西，人们就越想得到它、买到它。推销人员可利用这种“怕买不到”的心理来促成订单。例如，推销人员可对客户说：“这种产品只剩最后一个了，短期内不再进货，您不买就要没有了。”“今天是优惠价的截止日，请把握良机，明天您就享受不到这种折扣价了。”“这个机器只剩下一台了，我们最后的优惠时间只有一个星期了……”

在最后成交机会面前，人们往往由犹豫变得果断。最后机会成交法可以在客户心理上产生一种“机会效应”，把客户的心理压力变成一种成交动力，促使客户主动提出成交。但是，滥用最后机会成交法有可能失去客户对推销人员的信任并影响企业的信誉。

推销人员运用最后机会成交法时，要选择有利的机会，实事求是地向客户提示机会，针对客户的购买动机，有重点地进行推销劝说。切记不能愚弄客户，要珍惜企业信誉和客户对自己的信任。

7.2.10 小狗成交法

小狗成交法来源于一个小故事。

妈妈带着小男孩来到一家宠物商店。小男孩非常喜欢店内的一只小狗，但是妈妈拒绝买给他，小男孩又哭又闹。店主发现后就说：“如果你喜欢的话，就把这只小狗带回去吧，相处两三天后再做决定。如果你不喜欢，就把它带回来！”几天之后，全家人都喜欢上了这只小狗，妈妈又来到宠物商店付款。

这就是先试用、后付款的小狗成交法。此方法基于心理学的这样一个原理：一般人未拥有某个产品时不会觉得是一种损失，但当其拥有之后，尽管认为产品不那么十全十美，然而一旦失去便会有一种失落感，甚至产生缺了就不行的感觉。所以人总是希望拥有而不愿失去。有统计表明，如果客户能够在实际承诺购买之前，先行拥有该产品，那么交易的成功率会大为增加，而且先试用、后付款的交易方式的欠款率并不比其他方式高。

继部分手机、家电等品类尝试先试用、后付款后，2019 年 3 月 15 日，天猫联合芝麻信用宣布向平台商家全行业开放“信用购”。芝麻分 650 分及以上用户可先试用产品 7 天，满意后再付款，所有天猫商家可自由选择是否接入。先试用、后付款会不会导致退货率增加？对此天猫消费金融业务负责人表示，从此前苏宁易购、美的等商家的试点可以看出，商家客单价平均提升 60% 以上，转化率提升 150% 以上。

7.2.11 理性分析成交法

理性分析成交法就是鼓励潜在客户去考虑事情的正、反面，突出购买是正确选择的方法。顾客在面临作决定的关键时刻，总犹豫不决。这时你拿出一张纸，将购买产品的优点写在左边，不买这种产品的缺点写在右边，然后让顾客一一分析优缺点。先读读下面的故事吧！

一名女子结婚不久，就回家向父母诉说丈夫的不是。她父亲边听边微笑，等姑娘说完后，他拿出纸笔，说：“你想想你丈夫，想起他的一个缺点就在纸上点一个点。”女子点呀点呀，点了很多点，说这些都是丈夫的缺点。父亲问：“除了上面的点之外，你还看到了什么？”女子说纸上没有别的东西了。父亲说：“你再看看。”这时女子明白了，上面除了点之外，更多的是空白。父亲说：“那个空白的地方正代表着你丈夫的好处，比比看，是点多还是空白多呢？”女子果然想到丈夫有更多的优点。

在这个故事中，父亲劝慰女儿的方法就是理性分析说服法。下面再来看看推销人员是如何运用这种方法的。

（地点：总经理办公室。）

推销人员："陈总，谢谢您抽出这么长的时间，听我们推荐普通纸传真机的产品说明，刚才也看了实际的操作演示，现在可以就贵企业目前的实际使用需求及立场评估这台传真机的优点与缺点，如果您不介意的话我们在纸上描述出来。"

（取出一张纸，在中间画一条线，左边写上优点，右边写上缺点，等待陈总的许可。）

"您提到过普通纸接收能让您很容易地在收到的资料上进行批示；您认为统一规格的输出纸张便于归档，又不易遗失；有 30 张 A4 纸的记忆装置，让您不用担心缺纸而遗漏信息；它的速度比您目前的传真机速度要快，能节省许多长途电话费；纸张容量是 200 张，无须经常换纸，况且纸张放在外盒，一眼就能发现是否缺纸；普通纸的成本还不到热敏纸的 1/4，纸张成本也大大节省。这些都是您使用后立刻就能获得的好处。当然，这台机器还有一些功能，目前贵企业可能用得较少，但相信随着贵企业业务的发展，这种需求一定会日渐增加。"

"此外，您也提到这种传真机存在体积较大、价格较高两个缺点。是的，这台传真机的确比您目前的那台要大一些，但如果将它同办公桌上的个人计算机相比较，还是要小很多。个人计算机在贵企业几乎人手一台，您就视为多装了一台计算机。本机的价格是比一般的热敏纸机器要高，但如果以使用 5 年来看，相信陈总立刻就可以发觉您在每月的国际电话费、传真纸上所节省的费用，早就可以再买一台传真机了。"

"陈总，您看……"

（将如表 7.1 所示的优、缺点分析表再次递给陈总看。）

表 7.1　优、缺点分析表

优　点	缺　点
普通纸接收的传真，容易在上面书写； 按一定规格输出纸张，易于存档； 有 30 张 A4 纸的记忆装置，不会遗漏信息； 速度快，有利于节约电话费； 无须经常换纸，且缺纸时一眼就可以发现； 节省纸张成本	体积较大； 价格较高

"您选择这台普通纸传真机，不但能提高工作效率，而且能节省费用，越早换机越有利。陈总，是不是明天就把机器送来？"

理性分析成交法简单、清晰、易于理解，是一种非常有效的方法，多年来已经有无数推销人员成功地运用过它，特别是在推销人员与关键客户之间有过多次接触，彼此之间已建立一些人际关系后，采用此法能让客户更容易下决心，特别是推销人员在纸上写下这些信息时，更能让客户感觉到推销人员只是代表客户把客户的评估写在上面。

7.2.12 无可奈何法

在推销人员费尽口舌，使出浑身解数都无效，眼看这笔生意做不成时，不妨试试无可奈何法。例如，"黄主任，虽然我知道我们的产品绝对适合您，可我的能力太差，嘴太笨，无法说服您，我认输了！不过，在我告辞之前，耽误您几分钟时间，请您指出我的不足，让我有机会改正，好吗？"

像这种谦卑请教的话语，不但很容易满足对方的虚荣心，而且会消除彼此之间的对抗情绪。这时，双方仿佛已不是推销与被推销的关系，客户会一边指点推销人员，一边鼓励推销人员，为了给推销人员打气，有时会给推销人员一张意料之外的订单。

以上是一些常用的成交方法与技巧。在实际推销工作中，推销人员要抓住有利的成交时机，看准购买信号，针对不同的客户，灵活运用各种成交技术，及时、有效地达成交易，以实现推销目标。

7.3　签订和履行购销合同

2008 年年底，石家庄的小刘接到了攀枝花某食品商联系罐头业务的电话。经过双方多次磋商，价格终于谈妥，对方到石家庄现款提货。同时，这个食品商又向小刘打听了石家庄几种反季节蔬菜的价格，打算顺便贩运一车西红柿、豌豆等蔬菜到石家庄，返回时再装罐头。小刘了解到这种在本地夏季才收获的蔬菜，春节前特别好销。对方一算账，见有利可图，于是双方就在电话中敲定了这笔蔬菜生意。此后，食品商一直没有再来电话。

2009 年元月 10 日下午 5 点，该食品商突然出现在小刘的办公室，并说蔬菜已到。小刘得知装蔬菜的车已跑了 40 多个小时应尽快卸车时，立即将车领到了蔬菜批发市场，而此时，市场上前几天才从攀枝花运来几种蔬菜，市场已经饱和。小刘想只出报价的 1/3，在与食品商沟通后，食品商不愿意，双方相持不下。后来几名菜贩子围着卡车使劲砍价，双方讨价还价了一个多小时，食品商很着急，眼看天色已晚，如果拖到第二天，有的蔬菜便会腐烂，损失将会更惨重。无奈之下，食品商只好以比产地购价还低的价格将这 10 吨蔬菜脱手，亏了 3 000 多元运费和 1 000 多元本钱。食品商原以为稳赚，谁知“大意失荆州”，造成了不应有的损失。

这笔生意虽然不大，但教训深刻，最重要的一条就是生意谈好后，一定要签订购销合同，写上违约处罚条款，销货方最好收取购货方一笔定金，以防患于未然。

俗话说：“空口无凭。”当客户接受成交要求决定购买产品以后，除现场钱、货两清外，不要忘了与客户签订购销合同，用合同的形式把双方的关系确定下来，明确双方的权利与义务，尤其涉及供货和大宗产品交易时，签订合同显得更加重要。优秀的推销人员，不但善于说服客户，促成交易，而且会准确、慎重地签订合同，把购销关系以合同的形式确定下来。合同的签订对任何企业来说都是十分重要的，一份好的购销合同会给企业带来好的经济效益，而一份有问题的购销合同将会给企业带来无尽的麻烦和困扰。那么，怎样才能签订一份好的购销合同而避免问题的出现呢？推销人员要掌握并熟练运用签订购销合同的基本知识和规则。

7.3.1　购销合同的特征与内容

购销合同，是出卖人转移标的物的所有权于买受人，买受人支付价款的合同。推销人员在产品的推销活动中，只有与客户订立购销合同后，才算真正意义上的成交，买卖才具有法律效力。一般要求推销人员与客户之间签订书面形式的合同。书面形式是指合同、信件和数据电文（如传真、电子数据交换和电子邮件）等可以表现所载内容的形式。

1．购销合同的特征

购销合同具有如下特征。

（1）购销合同是双务合同。购销合同双方当事人的权利、义务是彼此对立的，一方的权利正是另一方的义务，反之亦然。

（2）购销合同是有偿合同。购销合同一方向另一方转移标的物的所有权，另一方则向该方给付价款，两项等价。这是购销合同的基本特征。

（3）购销合同是诺成性、不要式合同。除法律另有规定或双方当事人另有约定外，购销合同的成立不以标的物的交付和书面形式为必要条件。

2．购销合同的内容

购销合同一般包括以下内容。

（1）当事人的名称（或姓名）和住所。

（2）标的。购销合同的标的是指双方当事人的权利和义务共同指向的对象。

（3）数量。数量是指供货方交货的数量，是衡量当事人权利、义务的一个尺度。当事人计算标的数量时，要采用国家规定的计量单位和计量方法。

（4）质量。质量是指标的物的内在素质和外观形式优劣的标志，在购销合同中应做出明确规定。

（5）价款。价款是指一方交付产品后，另一方支付的款项。价款的确定，要符合国家的价格政策和价格管理法规；价款的支付，除法律另有规定外，必须用人民币；价款的结算，除国家规定允许使用现金外，必须通过银行办理转账或使用票据。

（6）交（提）货的期限、地点和方式。交货期限是指交（提）货的日期，是衡量购销合同是否按时履行的标准。交货地点是指当事人交（提）货的具体地方，应根据标的的特征或法律规定和当事人的约定而确定。不允许签订没有具体交（提）货期限和地点的合同。交货方式是指采用什么样的方法来交（提）货，如是一次交付，还是分批交付；是销货方送货、购货方自提，还是代办托运；是汽车送达，还是火车送达等。

（7）违约责任。违约责任是指合同当事人因过错而不履行或没有全面履行应承担的义务，以及按照法律和合同的规定应该承担的法律责任。为了督促双方履行合同，可以依据《民法典》在合同中进一步约定违约的具体条款。

（8）解决合同纠纷的方式。解决合同纠纷有和解、调解、仲裁和诉讼四种方式。为了保证双方的合法权益，妥善处理出现的合同纠纷，应该在合同中进一步约定解决纠纷的具体方式。

除上述内容外，合同中还包括产品的包装、产品的验收等条款。

下面是一份西瓜产销合同。

西瓜产销合同

甲方（出卖人）：________________________

地 址：__________ 邮政编码：__________ 电话：__________

法定代表人：__________ 职务：__________

乙方（买受人）：________________________

地 址：__________ 邮政编码：__________ 电话：__________

法定代表人：__________ 职务：__________

为了满足城乡市场供应，经双方协商同意，签订本合同。

第一条　品种：________________________

第二条　交货形式：________________________

第三条　交货数量：________________________

第四条　作价办法：________________________

第五条　交货时间：________________________

第六条　结算方法：________________________

第七条　规格质量：________________________

一等 ____ 千克 / 个以上。

二等 ____ 千克 / 个以上。

一、二等西瓜必须瓜形端正，九成熟以上。西瓜脆沙味甜，无软皮、无水斑、无碰压伤、无腐烂、无葫芦头。对白瓤瓜、白籽瓜、倒瓤瓜、死秧瓜、扭蔓瓜、烂顶瓜、污水瓜、马蜂窝瓜、尿素瓜及生瓜一律不收购。

第八条　违约责任：除不可抗力原因外，甲乙双方应严格履行合同，严守信用。如任何一方无故违反合同有关规定，以致影响合同完成，应按未完成合同数量总值的 ____% 作为违约金赔补对方损失。

第九条　本合同如有未尽事宜，按《民法典》的规定执行。

本合同正本两份，甲乙双方各执一份，具有同等效力。

第十条　本合同自双方签字之日起生效，有效期限至 ____ 年 ____ 月 ____ 日。

甲方：__________

代表人：__________

开户银行：__________

账号：__________

____ 年 ____ 月 ____ 日

乙方：__________

代表人：__________

开户银行：__________

账号：__________

____ 年 ____ 月 ____ 日

以下是两个产品购销合同范本。

范本一

本合同于 ______ 年 ______ 月 ______ 日，由 ______________（以下简称甲方）和 __________（以下简称乙方），在 __________ 经过友好协商签订，双方共同遵守执行。

第一条　乙方所提供的产品及费用清单

产品名称：______________

型号规格：______________

数　　量：______________

单价（元）：__________________

合计（元）：__________________

总金额（大写）：__________________

第二条　包装：由乙方按国家标准进行包装。任何因包装不善所致之损失均由乙方负责。

第三条　交货期：自本合同生效之日起至验收合格之日止 _______ 天。

第四条　交货地点和方式

1．交货地点：____。

2．交货方式：乙方将货物运至甲方指定的目的地。乙方负责办理货物运至甲方指定的目的地，包括保险和储存在内的一切事项，有关费用已包括在合同总价中。

第五条　付款方式

1．本合同生效后，甲方在 ___ 个工作日内向乙方支付本合同总价的 ____% 作为预付款。

2．甲方对乙方所提供的产品验收合格后，乙方出具合同总价的全额销售发票，甲方在 ________ 个工作日内支付本合同全部余款。

第六条　质量保证和售后服务

1．乙方承诺提供给甲方的产品质量具有可追溯性，产品质量保证期为 ________ 天，自交付之日起计算。

2．在产品质量保证期内，如出现产品质量问题，甲方有权随时要求乙方免费维修或更换；如属甲方人员使用不当导致产品不能正常使用，乙方也应及时提供维修服务，但甲方应承担乙方人员的差旅费和材料成本费用。

第七条　合同的修改

任何对本合同条款的变更、修改均须双方签订书面的修改书。变更后的内容与本合同（被修改部分除外）具有同等法律效力。

第八条　违约责任

在合同履行期间，乙方延期交货、甲方延期付款，除双方协商同意免责外，均按未交付 / 未支付本合同价款日的 ____% 承担违约责任。

第九条　争端的解决

合同实施或与合同有关的一切争端应通过双方友好协商解决。如果友好协商不能解决，各方均可向有管辖权的人民法院起诉。

第十条　合同生效及其他

1．本合同应在双方授权代表签字、单位盖章时生效。

2．本合同正本一式四份，甲乙双方各执两份，具有同等法律效力。

3．合同如有未尽事宜，须经双方共同协商后作出补充规定，补充规定与本合同具有同等效力。

甲方：（单位章）____________	乙方：（单位章）______________
授权代表：_______________	授权代表：_________________
法定代表人（签字）：_______	法定代表人（签字）：________
日期：____年____月____日	日期：____年____月____日
通信地址：________________	通信地址：_________________
电话：____________________	电话：_____________________
传真：____________________	传真：_____________________
开户银行：________________	开户银行：_________________
账号：____________________	账号：___________________

范本二

甲方：____________________

乙方：____________________

为保护甲乙双方的合法权益，根据国家有关法律法规，本着互惠互利、共同发展的原则，经双方充分协商，特订立本合同。

一、甲方授权乙方具有产品__________在____________________（地区）的独家经销权，甲方不得在前述渠道内另行从事本产品的销售业务。

产品包装：____

二、销售指标

1. 市场启动期为三个月（___年___月___日—___年___月___日），乙方提货不少于______件。

2. 其后每月进货量不少于____件，全年累计进货量不少于____件。

3. 乙方完成年进货量指标，甲方给予乙方总进货量的_____%作为销售奖励，并以货物形式返给乙方。

三、供货价格、货款结算方式

1. 供货价格：每件_____元（每盒_____元）。

2. 货款结算方式

（1）原则上现款提货，即在乙方将货款汇至甲方账户后，甲方再行发货。

（2）甲方可按结算货款为乙方开具发票。

四、供货期限、货物运输

1. 乙方每次提货必须提前 10 天通知甲方，并将有效发货申请单传真给甲方。

2. 货物到乙方经销城市的铁路或公路零担费用由甲方承担。如乙方需其他运输方式，则超出铁路或公路零担运输的费用由乙方承担。

3. 运输途中如有破损或数量短缺，凭承运部门证明，甲方负责更换或补充。乙方在销售和仓储中造成的破损和短缺由乙方负责。

4. 乙方在收货（货到）____小时内完成验收，验收时如有问题应立即通知甲方，逾期甲方不再负责。乙方验货后，应在____小时内将收货凭据经签字盖章后传真给甲方，否则视同收货认可。

五、销售价格及渠道管理

1. 本产品执行全国统一零售价格政策，每件零售价规定为______元。

2. 乙方不得进行不正当的价格竞争，不得以任何名义直接降低价格倾销。

（1）乙方保证以不低于甲方规定的零售价格（经甲方同意的打折促销除外）销售本产品。

（2）如乙方在经销期间将甲方的产品低于甲方的供货价销售，一经查实需按该月货款总额的 200% 赔偿给甲方，同时甲方有权取消乙方的经销商资格。

3. 未经甲方书面同意，乙方不得跨区域销售产品，不得到甲乙双方约定的专销地点以外的任何地区销售，一经查实需按该货款总额的 200% 赔偿给甲方，同时取消乙方的经销商资格（本款所指销售为较大规模的公开销售）。

六、广告宣传

1. 乙方对广告宣传的内容和发布方式具有建议权，但最终确定权属于甲方。

2. 地区性的广告、宣传费用由乙方单独承担。

3. 根据乙方销售需求，甲方按成本价提供相应的宣传品。其他与产品销售有关的用品由乙方自行负责。

七、双方的权利、义务

1. 甲方的权利

（1）对乙方的经营和推广活动有咨询权和知情权。

（2）在乙方发生违规销售时，有权查看乙方的账目。

2. 甲方的义务

（1）按照合同规定维护乙方合法权益的义务。

（2）本合同生效后，在乙方未违反本合同约定的情况下，甲方不得在乙方的销售渠道内再以其他任何方式或由任何机构来销售本产品。

（3）按时供货、保证货物质量和提供经营信息的义务。

（4）向乙方提供产品销售必需文件的义务。

（5）产品出现质量问题，无偿退换，并承担运费的义务。

3. 乙方的权利

（1）在合同许可范围内的自主经营权和独家经营权。

（2）对甲方违反本合同的行为，可以直接追究甲方的经济、法律责任。

4. 乙方的义务

（1）拓展市场、建立健全有效的销售网络的义务。

（2）在甲方提供有关手续后30日内办好本产品上市的一切相关手续的义务。

（3）对甲方的产品技术、经营情况、市场拓展策略、价格体系等信息保密的义务。

（4）不得再经销其他与本产品功效、成分相似或构成竞争关系的产品。

（5）代表甲方妥善处理当地消费者对产品的质量、功效咨询等相关事宜。

八、合同的解除

1. 乙方的进货量在半年或一年内未达到一定规模，则甲方有权解除本合同。

2. 在市场启动期结束后，如甲方在约定的供货期后15日内仍未发货的，则乙方有权解除本合同。

九、解除合同后的有关约定

1. 乙方应对甲方的经营内容（包括但不限于销售政策、价格体系等）继续承担保密义务。

2. 乙方应退还所有的文件、资料、授权委托书等（包括复制品）。

十、其他

1. 甲乙双方均不得以企业性质发生变化等原因终止或违背合同。

2. 乙方应将资质材料（营业执照、保健食品经营许可证、法人证书复印件等，加盖公章）与相关合同一并提交甲方备案存档。

3. 合同签订时，乙方须交付市场履约保证金______元，合同期满后，如乙方无违约行为，甲方将保证金全额退还给乙方（不计利息）。

4. 受市场影响需启动一定规模的广告宣传及规范的终端销售管理时，甲方有权根据费用及责任的分担情况相应调整产品的代理价格和销售量指标。

5. 因产品质量问题可随时退、换货。推广期后，乙方未售出的产品，保质期在一年以上，包装完好且不影响二次销售的，可按进货量的____%退、换货。

6. 未经甲方授权，乙方不得在互联网上发布与本产品有关的信息，并严禁进行网上销售。

十一、违约责任

甲乙双方同意本合同全部条款，如有违约按国家有关法律、法规解决。

十二、不可抗力

不可抗力是指不能预见、不可避免且无法克服的任何事件，包括地震、塌方、洪水、台风等自然灾害，以及火灾、爆炸、战争等类似的事件，具体按照《民法典》的相关规定执行。

十三、争议的解决

凡因履行本协议书所发生的或与本协议书有关的争议，各方首先应通过友好协商解决。如协商不成的，任何一方可将争议提交中国国际经济贸易仲裁委员会华南分会按照申请仲裁时该会现行有效的仲裁规则进行仲裁。仲裁裁决是终局的，对双方均有约束力。

十四、合同生效及期限

1. 本合同有效期为____年(____年____月____日—____年____月____日)，经甲乙双方签字、盖章后生效。合同期满后，在同等条件下，乙方有优先续约权。

2. 本合同正本一式四份，甲乙双方各执两份，共同遵守。本合同涂改处无双方盖章视为无效条款。

3. 本合同未尽之处，双方可另行签订补充协议，与本合同具有同等法律效力。

甲方：____________	乙方：____________
法定代表人：____________	法定代表人：____________
地址：____________	地址：____________
电话：____________	电话：____________
传真：____________	传真：____________
____年____月____日	____年____月____日

7.3.2 签订购销合同

签订购销合同一般采用以下两种方式。

1. 面谈签订

采用面谈签订方式时，推销人员与客户或客户指定的负责人直接面谈，协商一致即可当面拍板成交。这种方式不需要经过中间环节，客户和推销人员能较充分地交换意见和表达意愿，对合同条款可反复协商。这种方式在合同签订中有极重要的地位。

2. 通信签订

通信签订方式即双方相距较远，或为了方便起见，双方不直接面谈，而采用信件、传真、电子邮件等通信方式签订合同。这种方式比较适宜与老客户签订购销合同。

某建材公司与钢材生产厂签订了一份购销合同，原定“货到付款”。签约后，钢材生产厂按时把价值320万元的货发到了建材公司，要求建材公司付款。谁知建材公司反而拿出合同，指责钢材生产厂不守信用。原来合同写的竟是“贷到付款”，“货”字写成了“贷”字，错一个字，大相径庭。法院认定合同有效，钢材生产厂有苦说不出。

这个案例告诉我们，签订合同必须认真、谨慎，不可粗心大意。

注意

在开展推销活动时，无论采取何种方式签订购销合同，都必须注意以下几个问题。

- 明确写好合同当事人双方单位的全名。
- 合同的文字、标点要规范、准确，不用含混不清的词句。
- 签订合同所需的印章和签名要齐全，在合同填写完成后，务必加盖双方单位公章、法人单位的法定代表人或法人单位的行政负责人名章及承办人员名章。
- 合同订立的手续要完整。合同需要批准、鉴证或公证时，要分别办好所需手续。
- 合同设正本两份，双方各执一份。合同的副本应分别报送双方上级主管部门及工商等相关部门。

7.3.3 购销合同的履行和变更

1. 双方共同履行的义务

当购销合同订立以后，购销双方应当按约定全面履行各自的义务。一般来讲，双方应当遵循诚实守信的原则，根据合同的性质、目的和交易习惯履行以下基本义务。

（1）通知。购销合同任何一方在履行合同过程中都应当及时通知履行情况的变化，遵循诚实守信的原则，不欺诈、不隐瞒。

（2）协助。购销合同是双方共同订立的，应当相互协助，也就是说，一方除自己履行合同义务外，还要为另一方履行合同创造必要的条件。一方在履行过程中遇到困难时，另一方应在法律规定的范围内给予帮助；一方发现问题时，双方要及时协商解决等。

（3）保密。双方在合同履行过程中获得的对方的商务、技术、经营等秘密信息，应当主动予以保密，不得擅自泄露或自己非法使用。

2. 出卖人履行的职责

（1）向买受人交付标的物或者提取标的物单证。

（2）转移标的物所有权。转移标的物所有权一般以标的物交付的时间为转移时间，并以此作为划分标的物毁损的风险转移时间，在标的物交付前由出卖人承担，交付后由买受人承担。

（3）出卖人必须按合同规定的期限和地点交付标的物。标的物的交付，可以规定一个具体的日期，也可以规定一个交付的期限。出卖人应当按照约定的地点交付标的物。

（4）出卖人应当按照约定或交易习惯，向买受人交付提取标的物单证以外的有关单证和资料，如专利产品附带的有关专利证书的资料、原产地说明书等。

（5）出卖人应当按照约定的质量要求交付标的物。出卖人提供有关标的物质量说明书，交付的标的物应当符合该说明书中的质量要求。出卖人交付的标的物不符合质量要求的，买受人可以依照《民法典》的有关规定要求出卖人承担违约责任。

（6）出卖人应当按照约定的包装方式交付标的物。对包装方式没有约定或约定不明确，依照《民法典》关于合同履行的规定仍不能确定的，应当按照通用方式包装。没有通用方式的，应当采取足以保护标的物的包装方式。

3. 买受人履行的职责

（1）买受人收到标的物时应当在约定的检验期间检验。没有约定检验期间的，应当及时检验。买受人应当在约定的检验期间内将标的物的数量或质量不符合约定的情形通知出卖人。买受人怠于通知的，视为标的物的数量或质量符合合同规定。

（2）买受人应当按照约定的时间、地点足额地支付价款。出卖人多交标的物的，买受人可以接收，也可以拒绝接收。如果买受人接收多交部分，则须按照合同规定的价格支付价款；如果拒绝接收多交部分，应当及时通知出卖人。

4. 购销合同的变更

合同变更是指合同成立后在履行前或在履行过程中，因为签订合同所依据的主、客观情况发生变化，而双方当事人依据法律法规和合同规定对原合同内容进行的修改和补充。因而，合同的变更仅指合同内容的变更，不包括合同主体的变更。

当合同依法成立后，对购销双方当事人均有法律约束力，任何一方不得擅自变更，但双方当事人在协商一致或合同无效、有重大误解、明显有失公平等情况下可以对合同的内容进行变更。当事人变更合同也与签订合同一样，内容应明确，不能模糊不清。如果当事人对合同变更的内容约定不明确，当事人无法执行，那么可以重新协商确定，否则按法律规定，将不明确的合同变更推定为未变更，当事人仍按原合同履行。

合同变更仍要到原批准或登记机构办理手续，否则变更无效。

7.4 成交后的跟踪

成功地签约之后，是不是就意味着交易成功，推销活动到此结束，万事大吉了呢？回答是“不”。从现代推销的角度来看，成交并不意味着推销活动的结束，而是“关系推销”进程的开始。在签订完购销合同之后，应根据合同的规定和要求，做好货物发放、装运、安装与操作指导等后续服务工作，并保持与客户的联系，解决客户在使用产品过程中所遇到的各种问题，真正让客户满意，并发展和巩固双方之间的友谊，为下一次交易打下坚实的基础。

1. 不规范的交车做法

把车停在展厅，客户围着车绕一圈，主要是看看外观，油漆有没有损坏，有没有划痕，在一张清单上打钩，打完钩，签个字，就交完车了。

2. 规范的交车做法

（1）恭喜客户。

推销人员：“李先生，您好，欢迎再次光临。今天是交车的日子，也是值得庆贺的好时光。从今天开始，有车的日子会让您的生活更有意义。”

【点评：把交车当成一个盛大的节日来对待，不管客户花多少钱买车，关键是要让他们觉得投资有价值。而这种价值是由他人的肯定来确定的，所以，学会肯定别人胜过不厌其烦地讨论自己的产品与服务。】

（2）告诉客户服务事项与流程。

推销人员：“李先生，为了让您在今后使用的过程中更好地掌握这款车的性能，更好地发挥其作用，现在我们花点时间来讨论一下有关的事项。”

【点评：首先推销人员自己要把事情说清楚，同时客户也愿意配合，这才是一个正确的交车过程应该做的事情。】

推销人员："我们先从这款车的使用注意事项开始。您看，我们先从最简单的车门开启介绍，好吗？"

（接下来介绍发动机舱、驾驶座、副驾驶座、后排座、操控装置、仪表显示等所有部分的使用要求及注意事项。）

【点评：使用中的注意事项要逐项讲清楚，不论是从外到内，还是从内到外，应讲到客户明白并会操作为止，这是当下交车过程最容易被"偷工减料"的部分，因而也是交车后问题最多的部分。】

推销人员："有关操作方面的注意事项已经介绍完了。您看一下有没有不清楚的地方？"

【点评：每个项目介绍完成后，要征询客户的意见，看客户还有什么不清楚的地方，还有什么不会操作的地方，直到客户全会为止。】

推销人员："接下来我介绍一下保养方面的要求与规范。没有问题吧？"

推销人员："这款车的首保里程是 7 500 千米，您必须按时到店里来进行保养，因为这涉及今后索赔政策兑现的问题。当然，我们的售后人员会在适当的时间及时提醒您，即使您忘记了也没有关系。当首保结束后，保养的间隔里程是 15 000 千米，您有没有发现，我们这个品牌的一大特点？保养间隔里程长，保养费用低。"

【点评：当介绍中遇到汽车产品品质、性能和服务等比同类竞争产品有优势的项目时，还应该再次不厌其烦地进行强调，让客户深化对这些优势的认识，为该客户周边潜在客户的开发奠定一个良好的基础。此时，千万不要抱着一个错误的想法：这些内容在之前的推销中已经向客户介绍过，再强调就显得啰唆了。】

推销人员："接下来我给您介绍一下我们的服务流程……"

推销人员："最后，我再介绍一下今后您在售后服务或其他服务中可能会与您合作的人员：这是我们的推销经理 ×××，这是我们的服务经理 ×××，这是我们的服务接待 ×××，这是我们公司最优秀的服务技师 ×××。相信他们今后会为您提供优质的、让您满意的服务。"

【点评：把所有与客户后期服务相关的人员介绍给他，便于客户后期的服务。需要强调的是，介绍的时候要对被介绍对象的角色进行详细的说明，他们的业务能力与业务水平是介绍的重点，目的只有一个，再次让客户放心，不用担心未来使用过程中的服务问题，这也是提升客户满意度的关键一环。】

推销人员："关于您的新车，您看还有什么不清楚的地方吗？"

【点评：最后，还应该再次询问客户有什么疑问或不清楚的地方，因为沟通会因理解不同而出现偏差，这一点要注意。】

推销人员："后期使用中遇到任何不清楚的地方，您都可以与我们当中的任何一位联系，这是我们的联系方式，已经备注在给您的资料上，到时您可以查看。"

【点评：一定要设法留下所有被介绍人员的联系方式，同时让这种联系方式容易被找到。另外，要承诺其中任何一位服务人员在接到客户的服务请求时，都会负责任地提供服务。】

7.4.1 成交后跟踪的意义

成交后跟踪是指推销人员在成交签约后继续与客户交往，并完成与成交相关的一系列工作，以更好地实现推销目标的行为过程。

推销目标是指在满足客户需求的基础上实现自身的利益。客户的利益与推销人员的利益是相辅相成的两个方面，但这两个方面的利益，在成交签约后并没有得到真正的实现。客户需要完善的售后服务，推销人员需要回收货款及发展与客户的关系。所以，成交后的跟踪就成为一项重要的工作。其意义体现在以下几个方面。

（1）充分体现以满足客户需求为中心的现代推销观念。

（2）有利于企业经营目标和推销人员的利益得以实现。

（3）有利于在激烈的市场竞争中取得优势。

（4）有利于获取市场信息。

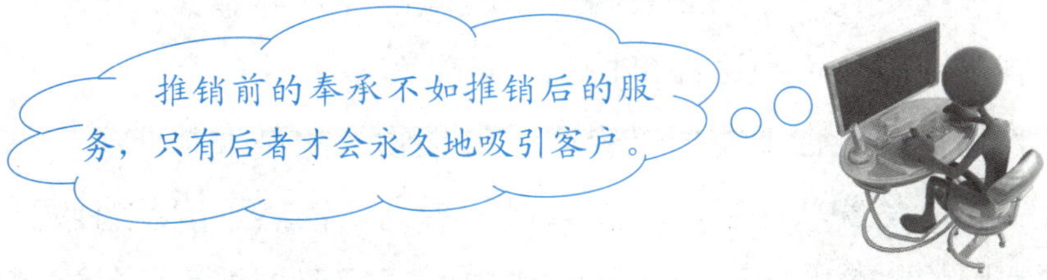

7.4.2 成交后跟踪的内容

成交后跟踪的内容包括很多，这里介绍三个主要方面。

1. 收回货款

当推销人员把产品推销出去后，货款却没有拿到手，这样的推销有意义吗？当然没有意义！只签字并不代表成交，最后的成交包含推销人员收到客户交来的货款。所以，在推销出产品后及时收回货款，成为推销人员的一项重要工作任务。

在现代推销活动中，赊销预付作为一种商业信用，它的存在是正常现象。如何才能及时、全额、较好地收回货款呢？这就要求推销人员注意以下问题。

（1）信用调查。你了解客户的信用情况吗？如果不清楚，就赶快查一查吧！信用调查既是选择客户的技术，也是保证交易完成的安全措施。推销的前提就是把产品推销给确实能支付货款的客户。所以，作为推销人员，必须精通信用调查技术，掌握客户的信用情况，以保证能收回货款。

（2）保持合适的收款态度。一般来说，收款态度的强弱与货款的回收情况是成正比的。收款态度过于软弱，就无法收回货款；收款态度过于强硬，容易形成高压气氛，会影响双方今后的合作。所以，保持适度的收款态度是非常重要的。推销人员在收款过程中态度要积极，收款的技术是次要的，态度是首要的。在收款过程中，推销人员应该表情既严肃又不失热情；礼节要周到；态度必须坚定，语气却要温和；要表现出不拿到货款誓不罢休的气势。即使是朋友也要坚决做到“理智摆中间，交情放两边”。如果推销人员收款时的表现很积极并坚持到底，那么客户为了避免麻烦，也不会再坚持；如果推销人员的表现很软弱，那么客户自然就会使用各种手段来延期付款。所以，是否能收回货款与收款过程中的表现有很大关系。

（3）正确掌握和运用收款技术。在收款时，推销人员可采取下列收款技术。

- 以价格优惠鼓励现金付款。
- 成交签约时要有明确的付款日期，不要留有余地。
- 按约定的时间上门收款。推销人员自己拖延上门收款的时间，会给客户留下再次拖欠的借口。
- 注意收款的时机，了解客户的资金状况，在客户账面上有款时上门收款。

- 争取客户的理解和同情，让客户知道马上收回这笔货款对推销人员的重要性。
- 收款时要携带事先开好的各种票据，以免错失收款机会。
- 如果确实无法按约定收款，则必须将下次收款的日期和金额，在客户面前清楚地做书面记录，让客户明确认识到这件事情的严肃性和重要性。
- 如果按约定收到货款，也不能掉以轻心。如果收到的是现金，须仔细清点；如果收到的是支票，要看清楚各项内容，不能有误，否则，依然不能及时收到款项。

这里只是一些常用的收款技术。在实际工作中，还需要推销人员针对不同的客户灵活机动，临场发挥。无论采用哪一种收款技术，目的要明确，即及时、全额地收回货款。

另外，在催收欠款时还要注意以下问题。

- 对平时信誉比较好，回款比较及时，偶尔出现欠款问题的客户，不能急着催款，要给他们机会，使之自觉回款。如果很长时间后还没有回款，就要了解原因，看是不是近期资金紧张。如果是，就应该给他们一定的宽限期，让他们在资金紧张状况缓解后再还款。对于这类客户，要以理解、支持为主，不可贸然催款，否则得不偿失。
- 对信誉一般、不恶意欠款的客户，要在购销前与其签订严格的购销协议，明确回款的数量及期限，规定双方的权利和义务，定期进行催款。这类客户比较多，也是欠款的大户，他们的信誉一般，不会积极回款，也不会恶意欠款。在处理这类欠款时，要以合同和协议为依据，告诉客户应该信守协议，理解供应商的困难，通过友好协商进行催款。在催款时，要做到少量多次，保证每次催款都有一定的效果。对于这类客户，主要是“动之以情，晓之以理”，经常提醒，经常催促，让客户能够意识到回款问题，不能轻易地得罪这类客户。
- 对信誉比较差、经常恶意欠款的客户，要敢于与之针锋相对，寻找他们的破绽，伺机找到回款的突破口。这类客户虽然是少数，但往往以无钱为借口进行搪塞，是催款的难点和重点，应该加大催款力度。对于这类客户，要有锲而不舍的精神，经常进行催款。另外，对于这类客户，也可以适时地以产品供应相要挟，例如，他们需要某个品种时，故意不按照他们的计划供应，而是比他们的计划少，让他们有危机感。同时，对于一些运作成熟、相对紧张的品种或独家代理的品种，要以断货或回款不及时不能供应产品为由，向客户施加压力。必要时可以用多种关系进行催收，甚至不惜撕破脸，让恶意欠款者无计可施，最终达到回款的目的。

在实际工作中，催收货款的方法千差万别，需要根据自己的实际情况运用。但要注意，对客户的员工，如财务、出纳、业务员等，要保持良好的私人关系，因为通过他们，往往可以得到收款的重要线索。

2. 加强售后服务

售后服务是指企业及其推销人员在产品到达客户手里后继续向客户提供的各项服务工

作。不论推销什么产品，如果不能提供良好的售后服务，就会使努力得来的生意被竞争对手抢走。赢得订单固然是推销工作的一个圆满结束，但从长远来看，这只是一个阶段性的结束，不是永久的、真正的结束。从现阶段来看，售后服务主要包括送货服务、安装服务、包装服务、“三包”服务等。

3. 与客户建立和保持良好的关系

有人说，推销是不停的循环，转动这个循环的轮子就是售后服务，忽视售后服务无异于拆毁循环的轮子。就现代推销活动而言，成交后跟踪不但有着丰富的内容，而且有着广泛的未被认识的领域。越来越多的企业及推销人员，开始努力研究和开发成交后跟踪的新内容。

推销人员（兴奋地）:“您好，罗女士，我是 ×× 汽车专卖店的小张。非常感谢您选择了我们的品牌，感谢您选择了我们公司为您提供服务。”

【点评：感恩非常重要，尤其对客户更应该如此。】

客户:“你太客气了！”

推销人员:“应该的，因为你们是我们的衣食父母！从您目前的使用情况来看，您的车差不多快到首次保养的 6 000 千米了，请您一定抽空到我们店来首保。您也知道，如果不小心错过了首保，以后我们想更好地为您服务就会受到一些限制，也会额外增加您的费用。这不是我们所希望的。”

【点评：当给客户施加压力时，学会用委婉的语气和内容来表达比较刚性的规范，这样客户更容易接受。】

客户:“好的。这几天我正好忙，过几天一定会到你们店首保。”

【点评：如果客户不能及时到店保养，应事先约定下次电话跟进的事宜，这样不至于在下次打电话时引起客户的不快。】

推销人员:“要不三天后我再与您联系，免得您工作一忙就把这件事忘了。如果您没空过来的话，打个电话给我，我会安排人员去您的公司把车开过来，做完保养后再给您送回去。”

客户:“那就太谢谢了！”

推销人员:“不用谢。这是我们公司特别提供的增值服务，只针对您这样的客户。”

【点评：同样是增值服务，同样是免费服务，由于表达的方式不同，给客户的心理感受截然不同，这就是语言表达的魅力所在。】

讨论

怎样理解“成交并不意味着推销活动的结束，而是‘关系推销’进程的开始”？

练习与实训

1. 选择题

（1）下列现象中，属于购买信号的有（　　）。

A．客户进行新、旧产品的比价　　B．客户用铅笔轻轻敲击桌子

C．客户打哈欠　　D．客户皱眉

E．客户询问能否试用产品

（2）“该茶叶有两种包装，您要精装的还是简装的？”推销人员使用的这种成交方法是（　　）。

A．请求成交法　　B．选择成交法　　C．假定成交法

（3）推销人员对比较各种口红的客户说:“您手上的这支很适合您的肤色和年龄。来，我替您装好。”这种成交法被称为（　　）。

A．保证成交法　　B．假定成交法　　C．小点成交法

2．案例分析题

（1）一些推销人员在催款中会表现出某种程度的软弱。

例如，有的推销人员收款时“心太软”。

“不让欠款，客户就不会进货，欠款实在是没有办法的事。”

“客户资金挺紧张的，就让他欠一次吧！”

“看这位客户不像个骗子，过几天就会回款。”

请问：

① 针对以上说法，你的观点是什么？

② 在收款过程中，推销人员应该保持什么样的心态？

（2）王强是一名大品牌体育用品商店的帐篷推销人员。这家商店在报纸上做了大量的广告，并在公司内设了一个产品展览会。一个星期三的下午，一位客户走进展厅，开始仔细查看展出的帐篷，王强认为他是一位潜在客户。

王强：“正如您所见，我们有许多种帐篷，能满足任何客户的需求。”

客户：“是的，可选的不少，我都看见了。”

王强：“这几乎是一个‘万国展’了，请问您喜欢哪种产品？”

客户：“我家有五口人，三个孩子，都十岁以下。我们想去南方度假，因此打算买个帐篷。而且我们会换几个地方，我希望它能用四五次。”

王强：“您想要一种容易安装和拆卸的产品，对吗？”

客户：“是这样的，但它必须能住下五口人，而且不能太贵，度假花销已经够大了。”

王强：“这儿的许多产品都能满足您的需求。例如这种，里面的空间很大，特适合像您家这样多人口的家庭使用。它质地很轻而且防水，右边的窗户可以很容易地打开，让家人接受阳光，底面是用强力帆布特制的，耐拉。要安装好它非常容易，放下来也不难，您在使用中不会有任何问题。”

客户：“看上去不错，多少钱？”

王强：“价格合理，985 元。”

客户：“旁边的那个多少钱？”

王强：“这个圆顶帐篷是名牌，比前一个小一点，但够用，而且特性与前一个相差无几，特别容易安装，915 元。”

客户：“好的，现在我已经了解了许多，星期六我带我妻子来，到那时再决定。”

王强：“这是我的联系方式，如果有问题可以随时找我，我从早上开业到下午 6 点都在这里，很期待星期六我能与您和您的妻子谈谈。”

请问：

① 你如何评价王强为完成推销所做的努力？

② 这个客户来商店的目的是买帐篷，为什么王强没有完成交易？王强应该怎样做？

③ 你认为王强能够在星期六实现交易吗？

3．课堂实训

学生每 6 人为一组，轮流扮演客户和推销人员。选定一种推销产品，每名推销人员选择三种不同的成交方法向潜在客户推销自己的产品。

4．课外实战

学生自由组合，每 5 ～ 8 人为一组，根据市场要求自行到当地批发市场进货，每组进货金额不得超过 500 元。进货后在校园内进行推销。

地点：校园内。

时间：周末。

结束后，师生利用课堂时间共同谈谈运用成交方法的体会。

阅读材料

成功的电话推销

推销人员：“您好，请问李峰先生在吗？”

李峰：“我就是，您是哪位？”

推销人员：“我是 ×× 公司打印机客户服务部的 ××，我这里有您的资料记录，你们公司去年购买了我们公司的打印机，对吗？”

李峰：“哦，是！”

推销人员：“保修期已经过去了 7 个月，不知道现在打印机使用的情况如何？”

李峰：“好像你们来维修过一次，后来就没有问题了。”

推销人员：“太好了！我给您打电话的目的是，这个型号的机器已经不再生产了，以后的配件也比较昂贵，提醒您在使用时尽量按照操作规程来。您在使用时阅读过使用手册吗？”

李峰：“没有呀，不会这样复杂吧？还要阅读使用手册？”

推销人员：“其实，还是有必要的，实在不阅读也是可以的，但寿命就会减少。”

李峰：“我们也没有指望用一辈子，不过，最近业务还是比较多，如果坏了怎么办呢？”

推销人员：“没关系，我们还是会上门维修的，虽然收取一定的费用，但比购买一台全新的还是便宜的。”

李峰：“对了，现在再买一台全新的打印机什么价格？”

推销人员：“看您要什么型号的，您现在使用的是 3330 型打印机，后续升级的产品是 4100 型打印机，这完全要看一个月内您那儿大约打印多少张正常的 A4 纸张。”

李峰：“最近的量开始大起来了，有的时候会超过 10 000 张。”

推销人员：“若是这样，我还真要建议您考虑 4100 型打印机了，因为 4100 型打印机的建议使用量是每月 15 000 张（A4 纸张），而 3330 型打印机的建议使用量是每月 10 000 张，如果超过了这个量会严重影响打印机的寿命。”

李峰：“你能否给我留一个电话号码，年底我可能考虑再买一台，也许就是后续产品。”

推销人员：“我的电话号码是 888×××× 转 999。我查看一下，对了，您是老客户，年底还有一些特殊的照顾，不知道您何时可以确定购买，也许我可以将一些好的政策给您保留一下。”

李峰：“什么照顾？”

推销人员：“4100 型打印机的渠道销售价格是 12 150 元，如果作为 3330 型打印机的客户购买的话，可以按照打八折来处理或者赠送一些您需要的外设，主要看您的具体需要。这样吧，您考虑一下，然后再联系我。”

李峰：“等一下，这样我要计算一下，我在另外一个地方的办公室添加一台打印机会方便营销部的人。这样吧，基本上就确定了，是你们送货还是我们去取？”

推销人员：“都可以，如果您不方便，还是我们送过去吧，以前也送过，容易找的。看送到哪里，什么时间好？”

后面的对话就是具体落实交货的地点、时间等事宜了，这个推销人员用了大约 30 分钟成功实现了一个 4100 型打印机的推销。

友情推荐

图书：营销管理（第 15 版）

拓展微课：促成交易法

项目 8 推销管理

知识要点

◎ 推销人员管理
◎ 推销组织管理
◎ 推销渠道管理
◎ 客户管理

能力要点

◎ 能够合理、有效地管理推销人员
◎ 有良好的协作能力和团队意识
◎ 及时收集和整理客户的资料
◎ 认真做好客户资料的汇总与分析
◎ 掌握维系客户关系的方法
◎ 有效处理好客户投诉

任务引入——芈乐学习推销管理方法

芈乐获得订单后觉得前途一片光明。欧经理鼓励芈乐，在推销的岗位上，职位上升的机会非常多，一年内完成从推销人员到管理者转变的优秀者并不少。所以，任何一个基层推销人员都要学会管理团队的方法。中国化管理曾经铸造了晋商、徽商及许多百年老店的辉煌。解读经典，古为今用，把宏观的理念变成微观的制度与和谐凝聚的企业人际氛围，在摸索中前行！芈乐暗下决心，要成长为一个有思想有技能有传承有创新的推销管理者。

产品推销是现代企业营销中的一项重要工作，有流动性强、弹性大、可控性低的特点。越来越多的企业意识到加强对推销行为的组织和管理，完善对推销行为的监督与控制，是非常必要的。推销管理的目的在于把整个推销活动纳入企业的科学化、现代化管理中，提高推销效率，降低推销成本，巩固推销成果。

在本项目中将重点讲解如何进行推销管理工作，希望能给读者提供更多的启迪和帮助。

8.1 推销人员管理

例 1：

A 公司的销售部制定了明确的政策，只要推销人员在一个季度之内拿到一定额度的订单，销售一定套数的管理软件，就算完成销售指标，就能够拿到底薪和比较高的提成。这样 A 公司的推销人员都把心思放在业绩上了，而中间的管理工作，如参加公司的例会、培训、文化和制度方面的学习，填写必要的管理表单，以及进行工作谈话等都忽略了。推销人员很自然地认为只要把业绩搞好就是最好的，而且这些业绩全是自己一个人努力的结果。这种只看业绩的管理模式被称为承包制、放羊式管理。显然，A 公司的承包制、放羊式管理导致了推销人员的思想不统一，最终导致企业对整个销售部门的管理混乱。

例 2：

B 公司从来不重视对推销队伍的培训，培训机制存在着许多不足之处，结果推销人员只能“八仙过海，各显神通”。有的推销人员对产品的了解比较深入，于是以产品去打动客户；有的则搞一些桌椅底下的交易，专走旁门左道。运用以上各种方法，B 公司的一部分推销人员的确有了不错的业绩，但这部分人只能被称为“草莽英雄”。这些“草莽英雄”对于自己能干出一些业绩很得意，都觉得自己本领很大，而事实上他们并不熟悉规范的销售流程和模式。由此看来，由于 B 公司不重视对推销人员的管理，导致整个推销队伍没有团队精神，缺乏核心力量，很可能导致公司的市场生命周期缩短。

从以上两个案例中可以看出，推销人员管理在推销活动中的作用不容忽视。

8.1.1 推销人员管理的内容

推销人员管理是通过对推销人员所从事的具体业务工作的管理来实现的。这些业务工作包括推销人员的培训和控制、推销费用管理、应收账款管理、推销行为管理、奖酬管理、销售合同管理和退货控制等。

推销人员只有根据客户千差万别的具体情况充分发挥主观能动性，以较强的应变能力因人、因时、因地制宜地做好工作，才能顺利完成企业交办的推销任务。企业推销管理部门不可能也不应该用一套刻板的、整齐划一的模式来束缚推销人员的手脚。但这并不是说，因为推销人员面临的市场情况千变万化，对推销人员的管理就无从下手了。相反，市场情况越复杂，市场范围越广阔，推销管理部门就越应该强化推销人员管理的一系列基础工作。这些基础工作主要是指认真制定并严格执行一系列的推销人员管理制度：推销人员培养方面的定期培养制度、传帮带制度和授权制度；产品推销方面的合同制度、样品登记制度、交接制度和汇报制度；信息沟通方面的信息反馈制度、售后服务制度、与中间商沟通制度和重点客户档案制度；货款回收方面的结算制度和报销制度等。

1. 推销人员的培训和控制

企业管理归根到底还是对人的管理。在销售过程中，企业对推销人员的管理是一个系统工程。

（1）推销人员的招聘管理。俗话说“千军易得，一将难求”，好的推销人员能提升企业的销售业绩，培养忠诚的客户群。然而，很多企业都为招不到推销人员而发愁，他们几乎想尽了一切办法招聘推销人员，但是要么是他们看不上别人，要么是别人看不上他们，总而言之，很少有顺利“合上拍”的时候。那么企业应该怎样去招聘推销人员呢？推销人员招聘程序如图 8.1 所示。

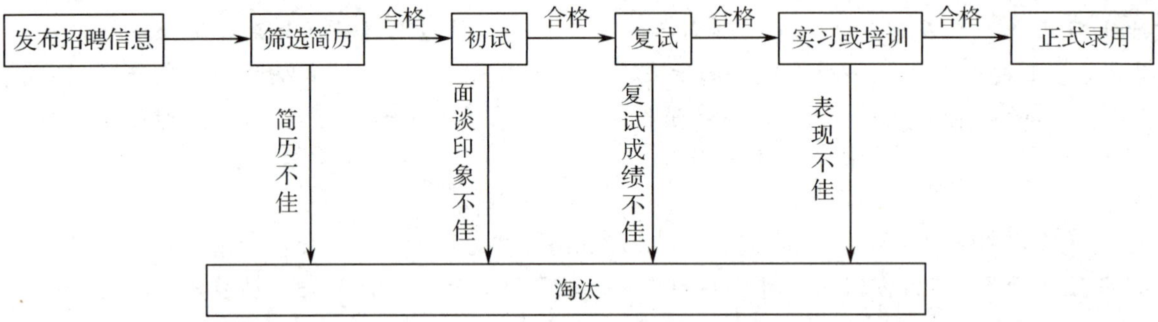

图 8.1　推销人员招聘程序

① 发布招聘信息。企业选择适合本企业的渠道发出招聘信息，推销人员提出申请。

② 筛选简历。企业对提交的简历进行查阅。重点注重以下几点：一是专业与学历；二是工作经验；三是发展潜力。

③ 初试。对符合条件的人员，企业安排面谈，主要考查应聘人员的语言能力、仪容仪表、知识深度和广度。

④ 复试。企业根据实际工作需要安排复试，重点考查应聘人员的归纳能力、理解能力、语言运用能力、解决问题的能力和心理素质等；对应聘人员的工作经历等进行必要的调查，主要考查应聘者的诚信度。

⑤ 实习或培训。由企业将合格的人员安排到各个岗位锻炼或参加企业培训。

⑥ 正式录用。

（2）推销人员的培训管理。企业应该制订详细的培训计划和明确的培训目标，对推销人员进行定期培训，以提升其素质和业务水平。培训应由经验丰富的专业人员指导。推销人员培训程序如图 8.2 所示。

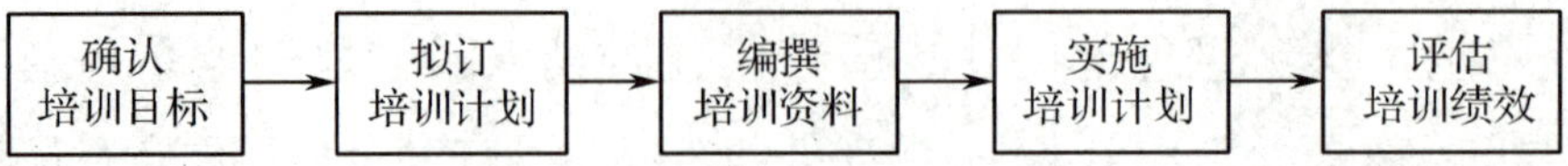

图 8.2　推销人员培训程序

推销人员的培训内容要根据培训目标来确定，一般包括以下三个方面。

① 企业情况，如企业的发展历史、经营目标、方针、长远发展规划等。

② 产品知识，如产品结构、性能、质量、技术先进性、用途、使用、保养、维修方法等。

③ 市场情况，通常包括三大内容：一是市场管理规划、法律、税收等的要求；二是目标消费者心理、购买习惯分析、消费者地域和行为表现、消费者收入、信用等情况的分析；三是竞争对手分析，包括优、劣势及促销手段的分析。

每次培训结束时，企业应组织考试，以检验推销人员对培训内容的掌握程度。

讨论

你认为推销人员最重要的品质是什么？推销人员最需要哪些方面的培训？

2. 推销费用管理

企业开展推销活动要耗费一定的资金，包括推销人员和管理人员的工资、差旅费、产品展示和宣传费、各种保险和税费，这些费用被称为固定销售费用。与固定销售费用相对应的是变动销售费用，包括向客户提供的让利优惠和推销人员的提成、公关费用及各种促销费用。

企业的固定销售费用具有稳定性，一般可事先预测，核定额度，进行控制。变动销售费用具有较大的灵活性，往往由推销人员根据商机随机处置，没有计划性，难以监控。这样一来，企业管理人员不清楚全年应该给推销人员多大额度，推销人员也不知道自己该花多少钱用于公关才能达到收支平衡，往往是没有计划地花钱，其结果是不能相应增加产品的销售额。

盈亏平衡点（Break Even Point，BEP）分析模式为企业管理人员和推销人员提供了一种监控和自控的工具，可用以下公式描述（为统一，变量均用正体）：

$$\mathrm{BEP}=\frac{\mathrm{FC}}{\mathrm{P}-\mathrm{VC}}$$

式中，BEP——盈亏平衡点（盈亏临界销售量）；

FC——固定销售费用；

P——每件产品的销售价格；

VC——每件产品的变动销售费用。

企业管理人员可以通过这个公式，根据销售费用和价格的变化，制订出一段时期内比较合理的销售任务。推销人员可以认识到存在着这样一种关系：在产品的销售价格和固定销售费用不变的情况下，自己所花费的变动销售费用增加，就必须相应地增加销售量，以维持收支平衡。运用这一分析模式，推销人员不会毫无计划地花钱，而会注重公关活动的效果，即是否能够帮助自己完成或超额完成销售任务。

BEP 分析模式提供了一种费用控制理论。理论可以指导实践，但不能对人们的行为起到约束作用。因此，企业应制定相应的规章制度，以制度的形式进行销售费用的控制。可行的办法就是对每名推销人员，在规定其年度销售任务时将销售费用包干到人，明确费用额度。推销人员在完成销售任务的情况下，产生的变动销售费用少，个人所得到的利益就多，反之就少。

在实际销售活动中，推销人员在年初时应根据往年的销售情况对新一年的销售量有一个大体的估计，销售企业或销售部门在制订销售计划时要与推销人员进行沟通，充分听取他们的意见，这样制订的指标和计划比较符合实际。如果企业只凭主观预测拟订过高的计划，那么推销人员会因无法完成任务而受到惩罚。当他们的积极性受挫时，会消极怠工或辞职转去其他的企业并将客户带走，从而给企业造成损失。

3．应收账款管理

企业一般允许推销人员为客户提供信用服务，作为企业的一种促销手段。信用的使用是客户服务的一个元素。在启动信用服务时，应当考虑允许透支多少货、多长时间的信用，因为客户信用是市场提供的一个成本高昂的选项。为了有效地控制信用政策成本，企业应当进行一些初始决策：考虑加速支付的销售激励（折扣）方式是否有效，并做出关于客户付款期限长短的决策；决定为其客户提供哪种信用工具和提供信用工具的条件是什么。

在确定了信用政策、信用限额及对每个客户的信用进行预估之后，应当建立并实施一套监控和收款系统。

在实际的产品销售过程中，中间商往往不是立刻向生产企业支付货款，而是待产品全部售出后再与生产企业结清货款。生产企业在销售产品的过程中存在着一定的财务风险：如果客户滥用信用额度，就会出现成本超支情况；如果客户不履行还款约定，就会发生财务损失。可以通过确定客户的资信程度来实现风险最小化。

企业在进行信用决策时可以利用以下信息资源：从其他企业获得与新客户交易的参考资料、客户财务状况的详细银行参考信息、信用评级机构的报告、违约交易记录等。企业可以利用信息技术获得这些信息。公开的财务账目、企业年度报告等都是企业年度经营状况的反映。

企业的应收账款从产生到收回，往往需要很长时间。企业有限的资金较长时间被对方无偿占用，往往要支付高昂的收账费用，应收账款和收账费用相抵后，所剩不多。因此，企业必须加强应收账款管理，除了上面提到的确定客户的资信程度，还要建立应收账款内部监控机制。企业应强化内部控制，加强对推销人员的管理，建立一套销售、财会两部门相互配合、相互牵制的制度，使部门间责任分明，协同作战，确保应收账款尽快收回。

> 安徽某药业总公司在销售过程中十分重视对应收账款的控制，销售部门每个月根据财务部的应收账款账龄报告，对账龄在6个月以上的应收账款制订具体解决方案，并责成财务部门监督实施。当应收账款无法收回时，由办事处或某个推销人员申报，经公司核实后，由办事处或单个推销人员承担该批货款损失的35%。凡应收账款达1年仍未收回的，由办事处或推销人员提交该批货款20%的坏账准备金；2年未收回的，提交35%。公司对能够及时收回应收账款的推销人员进行奖励，如货物发出10天内（以成品出库时间计算）回笼货款或先汇款后发货的，按资金净回笼的0.6%予以奖励。管理严格才能出效率，该公司资金回笼率达到85%以上，这主要靠其所实行的严格有效的销售财务控制。

4．推销行为管理

（1）推销行为评估。推销人员的推销活动大部分是在企业以外的场所进行的，也就是离开了主管可直接控制的领域，而投入客户所在的领域。推销人员都“必须”或“偏好”孤军作战、独立作业，因此推销人员的活动除了在开会、中午休息时有机会被观察、了解，在其他时间，完全处于开放自由的状态。

推销行为管理并不是束缚或控制推销人员的活动。推销行为管理只是推销目标管理及效率管理的辅助工具，目标能否达成、效率能否提高等，完全视推销行为的质量而定。换言之，行为管理的最终目的是推销的业绩和效率，只要目的达成，行为的内容就不必拘泥于形式。

个人行为管理最有效的做法之一，是实行推销日报表制度。推销日报表是每名推销人员每天的行为报告书，也是所有行为在人、事、时、地、结果、进度等方面的总记录。填写推销日报表不仅是对推销人员行为管理的手段，也是改进推销工作的主要依据。

推销日报表如表 8.1 所示。

表 8.1　推销日报表

访问单位				
访问地点				
对方决策人 / 职务				
实际工作时间				
访问人数 / 次数				
面谈或介绍产品次数				
对方需求				
对方相关技术现状				
可行性				
目前进展				

讨论

根据你的了解，你认为推销人员有必要每天填写推销日报表吗？

推销人员的活动大体上包括三项内容：打电话、工作旅行及实施管理职能。这些内容构成了推销人员的工作量。如果确定了推销人员工作量的构成要素，那么按每月小时数计算，便可评估出他目前的活动所花费的时间及工作量轻重的程度。这种评估活动可由第三者完成，但由推销人员自己完成会更好。他们所要做的是记录打电话的起始时间、旅行的距离及推销的类型，然后对这些情况进行分析，从而得到每类销售中打一个电话需要的平均时间，一个月内旅行的平均距离，在不同地区（如城市、郊区或乡下）内行驶的平均速度。

例如，一家消费品企业利用自己的劳动研究部来评估、管理其推销人员，调查结果如表 8.2 所示。

表 8.2 调查结果

推销人员的活动		每日占比（%）	每日用时（分钟）
外出访问	往返途中	15.9	81.28
	行驶途中	16.1	82.66
	步行	4.6	23.50
	休息	6.3	32.42
	访问前管理	1.4	7.26
	访问后管理	5.3	27.11
	小　计		254.23
室内访问	商务会谈	11.6	59.60
	销售	5.9	30.20
	聊天	3.4	17.40
	接待	1.2	6.06
	杂务	1.1	5.87
	喝饮料	1.6	8.41
	等人	7.0	36.00
	小　计		163.54
晚间工作	清点库存	9.8	50.0
	社交活动	3.9	20.0
	行前准备	4.9	25.0
	小　计		95.0
总　计			512.77（8.5 小时）

根据表 8.2，这家企业可以了解推销人员的时间是怎样花掉的，也可以大约知道实际上有多少时间是用于推销的。据此，企业迅速地采取了一项措施：举办了一个培训项目，使推销人员能更好地制订计划，以便把更多的时间花在推销上。

（2）推销时间分配。企业可以通过以下途径帮助推销人员进行推销时间分配管理。

① 建立现有客户访问的规范。企业可根据销售利润或增长潜力将客户分成几类，并规定每类客户在一定时间内应接受访问的次数。假如每年访问 24 次和访问 12 次，其销售量和利润都一样，那么访问 12 次的效率便比访问 24 次的效率高，因为企业可节省销售费用和时间。

利润与访问次数无关的客户，只需要访问几次；需要多次访问才有较佳利润的客户，则需要访问多次。

② 建立潜在客户的访问规范。除了访问现有客户，推销人员也应发掘新客户，提高企业的销售额，增加个人收入。推销人员不愿在新客户身上花费时间是由于访问成功概率往往不大。因此有些企业会限定推销人员访问新客户的最少数目。若已访问一个潜在客户 3 次，均失败，应要求推销人员对该潜在客户进行审查，以确定是否应将其从潜在客户名单上除去。

在研究发展新客户所耗用时间的同时，还要重视研究发展新客户。

③ 制订客户访问计划。客户访问计划有利于推销人员合理地安排工作时间，增加成功的概率，提高销售量；有利于大客户的开发和费用的减少，从而大大提高推销人员的业绩。

④ 改变推销人员的时间分配方式。对推销人员来说，因为自己的业绩要靠实绩的分量相当大，所以为了提高实绩，必须妥善地安排自己的时间，适当地控制自己的活动。

与推销人员实绩直接有关的时间是洽谈时间。如果将推销人员一天的活动详细地加以分析，就可以知道他分配时间的情况。如果洽谈的时间比其他时间多，那么获得较好实绩的可能性也就较大。

5. 奖酬管理

在推销人员管理中，奖酬管理可以说是推销人员最为关心、议论最多的部分之一，因此也常常是最受重视的部分之一。奖酬除了具有吸引、留住推销人员的功能，还具有激励功能。合理的奖酬，能激励推销人员更努力地工作。

李平在大学期间成绩不算突出，老师和同学都不认为他是很有自信和抱负的学生。他的专业是日语，毕业后被一家中日合资企业招聘为推销人员。他对这个岗位挺满意，不但工资高，而且这家企业给推销人员发的是固定工资，而不采用佣金制。这样他就不用太担心自己因没受过这方面的专业训练，比不过别人而丢脸了。

刚上岗位的头两年，李平虽然兢兢业业，但销售业绩一般。可是随着他对业务的逐渐熟练，他的销售额渐渐上升。到第三年年底，他觉得自己可算是全企业几十名推销人员中的前 20 名了。不过企业的政策是不公布每人的销售额，也不鼓励相互比较，所以他还不能很有把握地说自己坐上了前 20 把交椅。

第四年，李平干得特别出色。尽管定额比前一年提高了 25%，可到了 9 月月初他就完成了全年销售定额。虽然他对同事们仍不露声色，不过他冷眼旁观，也没发现有什么迹象表明他们中有谁已接近完成自己的定额了。此外，10 月中旬时，经理召他去汇报工作。听完他用日语做的汇报后，经理对他说：“咱企业要有几个像你一样棒的推销明星就好了。”李平只是微微一笑，没有说什么，不过他心中思忖：难道这意味着承认自己在推销队伍中出类拔萃吗？

第五年，企业又把他的定额提高了 25%。尽管一开始不如第四年顺手，但他还是一马当先，比预计干得要好。他根据经验估计，10 月中旬前准能完成自己的定额。不过他觉得自己心情不舒畅。最令他烦恼的，莫过于企业不告诉大家干得好坏，没个反应。他听说本市有两家中美合资的化妆品制造企业都搞销售竞赛和奖励活动，其中一家是总经理亲自请最佳推销人员到大酒店吃一顿饭，而且人家还有内部发行的企业通信之类的小报，让大家知道每个人的销售情况，还表扬每季度和年度的最佳推销人员。想到自己所在企业这套做法，他就特别恼火。其实，在开始业绩不好时，他并不太关心排名第几的问题，如今觉得这对他越发重要了。不仅如此，他开始觉得企业对推销人员实行固定工资制是不公平的，一家合资企业怎么也搞“大锅饭”？应该按劳付酬嘛！

随后，他主动找了经理，谈了他的想法，建议改行佣金制，至少实行按成绩给予奖励的制度。不料经理说这是既定政策，母公司一贯如此，这正是本企业的文化特色，从而拒绝了他的建议。第二天，李平就辞职了，去了竞争对手那里。

从该案例可以看出，企业应该为推销人员提供一种具有激励作用的薪酬制度，这样才能留住人才，激励他们更好地完成任务。

（1）薪酬。下面介绍三种较为常见的薪酬制度。

① 安全薪金制。在这一制度下，无论业绩好坏，推销人员每月或每星期都能得到固定薪酬。这种制度通常用在产品销售周期很长或者价格非常高的产品上。这种制度的优点是业务支出容易控制，缺点是对推销人员缺少激励性。

② 佣金制。在这种制度下，推销人员的收入主要靠业绩的佣金。其优点是佣金能让推销人员有向前冲的动力，缺点是推销人员的行为相对不太好控制。例如，四川某生产劳保服装的企业，他们所雇用的推销人员就没有底薪，推销人员以该企业的名义联系业务，每笔业务成交后，企业给推销人员提取30%～40%的佣金。在这种制度下，推销人员不属于企业员工，也不会受到企业的严格管理。

③“底薪＋提成”制。“底薪＋提成”制让推销人员有一笔固定底薪，如果业绩达到某个标准，还可以另外拿提成。也就是说，推销人员卖的产品越多，得到企业的薪酬就越多。例如，某销售办公用品的企业，给推销人员的底薪是2 000元，提成是交易额的15%。8月份，该企业某推销人员完成了两笔交易，交易额共5万元，他当月的销售目标是3万元，则这个推销人员8月的总收入为2 000+（50 000−30 000）×15%＝5 000（元）。其优点是容易控制，达到业绩目标企业才付提成；缺点是会诱使企业设定较高的业绩目标，使推销人员无法达到目标而士气低落。

薪酬制度的激励因素在推销人员的控制中是十分重要的。可以根据企业在市场中所处的不同情况来选择薪酬制度。当企业在导入期开拓市场时，一般多聘用开拓型推销人员，此时的薪酬制度多会选择佣金制，以最大限度地刺激推销人员开发市场；当企业的产品已经进入成熟期，市场需要维护和管理时，企业多会聘用管理型推销人员，此时的薪酬制度多会采用“底薪＋提成”制。

企业还可以根据所生产的产品来决定选择什么类型的薪酬制度。当企业所生产的产品属于产业用品或工业用品时，所采用的销售方式多以推销为主，推销人员大多直接与最终消费者见面，这时售后服务显得尤为重要，因此在选择薪酬制度时可考虑采用“底薪＋提成”制或“底薪＋提成＋奖金”制。这不但能提高推销人员销售产品的积极性，而且能提高售后服务的质量。当企业所生产的产品属于日常用品或消费品时，因这类产品大多销售量大，周转率高，流转速度快，推销人员所采用的销售方式便不再以推销为主，更多的是使用专业销售的方式，这时可考虑选择佣金制或“底薪＋提成”制。

企业采取的提成制度是与推销人员的报价密切相关的，通常采用下面三种方法。

一是报价折扣。在报价的90%～100%内，每降低1%的折扣，提成比例降低0.5%。

二是延期折扣。在延期的10～90天内，每延期10天，提成降低一定比例。

三是低于报价的90%成交或延期3个月以上的，不再核发业务提成。

推销人员的工作很容易量化，应注意不能只从产品销售量上来考查，应结合销售价格、推销费用、货款回收速度及信息反馈的数量与质量，并结合地区市场有关特点进行综合考查，长期追踪记录，不但要将其作为推销人员工资计酬的依据，而且要将其作为考核推销人员敬业精神、业务水平及提拔重用的重要资料。推销人员管理从定性管理过渡到定量管理是一种进步，只有科学核定指标体系并认真实施，才能不断提高推销人员管理工作的水平。

（2）福利。从本质上讲，福利是一种补充性薪酬，但往往不以货币形式直接支付，而多以实物或服务的形式支付，如带薪休假、优惠价购买本企业产品和股票、保险、出差补贴等。

讨论

- 如果你是一家企业的推销人员，你更喜欢哪种薪酬制度？为什么？
- 可以使用销售总额这个统一的标准对推销人员的工作业绩进行衡量，你同意这个观点吗？为什么？如果不同意，你认为应该根据什么衡量呢？

6. 销售合同管理和退货控制

在一般情况下，企业的推销人员不具有财务权力，在与客户订立购销合同时，应将合同的复印件传回企业，由企业法人代表或受托人来签署合同。这样就杜绝了推销人员利用假合同来欺骗企业的可能性。

当产品出现滞销或质量问题时，企业本着对客户负责的精神，可以给予无条件退货。这样既能保护客户的利益，又能维护企业的声誉和品牌形象。但是，在有些企业曾经出现过这样的情况：有些推销人员为了完成销售任务请客户帮忙，客户先购进产品再无条件退货，这样一来推销人员就可以轻松地完成销售任务。为了防止这种情况发生，企业应实行严格的退货审批程序，而且，要追究相应的销售责任人。如企业规定非质量问题退货的期限，按发货时间计算超过规定时间退货造成的损失，由办事处或推销人员按比例承担退货损失。应该说，在严格的退货控制下，推销人员不但没有空子可钻，而且企业可以尽量避免因销售退货带来的经济损失。

8.1.2 推销人员的激励

美国哈佛大学的一位教授曾做过一个实验，他让加州某中学校长从学校随机抽出 3 名教师，同时随机抽出 100 名学生。然后，校长把 3 名教师叫到办公室，对他们说：“你们是学校最优秀的 3 名教师。现在，我们从学校选出了 100 名最聪明的学生，分为 3 个班，让你们去教。”1 年后，这 3 个班果真成了学校最优秀的班级。最后，校长告诉 3 位教师，他们只是被随机抽出来的，那 100 名学生也是被随机抽出来的。

“取得战争胜利的最关键因素是士气。”同样，对于推销人员，要取得预计的成果，保持高昂的士气是必要的。推销人员的工作与其他员工相比有很大的不同，他们大部分工作时间在外地独立工作，也可能遇到很多挫折、困难，容易产生低落情绪。所以，在推销工作中更要采取一些独特的激励方式。为了长期目标的实现，推销人员的激励应该体现以下三项原则：物质利益原则；按劳分配原则；因时制宜原则。

采用合理、有效的薪酬制度固然可以激励推销人员的工作热情，但不同的推销人员在面对企业、面对工作时，还要采用不同的激励方式来对其进行更有效、更具体的引导，以真正达到促进推销的目的。

1. 环境激励

环境主要是指工作的氛围，因为人们都愿意在良好而愉快的环境中工作。这里的环境包括三个含义。

（1）工作环境。干净、明亮、宽敞的办公室，容易令人产生赏心悦目的视觉效果，从而使推销人员心情愉快。

（2）人与人之间的氛围和关系。人们都愿意在和谐、舒心的环境中工作。为了使推销人员更好地投入到推销工作中去，企业和管理人员应该为推销人员营造一个舒适的环境。

（3）给推销人员一个发展空间。一是授权。“我们把大目标交给他们，随他们怎么干。这一方式本身对他们就是一种很大的激励。”美国一家公司的培训总监这样介绍他们对推销人员进行激励的方法。让推销人员自己承担一定的责任，对自己的行为负责，能够激发推销人员的积极性、主动性，从而达到激励的作用。二是帮助推销人员不断变得优秀，最后进入管理层。“如果他们对管理有兴趣，那么就在他们身上投资。”某酒店副总裁如此说，“培养他们，拉他们走出销售圈子，开阔眼界。这么做一定会得到回报，因为成就型的人会像主人那样进行战略思考，制定目标并担负责任。”

2. 目标激励

目标激励是指为推销人员确定一些拟达到的目标，以目标来激励他们上进。

有一句老话：“假如不知道何去何从，那么你走哪一条路都无所谓；假如目标已定，那么你所迈出的每步都意味着靠近或远离。”制定目标有助于推销人员更加理智地工作，也有助于他们集中精力实现最重要的目标。每个人每天都要对自己即将从事和完成的活动做出决定，而正是这些决定最终影响了人的一生在做什么，能获得多大程度的成功。许多企业给推销人员规定销售额，规定他们在一个月或一年中应完成多少销售额，如果完成又有什么奖励。制订一个合适的目标是十分重要的，过高会打击推销人员的积极性，过低不能起到激励的作用。所以，企业给推销人员制订合适的目标能激励推销人员更快、更好地完成推销工作。

3. 物质激励

物质激励主要是指通过金钱等物质手段来激励推销人员，非常适用于急于满足基本生活需要的推销人员，或者刚刚出道的推销人员。

4. 精神激励

物质激励只是调动推销人员积极性的一种方法。某公司的总裁约翰·弗兰科极力主张采取别的形式，他说：“经理们必须明白，一个人被肯定得越多，也就干得越好。”另一位著名企业家玛丽·凯说：“你要能使一个人感到他十分重要，他就会欣喜若狂，就会发挥出冲天干劲，小猫就会变成大老虎。”

已经有越来越多的推销人员不再仅仅看重物质奖励，他们更希望获得一些非经济回报。由皮格马利翁效应可以知道，精神上的鼓励、关照可以激发并充分发挥人的潜能。

（1）要让推销人员了解企业前景，认识其工作的重要性。企业管理层要经常与推销人员分享企业的远景规划，并和他们共同为企业的前途努力；同时，要让他们了解推销工作对企业的重要性。如果推销人员觉得自己对企业不能造成任何影响，或者无法影响企业的发展，那么他们就不能鼓足干劲去工作，并为企业负责。只有被重视，才能自我激励，工作才会越干越好。

（2）让推销人员及时得到奖励。这里所说的奖励并不仅是按时发工资，对于那些为工作付出劳动的人来说，付工资已不能被视为激励措施，这是最低标准。那么这里所说的奖励是什么呢？主要有下面两层意思。

① 表扬他们并公开宣传他们的事迹。激励优秀推销人员的一个好办法就是公开宣传他们的事迹。当推销人员做出一定成绩时，应在定期的销售会议上对他们的工作给予关心、指导和表扬，增强他们的群体认同感，让推销人员觉得自己受到了重视。例如，某公司销售副总裁曾说："我们应在全公司通报表扬他们的优质服务，在公司集会上讲他们的事迹。"

② 给他们一个比较重要的位置。这对于那些自我欣赏型的推销人员来说尤其重要。精明的销售经理能让他们如愿以偿，给他们一个比较重要的位置。对于他们来说，这是最佳的激励方式。

优利公司的一位销售总监曾说："我们会让自我欣赏型的杰出推销人员带几个小徒弟，这类人喜欢被年轻人奉若大师。我们也乐意这样做，因为这能激励他们不断进取。如果新手达到了销售目标，就证明他指导有方。而没有业绩做后盾，是不能令新手信服的。"

盖洛普公司的一位总经理认为，最能激励自我欣赏型推销人员的方法是向其征询建议。请他们加入总裁的智囊团，或进入重要的委员会，向他们咨询。

（3）把竞争机制引入日常工作中。对于很多竞争型推销人员来说，只有在工作中引入竞争，他们才能更有干劲地工作。

> 美国一家公司的销售经理劳施科尔曾说："刚开始做销售的时候，我在公司里连续 5 个月都是最佳推销人员，于是自鸣得意，趾高气扬起来。不久新来了一个推销人员，我们的销售区域很相似，他开始超过我，成了月度最佳推销人员。经理对我说，'嗨，大腕，新手要打败你了。你要是不赶上来，你的地盘就归他了。'"这大大鞭策了劳施科尔，也激励了对手，两个人暗自较起劲来。劳施科尔说："我们俩争先恐后，月月都想打败对方，结果两人的业绩都大幅度上升，难分雌雄。"

企业也可以举办推销竞赛来刺激推销人员努力工作，奖品可以是汽车、休假、现金等。这种竞赛应提供数量合理的奖项，让推销人员去争取。例如，IBM 公司就曾经举办过一场推销竞赛，胜出的 7 090 名推销人员，奖品是 3 天的旅游、1 次宴会和 1 枚蓝金两色的奖章。

（4）让推销人员在工作中不断受到挑战。许多销售经理认为，成就型推销人员是理想的推销人员，他们给自己设定目标，而且比别人定得高。只要整个团队能取得成绩，他们不在乎功劳归谁。激励这类非常有成就欲望的推销人员的方法就是让他们在工作中不断受到挑战。

阿克里沃斯公司总裁兰德尔·墨菲在他的长期职业发展计划中指出："同成就型的人坐下来，弄清楚他工作中三个很关键的方面：擅长什么，哪些方面有待提高，哪些方面是不擅长而要学习的。接下来，一起为各个方面制订提高的目标。"下面请看 IBM 公司别出心裁的奖励办法。

IBM 公司为了充分调动员工的积极性，采取了各种奖励办法，既有物质的，也有精神的，从而使员工将自己的切身利益与整个公司的荣辱联系在一起。该公司有个惯例，就是为工作成绩列入前 3% 的推销人员举办隆重的公司里所有的人都参加的为期数天的联欢会，而其中排在前 10% 的推销人员还会荣获金圈奖。为了显示这项活动的重要性，选择举办联欢会的地点也很讲究，如具有异国情调的百慕大地区。对于那些有幸多次荣获金圈奖的人来说，就更增加了荣誉感。在颁奖期间，分几次放映有关他们本人及其家庭的纪录片，每人约占 5 分钟。该纪录片的质量与制片厂制作的影片质量不相上下。颁奖活动的所有动人情景难以用语言描绘。特别应指出的是，公司的高级领导会自始至终参加联欢会，更激起了员工的热情。

激励推销人员的方法多种多样，但无论采取何种方法都要表现出一种对推销人员的尊重和赞赏。这种尊重和赞赏可使推销人员产生一种特殊的感觉——我很重要，从而激发推销人员的创造性和奉献精神。在玛丽·凯化妆品公司，当推销人员到公司总部时，公司竟然特意铺红地毯来迎接。公司所有的人，从总经理到勤杂人员，都像对待皇亲国戚那样对待推销人员。这种隆重的礼遇，常使推销人员感激不尽。当他们从总部返回工作岗位后，总感觉有使不完的劲儿。

某公司激励推销人员的方案

1. 新员工激励

（1）开门红奖：新员工在入职一个月内能新签合同，并且合同总金额达到 20 000（含）元以上者，奖励 2 000 元。

（2）开拓者奖：新员工在入职一个月内，成交客户数最多者（10 个为基数），奖励 5 000 元。

（3）千里马奖：新员工在入职两个月内，业绩第一名且合同金额达到 50 000 元以上者，奖励 10 000 元。

（4）晋升奖：新员工在入职三个月内业绩名列前茅且考核优秀者可以被破格提拔为业务主管；新入职的业务主管在三个月内业绩名列前茅且考核优秀者可以被破格提拔为业务经理。

2. 月度业绩优秀团队奖励

（1）每月总业绩（以团队任务为基数）第一名的团队，奖励 20 000 元，发流动红旗。

（2）团队成员集体合影，张贴在冠军榜风采栏里。

3. 月度、季度和年度业绩奖励

（1）月度业绩第一名且完成了月度任务者，给予 4 000 元的奖励。

（2）季度业绩前两名且完成了季度任务者，分别给予 9 000 元的奖励，并和总经理共进晚餐。

（3）年度业绩前三名且完成了年度任务者，分别给予不低于 60 000 元、40 000 元、20 000 元的奖励。

4. 重大业绩重奖

（1）在规定期限内，超额完成指标的团队或个人，给予重奖（根据现实情况而定）。

（2）销售额创下历年度当月纪录的个人，给予重奖（不低于 10 000 元）。

（3）业绩突出，考核结果优秀的个人，作为储备人员优先给予晋升。

5. 长期服务激励

服务满两年者（合同内），每年提取总业绩的 0.5% 存入其长期账户，至其离职时一次性支付。

6．增员奖金

任职两个月后可以引进推销人员，经公司考核聘用后，老员工可获取以下增员奖金。

（1）被引进的推销人员进入公司后达到转正条件，并转正后，老员工可获得增员奖金 3 000 元（分三个月付清，1 000 元 / 月）。

（2）老员工可获得所引进人员第一年业绩总和的 0.5% 作为伯乐奖，如该人员不满一年离职，则不发放该人员伯乐奖。

7．推销人员福利

（1）推销人员转正后可享受每月以 1 000 元为底数的基本商业保险。

（2）入职后根据职务不同，可享受每月不低于 100 元的电话费补助。

（3）入职后可享受公司安排或资助的团队活动。

（4）推销人员季度业绩超过当季度任务 20%，享受旅游奖励：旅行一次，旅行补助 30 000 元。

（5）表现优秀的员工，可享受总经理特别关爱金（如员工结婚、直系亲属去世，以及总经理认可的其他情况）。

8．工龄工资

工作一年以上者，享受工龄工资：满一年 1 000 元 / 月，满两年 2 000 元 / 月，满三年 3 000 元 / 月，以此类推，10 000 元 / 月封顶。

讨论

你认为薪酬对推销人员来说是最重要的激励因素吗？

8.1.3 推销绩效考评

推销绩效考评是指企业通过一定的渠道和方法，对推销人员的工作行为、工作表现及工作效果进行考评。对企业而言，推销绩效考评就是考评任务在数量、质量及效率等方面完成的情况；对推销人员来说，则是上级、同事和客户对自己工作状况的评估。企业通过对其推销人员业绩的评估，获得反馈信息，便可据此制订相应的人事决策与措施，调整和改进推销人员的工作安排。所以推销绩效考评是具有监控功能的。

1．推销绩效考评的意义

推销绩效考评主要是为企业行政管理服务的，如制订调迁、升降、委任、奖励等人事决策；也可为培训服务，如考评结果作为对被考评者的反馈，以及据此结果制订与实施培训计划等。推销活动的绩效考评主要有以下意义。

（1）考评本身是一种绩效控制手段，也是对推销人员业绩的评定和认可。一方面，它具有激励功能，使推销人员体验到成就感、自豪感，从而增强其工作满意度。另一方面，考评为惩戒提供了一定的依据，而惩戒也是提高工作效率、改善绩效不可缺少的措施。

（2）按照按劳分配的付酬原则，考评之后便可论功行赏，所以考评结果是薪酬管理的重要工具。薪酬与物质奖励一直都是激励推销人员的重要工具，健全的考评制度与措施，能使员工普遍感到公平与信服，也能增强其工作满意度。

（3）考评结果是推销人员调迁、升降级、是否淘汰的重要标准，因为通过考评可以评估员工对现在职位的胜任程度及其发展潜力。

（4）考评对推销人员的培训与发展具有重要意义。一方面，考评能发现每名推销人员的长处与不足，对他们的长处应注意保护和发扬，对其不足要进行辅导与培训。通过考评可以发现培训中存在的问题，据此制订培训措施与计划，还可以检查培训措施与计划的效果。

（5）经过上级的考查与测评，可通过面谈或其他渠道，将考评结果反馈给推销人员，并听取推销人员的反映、说明和申诉。这样，考评便具有促进上下级间的沟通、了解彼此对对方的期望的作用了。

（6）考评的结果可提供给生产、供应、财务等其他职能部门，作为其制订有关决策时的参考依据。

2. 推销绩效考评内容

（1）推销人员的销售报告。销售报告分为两类，包括行动计划和活动结果报告。行动计划最好的例子是推销人员工作计划，通常由推销人员在一个月或一周前上交。行动计划中详细描述将要进行的访问和访问路线。销售报告便于推销人员拟订计划并安排他们的活动，向管理层汇报他们的行踪，并为管理层评价他们的计划和成就提供依据。这样可以评价推销人员计划工作和执行计划的能力。

（2）消费者满意度评价。消费者满意度评价并不能作为所有推销人员业绩考核的因素。对于以推销为主要销售方式的产业或工业用品，推销人员大多需要与消费者接触，因此对消费者的服务质量尤为重要，服务质量的好坏将是绩效考核的一个重要内容。对于销售日用品或消费品的推销人员来说，因产品为密集型分销，推销人员与消费者的接触机会较少，所以消费者满意度评价一般不作为绩效考核的主要因素。

（3）企业内部员工意见。考评推销人员时要收集企业内部员工对该推销人员的意见。有一部分推销人员很清楚自己该如何面对外部消费者进行推销，却忽略了对企业内部的推销，以致虽然有着非常不错的外部关系，但和自己的同事反而不能互助互爱，融洽相处，从而影响了企业的整体发展。

3. 推销绩效考评方法

推销人员的绩效考评方法很多，下面主要介绍其中的三种。

（1）纵向比较法。纵向比较法是把一名推销人员现在和过去的成绩进行比较的方法，包括对销售额、销售费用、新增客户数、失去客户数、对每个客户的平均销售额等数量指标的分析。这种方法有利于衡量推销人员工作的改善状况。某企业评价推销人员业绩的方法如表 8.3 所示。

从表 8.3 中可以看出，总销售额每年都在增长（第 3 行），但这并不能说明推销人员的工作做得越来越好。这名推销人员销售产品 A 的数量下降，表明和产品 B 相比，他更能推动产品 B 的销售（第 1 行和第 2 行）。根据两种产品的定额（第 4 行和第 5 行），他提高产品 B 的销售额是以牺牲产品 A 的销售额为代价的，他促进的是销量较大但毛利较低的产品的销售。尽管 2020—2021 年，他的销售总额提高了 1 100 元（第 3 行），但他的销售总利润实际

表 8.3　推销人员业绩评价表

地区：山东　　　　推销人员：王 ××　　　　时间：2021.12.31

年　份	2018	2019	2020	2021
1．产品 A 销售额（元）	251 300	253 200	270 000	263 100
2．产品 B 销售额（元）	423 200	439 200	553 900	561 900
3．全年总销售额（元）	674 500	692 400	823 900	825 000
4．占产品 A 定额的百分比	95.6%	92.0%	88.0%	84.7%
5．占产品 B 定额的百分比	120.4%	122.3%	134.9%	130.8%
6．产品 A 总利润（元）	50 260	50 640	54 000	52 620
7．产品 B 总利润（元）	42 320	43 920	55 390	56 190
8．总利润（元）	92 580	94 560	109 390	108 810
9．销售费用（元）	10 200	11 100	11 600	13 200
10．销售费用占年销售额的百分比	1.5%	1.6%	1.4%	1.6%
11．访问次数（次）	1 675	1 700	1 680	1 660
12．每次访问成本（元）	6.09	6.53	6.90	7.95
13．平均客户数（个）	320	324	328	334
14．新客户数（个）	13	14	15	20
15．失去客户数（个）	8	10	11	14
16．每个客户平均销售额（元）	2 108	2 137	2 512	2 470
17．每个客户平均利润（元）	289	292	334	326

上却下降了 580 元（第 8 行）。尽管总费用占总销售额的百分比控制住了（第 10 行），但销售费用（第 9 行）在上升。他的销售费用上升看来不能用访问次数（第 11 行）的增加来解释，可能是由于他成功开发了一些新客户，也可能是在寻找新客户时，忽视了现有客户，这可以从每年失去客户数目呈上升趋势上看出（第 15 行）。最后两行表明对每个客户的平均销售额和平均利润的水平与趋势。当与企业水平相比时，这些数据才会更有意义。如果他的每个客户平均利润低于企业水平，那么他可能选错了客户或没有花足够的时间访问每个客户。他的访问次数（第 11 行）表明他每年的访问次数可能比一般推销人员少。如果他的地区距离和别人的相仿，那么这又表明他可能没有全天工作，或他不善于拟订销售计划，制订路线，或他对某些客户花了太多的时间。

（2）横向比较法。横向比较法是对不同的推销人员的业绩加以比较并排序的方法。然而，只有在地区市场潜力、工作负荷、竞争、企业促销工作等方面一致时，比较销售业绩才有意义。而且，现阶段销售额也不是唯一的成绩指标。管理层还应该注意每名推销人员为净利润所做的贡献，这就要求审查各推销人员推销产品的组成和销售费用。更重要的是找出他们的服务是如何满足客户的。

（3）尺度考评法。尺度考评法是将考评的各个项目都建立一定的尺度，制作出一份考评表加以考评的方法。在考评表中，可以将每项考评因素划分出不同的等级考评标准，然后根据每名推销人员的表现按依据评分，如表 8.4 所示。

表 8.4　尺度考评表

考评项目	等级			
	优	良	中	差
资料齐全				
工作可靠，总能按时完成任务				
脾气很好，从不与人争吵				
成交快				
能够给企业提供好的建议				
与同事合作愉快、相处融洽				

讨论

你认为将销售额作为考评的主要指标有什么利弊？

8.2　推销组织管理

唐纳森汽车配件公司是世界上最大的重型空气滤清器和消音器制造厂家之一，以产品质量高、性能可靠、过滤技术先进而享誉全球。公司为自己制订的发展目标说起来十分简单：设计、制造并销售一切“将不需要的与需要的东西分离开的”专利产品。20 世纪 80 年代，公司又增加了空气清洗器、计算机机房过滤设备、污染空气过滤器和液体过滤设备等的生产线。公司下设商务开发、专业研究、人才资源、财务管理、法律事务、生产、采购、质量保证、工程技术九个生产性部门，与遍布世界主要工业产销地区的分支机构共同负责产品开发、制造、管理等业务。另有四个部门分别由执行总裁和副总经理领导，直接负责各地的销售、服务等工作。这四个部门分别叫原件销售部、零部件销售部、工业部和国际部。

原件销售部在部门经理领导下，按专业门类与市场不同，进一步分为建筑机械、农业机械、工业设备、卡车和公共汽车四个分部，由分部经理负责，另配若干助理人员共同构成分部销售队伍。四个分部之外还有三个部门，一个辅助部、两个特别分部。分部经理负责业务计划、组织管理，兼顾与主要客户的公共关系。每个分部既有外销人员主管直接上门访问客户，又有办公室人员负责订货手续往来并接待客户来访。辅助部负责整理订货文件往来和后勤。两个特别分部各由一位项目经理主管，一个负责协调派往世界各地的行动小组的工作（它们的任务是收集有关竞争对手和客户的所有情报），另一个负责编写推销手册，目的在于取得小客户的合作。

采用市场分工制对于原件销售部有三个好处：一是可以随时而轻松地发现市场变化和客户需求特点，因为同一门类的客户在需求方面往往体现出许多共性；二是可以帮助生产部门安排生产，统一调动工程技术人员；三是可以很容易地与生产同一门类产品的生产部门保持横向联系，因为销售部门和与它联系的生产部门关心的产品是统一的。

从以上案例可以看出，推销组织的建立对于企业来说是非常重要的一个环节，要认真学习相关知识。

8.2.1 推销组织的概念、任务和目标

1. 推销组织的概念

某大型企业的一位老总说过："开发一个新的区域销售市场，照搬一套其他地区的运作模式，不如选派一个配合默契、有工作经验的销售小组。"可见一个好的推销组织在企业的整体运作中可起到非常大的作用。

综合社会发展的历史进程，人类进步的一个显著标志就是社会组织系统不断变化、发展和完善。人的生活每时每刻都在组织中完成。一个人可以独立思考，在思考中发现、创造。但是，当把这些观念性的东西转化为可操作的现实时，就必须依赖于组织。人们生活的空间是社区组织；学习的场所是学校组织；业余娱乐又依靠各种不同的社团组织和娱乐服务组织；随着社会经济的发展，推销出现了，推销人员的工作也是在推销组织中完成的。根据上述内容，可将现代推销组织定义为如下形式：推销组织是按照一定的组织机构确定的，以扩大产品市场份额与提高本企业产品的市场占有率为明确目标的开放性社会—技术行为系统。

2. 推销组织的任务和目标

成立一个推销组织是推销工作所必需的步骤。推销组织在成立之初必须明确任务和目标。

企业在不同的发展阶段，对推销队伍的要求（推销组织的任务）是不同的。企业发展初期，只有产品而几乎没有客户，这时推销组织的任务就是努力寻找目标客户，实现销售，迅速进行产品铺货。企业成立 3 ～ 5 年，区域开发已基本完成，这时推销组织的重点已不是开发客户，而是维护客户关系、保持长期交易。

推销组织的目标必须以企业目标、市场特征和企业在这些市场中的预期位置为前提。要考虑到人员推销在市场营销组织中的独特作用，它能更有效地为消费者提供服务。人员推销是企业花钱最多的联系和沟通工具之一，也是最有效的工具之一。

注意

制定推销目标时要注意以下三个方面。

一是建立共识。推销组织成立初期，会议是增进团队精神及适应团队工作的一个好方法。首先，通过一系列的热身会议，组织成员能彼此了解，并对组织目标有一致的看法。其次，要使每位成员对组织所交付的任务和即将面对的问题都有清楚的认识，同时在决定如何组织团队前评估所有的可能性。最后，讨论和决定完成每个阶段性任务的期限。

二是分析目标。目标会因组织是否要推选一套行动方案、是否要从事或推动某件事而有所不同。例如，一个负责创造销售业绩的组织，就必须严格控制开支预算，并按日程表来推动工作。

三是目标激励。有野心的、具有挑战性的目标比小而明确的目标更具激发力。例如，在小额金融服务方面要达到最大、最好的目标，就远比将抵押贷款的申请时间缩短为两天这个目标的激发力要大。如果可能，同时设定概括的和特定的目标，不过目标虽高，但仍要考虑实际情形。因此，要确保每个人皆参与设定自己的目标，了解组织的共同目标，从而保证推销组织更好地进行资源整合，更好地完成推销任务。

8.2.2 建立推销组织

市场竞争归根结底是人才的竞争。对于企业，拥有一支精悍的销售队伍比多几个紧俏产品更让同行眼红。

目前，主要有以下两大客观因素困扰着企业推销组织的发展。

一是人员进出频繁，队伍不稳定。很多企业的销售部是“铁打的营盘，流水的兵”。北京保险业颇有名气的某企业老总曾为此感叹：“我现在怀疑，在西方行之有效的保险推销方式，是否适用于我国。如果某天，有人说中国的保险事业葬送在‘打一枪换一个地方’的跑街小姐、跑街先生手中，我并不感到惊讶。”

二是人才匮乏，优秀的推销人员和理想的销售经理都紧缺。

> 内蒙古一位做保健品生意的民营企业家曾经说：“在企业有了规模后，我整天琢磨怎么才能把销售工作搞得正规些、稳定些。为请高人，什么办法都想了。招聘不到高人，就去沿海城市的大企业里挖，给他包住宿、配手机、配汽车，就差配保镖了，没想到他只是个书记员，就会天天坐在办公室里发文件。销售部倒是正规了，满眼都是岗位条例、职责手册、表格、制度。结果呢，开发难度大的市场还是打不开，好的推销人员还是留不住。”

客观因素确实存在，但是若销售经理一谈论工作，就离不开资金缺乏、市场不景气、找不到理想的推销人员等令人垂头丧气的话题，那么，优秀的推销队伍肯定不会诞生。一名合格的销售经理每天开始工作时，应该考虑两个方面的事情：一是今天我要为客户做些什么；二是今天我要为销售队伍的建设做些什么。

1. 决定推销组织的因素

一个企业要建立什么类型的推销组织、多大规模的推销组织，在很大程度上取决于以下两个方面的因素。

（1）企业自身因素。

① 企业规模。一般来说，企业规模和推销组织的规模成正比。企业规模越大，推销组织越复杂。

② 企业类型。企业类型在很大程度上决定着企业推销组织的形式。例如，服务业推销组织的重要部门是广告宣传和市场调研部门；而原材料行业的推销组织，其储存和运输部门的规模应该比较大，分工也细致。

③ 产品和服务的特点。从产品的种类来看，如果企业生产的产品种类繁多、结构复杂，则要在广告宣传、营业推广和销售管理上投入较多的人力和财力，推销组织的规模就庞大一些，需要的人员也较多，技术要求也较高。从产品质量和生产成本来看，如果企业提供的产品质量高而成本低，那么推销难度不大，推销组织就应注意加强开发新产品和客户服务等部门的力量；而对质量差而成本高的产品，不但要用到强大的推销力量，而且推销组织要采取相应的策略。

（2）企业外部因素。

① 市场供求状况。市场供求状况对企业推销组织的组织方式、工作重点和推销费用等方面均会产生重要影响。在供求平衡的情况下，企业推销组织的工作主要集中在市场调研、新产品开发、客户服务、利用广告和公共关系树立企业形象等方面；当供过于求时，推销组织的任务就是设法调动一切积极力量，采用各种推销手段开拓市场，同时根据市场需求情况为企业提供及时、准确的信息；当供不应求时，推销组织的工作重点应放在及时发现市场供求状况的转变上，积极引导客户转向替代产品，利用有利时机扩大企业影响。

② 企业客户。企业的推销组织要根据本企业客户数量的多少、客户的类型、客户的地区分布、客户对企业提供产品或服务的种类和数量需求、客户自身的发展变化来调整相应机构，确定推销人员的业务区域，制订推销方针，采取适当的推销方法和手段。

另外，还有一些因素在影响着企业推销组织，如科学技术的进步、社会政治条件的变化等。企业在选择推销组织模式时应全面考虑各个因素对本企业推销组织的影响程度。

2. 确定推销力量的规模

推销力量是指企业要配备的推销人员队伍。通常，推销人员的增加，会使企业的销售额增加，但两者并不成比例。当推销人员超过一定数量时，销售额的增长率会随推销人员的增加而呈递减趋势，使推销费用增加，推销成本上升。因此，要科学地确定企业的推销力量。

常用的方法有以下两类。

（1）工作负荷法。一旦企业确定了要接触的消费者数量，就可以用工作负荷法来确定推销人员的数量。这个方法包括以下几个步骤。

① 将客户按年销售额分类。

② 确定每类客户所需访问的次数。

③ 每类客户数和每类客户所需的访问次数的乘积相加得到的值，就是整个地区的工作量，即每年的客户访问总次数。

④ 确定一名推销人员一年的平均访问次数。

⑤ 用每年的客户访问总次数除以一名推销人员一年的平均访问次数，便确定了所需推销人员的数量。例如，某企业估计全国有 1 000 个 A 类客户、2 000 个 B 类客户，每个 A 类客户每年需要的访问次数是 36 次，B 类是 12 次。这意味着该企业每年需要进行 $1\ 000\times36+2\ 000\times12=60\ 000$ 次的访问。假设每名推销人员一年进行 1 000 次的访问，则该企业需要 $60\ 000\div1\ 000=60$ 名推销人员。

（2）定员法。定员法是指按照企业各类产品或各种市场的销售量来确定推销人员的数量。按产品销售量配备推销人员时，要考虑各种不同类型市场的区域特点。有的市场区域面积很大，但销售量并不高，有的却相反。如沿海地区，一个市就要配一名推销人员，而西部地区可能一个省或几个省才配备一名推销人员，因而要灵活掌握。

3．组建推销组织的方法

企业在组建推销组织时，一般采用以下几种方式。

（1）区域组织法。在最简单的推销组织中，各个推销人员被派到不同的地区，在该地区全权代表企业负责推销业务。这种推销组织有以下优点。

首先，它对推销人员的职责有明确的划分。作为地区唯一的推销人员，因人员推销的效益不同，他可能独享荣誉，也可能因该地区销售业绩不佳而受到指责。其次，地区负责制提高了推销人员的积极性，激励他去开发当地业务和培养人际关系。这些对于推销人员提高推销业绩有很大的帮助。最后，差旅费相对较少，因为各推销人员仅在一个较小的地域内出差。

被企业派往一个区域负责推销工作的推销人员被称为区域经理，他们主要的工作职责因企业的业务不同会有所不同。以下是某企业区域经理的职责条款。

① 寻找和推荐有能力、有信誉的代理商。

② 依照企业政策建立区域内的销售网络，加强售后服务及资信管理。

③ 定期进行市场调研；制订并执行该地区月 / 季 / 年度销售计划、费用预算、货款结算等计划及总结。

④ 协调、管理并督促区域内各代理商的销售进程。

⑤ 向企业提出区域组织管理发展的建议及区域市场信息状况。

⑥ 积极参与完成企业组织的相关活动和工作。

该企业对于区域经理的待遇，实行“基本工资＋绩效工资＋提成＋奖金”制，即只要经企业认可的区域经理，企业按月发放基本工资；区域经理完成企业交给的基本任务，则企业发放绩效工资；超额完成任务，则开始兑现提成；对于出色完成任务的区域经理，除给提成外，企业还给予适当的奖金。

（2）产品组织法。推销人员对产品重要性的了解，加上产品生产和产品管理的需要，使许多企业都用产品线来组建推销组织。特别是当产品技术复杂、产品之间联系小或数量众多时，按产品专门组建推销组织就比较合适。

然而仅仅是企业产品的不同，还不足以成为按产品组建推销组织的充分理由。如果企业的各种产品都由同一个客户购买，这种组织结构可能不是最好的。例如，某医药批发商有好几个产品分部，各个分部都有自己的推销队伍。有时好几名推销人员在同一天到同一家医院去推销。如果只派一名推销人员到该医院推销企业的所有产品，就可以省下不少费用。

（3）市场组织法。企业经常按市场或消费者类别来设计自己的推销组织。按市场组建推销组织的明显优点是每名推销人员都能了解消费者的特定需要。美国通用电气公司曾按产品（风扇电动机、开关等）来组织其推销人员，后来改成按行业组织（如空调行业、汽车行业），原因在于消费者是按行业来购买风扇电动机、开关等产品的。

（4）复合型组织法。如果企业在一个广阔的地域范围内向各种类型的消费者推销种类繁多的产品，那么通常将以上几种组建推销组织的方法混合使用。推销人员可以按地区—产品、产品—市场、地区—市场等方法加以组织，一名推销人员可能同时对一个或多个产品线经理和部门经理负责。

企业应合理选择组建推销组织的方法，使组织内所有的推销因素能够实现资源整合，发挥最大的效用，取得最大的推销效果。

TR 公司是某名牌计算机在我国北方地区的最大代理商，它主要通过门市部和二级代理商两种渠道进行销售。首先，TR 公司在北京有两个销售业绩非常不错的门市部，通过门市部直接将产品销售给个人和家庭。其次，TR 公司发展了覆盖整个华北地区的众多二级代理商，通过他们进行销售。

2008 年年初，公司聘请了一位陈先生担任家用计算机销售部的销售经理。这位陈先生以前从事的是个人寿险方面的营销工作，表现非常不错。上任后，他就把保险营销那套管理模式带过来了，采取了以下管理措施。

- 强调晨、夕例会。早上八点半要开晨会，晚上五点半要开夕会。不管什么原因，晨、夕例会一定要开。晨会上宣布一天的工作，解决各方面的问题，然后具体布置一天的工作。之后销售人员分头行动，该打电话就打电话，该去门市部就去门市部，该盯竞争对手就去盯着等。
- 严格地计件提奖。推销人员一个月完成多少销售量就拿多少薪酬，销售出去多少就拿多少提成，如果超指标完成则有超指标奖励。
- 实行末位淘汰，用陈经理的话叫“第一个月红灯，第二个月走人”。也就是说，第一个月没有完成任务，就要“亮红灯”，提出口头警告；第二个月如果还是没有完成任务，那么就叫他走人。
- 超额有重奖。针对超额完成销售任务的情况，陈经理制订了一些奖励标准。例如，超额 120% 以上，奖励将大大超出正常计件提成。

在他来后不到一年的时间里，TR 公司家用计算机销售部的业绩非常出色——在所有该品牌计算机的北方地区代理商中出货量最大，同时还为公司拿到了许多相关资源。

2009 年，TR 公司所代理品牌的厂商对市场策略进行了调整，决定将战略发展方向放在发展商用计算机上。该厂商瞄准了四个大的行业：教育、金融、电信和政府采购。针对厂商市场策略的调整，TR 公司也进行了相应调整。他们撤掉了原来负责商用计算机销售工作的经理，由原来负责家用计算机销售的陈经理出任。很自然，陈经理又把他原来的那套管理模式移植到了新部门。上任以后，他采取了一些同以前类似的改革措施。

- 采取强势激励措施，降低商用计算机销售部原来的底薪，提高提成比例。
- 严格执行晨会和夕会制度。
- 对整个过程进行严格的控制与管理。要求每名下属都认真填写各种管理控制表单、日志、周计划等。

显然，这时候 TR 公司的销售对象已经发生了很大变化，销售模式也与以往不同——以前家用计算机的销售是通过门市部销售给个人，或者销售给二级代理商，进行二级销售；而现在则要带着计算机直接面对终端客户，而且不是一个人，而是一个组织、一个机构。结果这次改革措施的推行效果与他想象的有很大差距。

从 2009 年春季起以上措施开始实行，半年后出现了以下几种不良结果。

- 有的推销人员开始蒙骗客户，过分夸大公司的承诺。
- 员工之间开始互相拆台。
- 业务尖子开始离职。
- 整个队伍的业绩水平没有像预期的那样增长，还略有下降。

9 月，陈经理只得离开这个岗位，离开这家公司。

这个例子告诉我们：相同的管理方式可能产生不同的管理效果。为什么会这样呢？其中核心的原因就是推销组织的风格不一样，它的管理方式自然也应不一样，两者需要进行良好的匹配。企业之所以组建不同的推销组织，是因为经过各个方面的权衡、分析，不同的推销组织适合不同的产品、不同的企业、不同的客户，在进行管理时也应该考虑多个因素，不能一概而论。

8.3 推销渠道管理

8.3.1 推销渠道管理的内容

当推销人员升职为区域经理或销售经理后，就会面临着渠道管理的问题。渠道管理是指制造商为实现企业分销的目标而对现有渠道进行管理，以确保渠道成员间、企业和渠道成员间相互协调和通力合作的一切活动，其意义在于共同谋求最大化的长远利益。渠道是否合理和畅通至关重要，可以说是一个企业的命运所系。如果不能牢牢控制销售渠道，那么企业的产品就难以转化为货币，企业就将失去生存发展的源泉和动力。因此，可以说渠道管理是一个企业能否生存的命脉。渠道管理主要包括协调渠道成员利益冲突、激励渠道成员、评估渠道成员、调整渠道成员等内容。

1．协调渠道成员利益冲突

在硬件生产企业的渠道模式中，一个区域内可能会存在多家代理商。在同一区域中分食一块奶酪，磕磕碰碰是难免的。因此，生产企业作为规则的制定者和裁判，要平衡和协调各代理商的利益。从某种角度来看，渠道之间有利益冲突是必然的，企业努力的目标不是完全消灭冲突，而是规范冲突，使之保持在合理的范围内，起到良性地刺激竞争的作用。

2．激励渠道成员

激励渠道成员，调动他们的积极性，使之具有良好的表现，是渠道管理的重要任务。中间商是独立经营者，为了实现自身目标，会采取一些必要的有效措施。当生产企业满足了中间商的要求时，中间商会积极扮演好产品销售和客户购买代理的双重角色；当生产企业不能满足中间商的要求时，中间商会转为销售其他生产企业的产品。一般来说，生产企业激励渠道成员的方式有三种：合作、合伙和分销规划。有些情况下，正面激励并非总有效，这时需要一些负面强化激励。中间商如果不能很好地合作的话，那么可以减少毛利、放慢供货速度，甚至终止合作关系。在分销商对制造商高度依赖的条件下，这种方法尤其有效。

3．评估渠道成员

生产企业除了选择和激励渠道成员，还必须定期评估他们的绩效，根据自己的营销目标制订中间商的绩效考核办法。对企业有较大影响的中间商，应成为企业合作的重点；对于绩效一般或低于企业要求的中间商，要找原因及补救办法，必要时，也可剔除绩效差的中间商来保证渠道的效能。评估渠道成员应遵循经济性、发展性、适应性和合作性原则。

4．调整渠道成员

渠道的建成仅是迈向消费者的第一步。随着市场容量、消费者需求和产品寿命周期的变化，企业要动态地进行调整与产品再定位，重新选择目标市场、细分市场，适当进行中间商的增减，整合、优化配置与渠道创新等。

8.3.2 窜货管理

窜货又称倒货、冲货，也就是产品跨区销售，是渠道冲突的典型表现形式。根据窜货的表现形式及其影响的危害程度，可以把窜货分为自然性窜货、良性窜货、恶性窜货。自然性窜货是指经销商在获取正常利润的同时，无意识地向辖区以外的市场倾销产品的行为。这种窜货在市场上是不可避免的，主要表现为相邻辖区的边界附近互相窜货，或在流通型市场上，产品随物流走向而倾销到其他地区。良性窜货是指企业在市场开发初期，有意或无意地选择了流通性较强的市场中的经销商，使其产品流向非重要经营区域或空白市场的现象。在市场开发初期，良性窜货对企业是有好处的。一方面，企业无须在空白市场上投入，就提高了知名度；另一方面，企业不但可以增加销售量，而且可以节省运输成本。恶性窜货是指为获取非正常利润，经销商蓄意向辖区以外的市场倾销产品的行为。经销商向辖区以外的市场倾销产品通常以价格为手段，主要是以低于生产企业规定的价格向非辖区销货以加大自己的出货量，拿到厂家所规定的销售奖励或达到其他目的。

经销商销售假冒伪劣产品是另一种更为恶劣的窜货类型。假冒伪劣产品以其超低的价格、巨大的利润空间诱惑着经销商铤而走险。经销商往往将假冒伪劣产品与正规渠道的产品混合在一起销售，挤占正规产品的市场份额，或者直接低于市场价进行倾销，打击了其他经销商对此种产品的信心。

综上所述，不是所有的窜货现象都具有危害性，也不是所有的窜货现象都应该及时加以制止。以往的销售经验表明：没有窜货的销售是不红火的销售，大量窜货的销售是很危险的销售。适量窜货会形成一种红红火火的热烈销售的局面，有利于提高产品的市场占有率和品牌知名度，但同时要严加防范、制止、打击恶性窜货。企业可以通过以下途径在一定程度上治理窜货。

（1）加强自身销售队伍和外部中间商队伍的建设与管理。对于企业自身销售队伍建设，一方面要严格招聘、培训制度；另一方面要设计合理的考核、激励制度。对于经销商或代理商队伍建设，也要在选择上下大功夫，绝不让不合格的经销商或代理商滥竽充数。

（2）堵住制度上的漏洞。企业既要防止制度缺失，又要防止制度不合理。例如，要严格窜货的处罚规定，销售目标要在调查的基础上做到切实可行，建立合理的差价体系等。

（3）签订不窜货乱价协议。协议是一种合同，一旦签订就等于双方达成契约，如有违反就可以追究责任，为处罚提供法律依据。例如，奥普浴霸为防止窜货，与经销商签订了《防窜货市场保护协议》和《控价协议》，明确双方的责、权、利，较好地维护了市场秩序。

（4）归口管理，权责分明。企业分销渠道管理应该由一个部门负责。多头负责，令出多门，容易导致混乱。

（5）加强销售通路监控与管理。第一，要时刻观察销售终端，及时发现问题；第二，信息渠道要畅通，充分利用受窜货危害的中间商的反馈信息；第三，出现问题，及时处理。

（6）包装区域差异化。生产企业对销往不同地区的相同产品采取不同的包装，可以在一定程度上控制窜货。主要措施有给予不同的编码，外包装印刷条形码，使用文字识别，采用不同颜色的商标或不同颜色的外包装等。

8.4 客户管理

8.4.1 客户关系管理

以客户为中心是现代营销观念的基本出发点，客户关系管理是企业通过管理客户信息，提供让客户满意的产品和服务，与客户建立起长期、稳定、相互信任的密切关系的动态过程。客户是企业一切活动的起点和归宿。实施有效的客户关系管理，可以建立企业与客户的良好信任关系，帮助企业维持老客户，吸引新客户，创造更大的效益和竞争优势。

客户关系管理（Customer Relationship Management，CRM）的定义：企业为提高核心竞争力，利用相应的信息技术及互联网技术来协调企业与客户间在销售、营销和服务上的交互，从而提升其管理方式，向客户提供创新式的、个性化的客户交互和服务过程。其最终目标是吸引新客户、保留老客户，以及将已有客户转为忠实客户，增加市场份额。

客户关系管理有三层含义。

（1）体现为现代企业管理的指导思想和理念。

（2）是创新的企业管理模式和运营机制。

（3）是企业管理中信息技术、软硬件系统集成的管理方法和应用解决方案的总和。

其核心思想就是客户是企业的一项重要资产，客户关怀是客户关系管理的中心，客户关怀的目的是与所选客户建立长期和有效的业务关系，在与客户的每个“接触点”上都更加接近客户、了解客户，最大限度地增加利润和利润占有率。客户关系管理的核心是客户价值管理，它将客户价值分为既成价值、潜在价值和模型价值，通过一对一营销原则，满足不同价值客户的个性化需求，提高客户忠诚度和保有率，实现客户价值持续贡献，从而全面提升企业的赢利能力。

最早发展客户关系管理的国家是美国，在 1980 年年初便有了接触管理（Contact Management）的概念，即专门收集客户与企业联系的所有信息；1985 年，巴巴拉·本德·杰克逊提出了关系营销的概念，使人们对市场营销理论的研究又迈上了一个新的台阶；到 1990 年则演变成包括电话服务中心支持资料分析的客户关怀（Customer Care）；1999 年，高德纳（Gartner）公司提出了客户关系管理的概念。

美国某电视台的记者到海尔集团采访时问张瑞敏：“海尔集团成功的秘诀是什么？”张瑞敏说：“海尔集团成功的秘诀就是海尔集团不断地帮助客户成功，所以海尔集团才能成功。给自己创造成功的机会首先是让客户记住你，而客户能够记住你，莫过于你曾经帮助过他，并使他成功。”

1. 客户关系管理的日常工作

客户关系管理的实现，可从两个层面进行考虑：其一是解决管理理念问题，其二是为这种新的管理模式提供信息技术支持。其中，管理理念问题是客户关系管理成功的必要条件。这个问题解决不好，客户关系管理就失去了基础。而没有信息技术支持，客户关系管理工作的效率将难以保证，管理理念的贯彻也会失去落脚点。

除了信息技术的运用，还应该切实改变企业日常的管理工作，为改善企业的客户关系管理做出努力，如表 8.5 所示。

表 8.5　客户关系管理的日常工作

阶　段	工作内容
第一阶段： 识别客户	● 将更多的客户名输入数据库 ● 采集客户的有关信息 ● 验证并更新客户信息，删除过时信息
第二阶段： 对客户进行差异分析	● 识别企业的“金牌”客户 ● 分析哪些客户导致了企业成本的发生 ● 确定企业本年度最想和哪些企业建立商业关系 ● 了解上年度有哪些大宗客户对企业的产品或服务多次提出了抱怨 ● 了解去年最大的客户是否今年也订了不少产品，找出这个客户 ● 了解是否有些客户从本企业只订购一两种产品，却会从其他企业订购很多种产品 ● 根据客户对于本企业的价值，把客户分为 A、B、C 三类
第三阶段： 与客户保持良性接触	● 给自己的客户联系部门打电话，了解得到问题答案的难易程度如何 ● 给竞争对手的客户联系部门打电话，比较服务水平的不同 ● 把客户打来的电话视为一次销售机会 ● 测试客户服务中心的自动语音系统的质量 ● 对企业内记录客户信息的文本或纸张进行跟踪 ● 分析哪些客户给企业带来了较高的价值，与他们更主动地对话 ● 通过信息技术的应用，使得客户与企业做生意更加方便 ● 改善对客户抱怨的处理

续表

阶　段	工作内容
第四阶段：调整产品或服务以满足每个客户的需求	● 改进客户服务过程中的纸面工作，节省客户时间，节约企业资金 ● 使发给客户的邮件更加个性化 ● 替客户填写各种表格 ● 询问客户，他们希望以怎样的方式、怎样的频率获得企业的信息 ● 找出客户真正需要的是什么 ● 征求名列前十位的客户的意见，看企业究竟可以向这些客户提供哪些特殊的产品或服务 ● 争取企业高层对客户关系管理工作的参与

2. 客户关系管理成功的关键因素

要做好客户关系管理，需要关注以下几个方面。

（1）高层领导的支持。这个高层领导一般是销售副总、营销副总或总经理，是项目的支持者：为客户关系管理设定明确的目标；向客户关系管理项目提供为达到设定目标所需的时间、财力和其他资源；确保企业上下认识到这样一个工程对企业的重要性。

（2）要专注于流程。成功的项目小组应该把注意力放在流程上，而不是过分关注技术。好的项目小组开展工作后的第一件事就是花费时间去研究现有的营销、销售和服务策略，并找出改进方法。

（3）技术的灵活运用。在那些成功的客户关系管理项目中，技术的选择总是与要改善的特定问题紧密相关的。选择的标准应该是，根据业务流程中存在的问题来选择合适的技术，而不是调整流程来适应技术要求。

（4）组织良好的团队。客户关系管理项目小组应该在四个方面有较强的能力：一是业务流程重组能力；二是对系统进行客户化和集成化的能力，尤其对那些打算支持移动用户的企业更是如此；三是对 IT 部门的要求，如网络大小的合理设计、对用户桌面工具的提供和支持、数据同步化策略等；四是项目小组具有改变管理方式的技能，并提供桌面帮助。

（5）极大地重视人的因素。很多情况下，企业并不是没有认识到人的重要性，而是对如何做不甚明了。企业可以尝试如下几个简单易行的方法：方法之一是请企业未来的用户体验实实在在的客户关系管理系统，了解这个系统到底能为用户带来什么；方法之二是在客户关系管理项目的各个阶段，都争取最终用户的参与，使得这个项目成为用户负责的项目；方法之三是在项目实施过程中，千方百计地从用户的角度出发，为用户创造方便。

（6）分步实现。通过流程分析，可以识别业务流程重组的一些可以着手的领域，但要确定实施优先级，每次只解决几个最重要的问题，而不是毕其功于一役。

（7）系统的整合。客户关系管理的效率和有效性的获得有一个过程，它们依次是终端用户效率的提高、终端用户有效性的提高、团队有效性的提高、企业有效性的提高、企业间有效性的提高。

3. 中小企业实施客户关系管理的途径

由于我国的客户关系管理发展得比较晚，所以中小企业在整个客户关系管理体系中存在不足。通常，企业建立客户关系管理系统有三种模式：自建、购买和外包。

(1)自建。企业内部自行开发客户关系管理系统，是最为昂贵的模式。首先是开发时间长，通常需要 1 ～ 2 年；其次是成本高，企业不但需要在软硬件和研发上投入大量的资金，而且要承担后期维护所引起的高昂费用；最后是系统运行管理复杂、难度大，并且收集、整理和分析数据也并非大多数中小企业的核心能力。

（2）购买。企业可购买现成的授权软件，并通过一定量的个性化定制满足自身应用的需求。这种方式同样需要花费大量的资金，包括软件购买费用、后期升级费用、软件终身维护费用和个性化定制的咨询服务费用。除此之外，“购买”方案也意味着与“自建”一样，企业必须购买软硬件和自行配置、运行和管理整个复杂的系统。

（3）外包。企业可通过应用服务提供商（Application Service Provider，ASP）租赁客户关系管理服务。应用服务提供商是指配置、租赁和管理应用解决方案，为单位和个人客户服务的企业。应用服务是双方在共同签署的外包协议或合同的基础上，客户将其部分或全部与业务流程相关的应用委托给应用服务提供商，应用服务提供商保证这些业务流程的平滑运作，即不但要负责应用程序的建立、维护与升级，而且要对应用系统进行管理，所有这些服务的交付都基于网络，客户通过网络远程获得这些服务。

8.4.2 如何使客户忠诚

客户忠诚是指客户满意后而产生的对某种产品品牌或企业的信赖和希望重复购买的一种心理倾向。客户忠诚实际上是一种客户行为的持续。如今的企业都竭尽全力地维系客户。数据显示：吸引新客户的成本可能是保持现有客户成本的 5 倍。根据一些学者的研究，企业只要降低 5% 的客户损失率，就能增加 25% ～ 85% 的利润。因此，维系客户的好办法是提高客户满意度，这就是所谓的“关系营销”，目的是提高客户的忠诚度。

1. 从思想上树立以客户为中心的观念

经济学家在调查了世界 500 强企业后发现，忠诚的客户不但会主动重复购买企业的产品和服务，为企业节约大量的广告宣传费用，而且会将企业推荐给亲友，成为企业的兼职营销人员，是企业利润的主要来源。美国运通公司负责信息管理的一位副总裁指出：“最好的客户与其余客户消费额的比例，在零售业约为 16 : 1，在餐饮业为 13 : 1，在航空业为 12 : 1，在旅店业为 5 : 1。”推销人员如果想真正做到“尊重客户，以客户为中心”，就必须首先从思想上认识到客户的重要性，这是使客户忠诚的基础和前提。

2. 了解客户对企业产品的满意程度

客户忠诚可细分为行为忠诚、意识忠诚和情感忠诚。行为忠诚是客户实际表现出来的重复购买行为；意识忠诚是客户在未来可能的购买意向；情感忠诚则是客户对企业及其产品或服务的态度，包括客户积极向周围人士推荐企业的产品和服务。很多企业发现，只有从客户满意度方面着手，才能制订出有效的忠诚计划。

客户每次购买产品后，都会对产品或推销人员的服务形成自己的观点和看法。客户如果满意，那么推销人员将有机会再次与客户达成交易；但如果客户不满意，那么推销人员应该思考自己做些什么才能让客户从不满意转为满意。如果能竭尽全力解决问题并让客户满意，那么推销人员就留住了客户和未来的机会。对于客户给予的合作机会，一定要心怀感激，并对客户表达自己的谢意。

3. 与客户建立伙伴关系

伙伴关系基于相互信赖和相互满意，一方得到了满意的服务，另一方得到了利润，双方都可以从中受益。推销人员与客户合作一定要追求双赢。

如今，客户通过互联网等各种便捷的渠道可以获得比以前更多、更详细的产品和服务信息，使得他们不能容忍被动的推销。客户更愿意和与他们关系好的人交往，希望与企业的关系超过简单的买卖关系，因此，推销人员要快速地和每个客户建立一定的共同点，为客户提供个性化的服务，使客户在购买过程中获得产品以外的良好心理体验。

4. 重视客户的意见，妥善处理好客户的抱怨

在倾听了客户的意见，并对他们的满意度进行调查之后，就应该及时处理客户的抱怨，这是赢得客户信任和忠诚的极有效的方法。因为在互联网时代，只要轻敲几下键盘，一个不满意的客户可以迅速影响上千个潜在客户。所以推销人员必须在事态变坏之前采取行动，给客户提供抱怨的渠道，并认真对待客户的抱怨。处理客户的抱怨并不麻烦，推销人员绝不能因此而感到不安，应该把它作为自身发展的新机会，这是赢得客户的重要机遇。

有句话讲得好：“商道即人道。”其实这句话就在告诉推销人员该如何对待客户。

洗星是营销职业经理出身，喜欢光顾一家时装专卖店。这家专卖店的地理位置并不优越，服装也不是什么大品牌，但是她每次都会消费。为什么呢？因为一件事影响了她。

一天，她在这家专卖店买了两件衣服和一条丝巾，回到家后发现丝巾上有脱丝的情况，但并不能确定是不是买的时候就脱丝了，于是尝试给店长发微信说明情况。店长马上就回复并表示抱歉，让她拍照片发过去，没有问她是不是她本人刮坏的。不仅如此，店长还马上出了两个方案：一是将丝巾退回，她全额退款；二是如果特别喜欢这条丝巾，围起来又看不出来脱丝的地方，她愿意退部分钱。洗星选择了第二个方案。一是因为她确实喜欢这条丝巾，二是因为店长真诚的态度和迅速处理危机的能力感动了她。

5. 积极帮助客户解决问题

客户在其自身的业务经营中，可能会遇到很多问题，如果不涉及企业的商业秘密，那么推销人员应尽可能地帮助客户。如果不能直接帮助他们，那么也可以向他们推荐别人或其他企业。这样容易得到客户的好感。

推销人员甚至还可以为客户多做些销售之外的事情。例如，客户需要某些资料但得不到

时，推销人员可以想办法帮他得到。甚至，当客户在生活中遇到一些困难时，只要推销人员能做到的，就一定要帮助他们。这样，推销人员与客户就不仅是合作关系了，更多的是朋友关系，一旦有机会，他们一定会先想到该推销人员。

6. 为客户提供新的构思

推销人员对客户应随时保持有意接触，并留心发现他们的需求。与零售商打交道的推销人员有很多机会向他们提供服务，因为经常要拜访各种各样的零售商，推销人员了解很多零售商经营方面的情况，所提供的信息能极大地促进零售商的经营，为他们提供新的构思。例如，推销人员可以向零售商提出新的产品定价、灵活的营业时间、服务方式等建议，帮助零售商优化经营效果。

成功的推销人员背后一定有一群满意的客户。推销人员要把每个客户当成一个永恒的宝藏，而不是一次交易的对象，所以必须了解每个客户的喜好与习惯，并适时提供建议。戴尔公司的推销人员在利用客户资料卡向客户推销新产品时，会在数据库中直接找出潜在的客户，然后致电他们，这种做法值得借鉴。

"您好，我是戴尔公司的推销人员。我们公司现在对我们的老客户有一些很好的促销活动，您有兴趣了解一下吗？"

"好啊！"

"在我们的记录中，您是 3 年半以前采购的，使用得还好吗？"

"质量不错，没出过什么问题。"

"谢谢您的夸奖。这台计算机是 3 年前的配置，现在我们为老客户推出一款特价的配置，如果您在 3 周内购买，您将另外得到一台彩色打印机。"

"我考虑一下吧！"

"好啊，我先将这款计算机的配置发到您的电子邮箱里，您的邮箱没变吧？"

"没变。"

"好的，等我的邮件，再见。"

几周后，这位客户购买了戴尔公司的计算机。估计计算机已经安装使用后，这位推销人员又致电这位客户。

"我在资料库中查到计算机已经到货了，您用得还好吗？"

"总体还不错，但是好像启动有点慢。"

"我记录一下，您还有其他问题吗？我会尽快帮您解决的。"

3 天后，这位推销人员再次打电话给这位客户："关于您使用中遇到的问题，启动慢应该按照下面的步骤解决……这样解决还行吗？"

"不错，谢谢你！"

"没关系，这是应该的。另外，您如果有朋友想买计算机，麻烦您通知一下我，好吗？按照我们的促销原则，您将得到免费的内存升级服务。或者，您方便给我提供一下您朋友的电话吗？"

看完这段对话，相信你已感觉到了戴尔公司的推销人员"以客户为中心"的服务态度和技巧。推销人员就应该这样为老客户服务，才能最终得到客户的忠诚。

7. 用心为客户提供个性化的服务

推销人员还可以通过提供个性化的服务获得客户的忠诚。

美国西北大学凯洛格商学院教授、整合营销创始人唐·舒尔茨曾预言：“零售商未来的成功模式只有两种，一种是沃尔玛模式，即通过提高供应链效率，挤压上下游成本，以价格和地理位置作为主要竞争力；另一种是德士高模式，即通过对客户的了解和良好的客户关系，将客户忠诚计划作为企业的核心竞争力。没有任何中间路线。”为什么呢？看看德士高为客户提供的个性化服务后你就明白其中的原因了。

德士高针对女性购物者和对健康很在意的消费者，特别推出了“瘦身购物车”。这种购物车装有设定阻力的装置，使用者可自主决定推车时的吃力程度，阻力越大，消耗的卡路里越多。推车购物过程中，客户的手臂、腿部和腹部肌肉都会得到锻炼，相当于进行一定时间的慢跑或游泳。购物车上还装有仪器，可测量使用者的脉搏、推车速度与时间，并显示出推车者消耗的热量。德士高发言人称，这种“瘦身购物车”造价是普通推车的 7 倍，但受到了目标群体的热烈欢迎。

8. 以个人魅力吸引客户

推销人员可以借助互联网或手机经常与客户联系，让客户从言语中感知推销人员的知识和智慧，从而信任推销人员并经常购买推销人员所推销的产品，或选购时主动征求推销人员的意见。

讨论

怎样才可以利用老客户达到再销售的目的？

8.4.3 如何进行大客户的管理

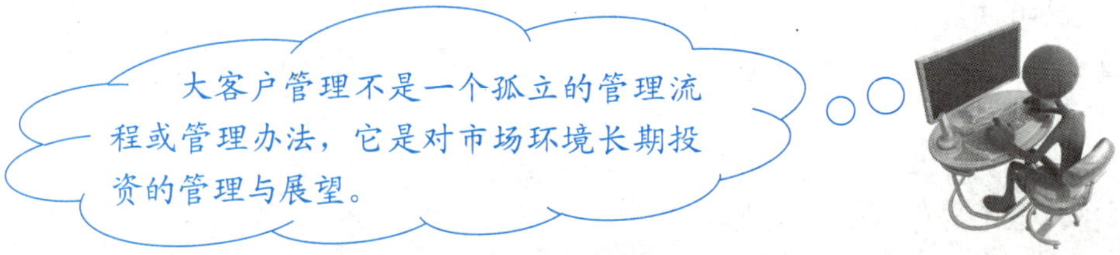

大客户又称重点客户、关键客户（Key Account，KA），是市场上卖方认为具有战略意义的客户。当前，“大客户管理”已不再是个陌生的名词了，越来越多的企业开始谈论大客户管理，并且开始尝试大客户管理。大客户管理是卖方采用的一种方法，目的是通过持续地为客户量身定做产品或服务，满足客户的特定需要，从而培养出忠诚的大客户。大客户就像精品店、饭店的 VIP 客人一样，是企业收益的主要来源。针对这群金字塔顶端的客户，企业不但要花心思经营，而且要制定方法和策略。

识别大客户，并以个性化服务提高其满意度和忠诚度，是把握这部分客户的最佳办法。谁能够拥有一批稳定的大客户队伍，同时能够在客户服务、管理等方面强于竞争对手，谁就能够最后赢得市场竞争的优势。

做好大客户管理首先要弄清楚“两个什么和四个如何”。“两个什么”即明确“什么样的人是大客户和大客户需要什么”,“四个如何”即“如何建立、如何获得、如何管理、如何维护”。

1. 大客户管理工作的复杂性

管理工作因各种原因一直处于不断发展之中。合并、收购使客户集中程度不断增加，少数客户的销售额占了企业销售额的大部分。另外，产品变得越来越复杂，买方组织里会有更多的部门参与采购决策。在设计大客户管理方案时，推销人员可能要面对许多潜在问题，这些问题一般包括：如何挑选大客户？如何对他们进行管理？等等。

2. 大客户的选择标准和管理办法

企业选择大客户的标准通常有以下几个：客户的采购数量（特别是对企业利润高的产品的采购数量）、采购的集中性、对服务水准的要求、客户对价格的敏感度，以及客户是否希望与企业建立长期的伙伴关系等。

是否建立大客户管理部，要视企业的规模而定。对于规模小的企业，客户数量较少，大客户更少，不必建立大客户管理部；如果企业的大客户有 20 个以上，那么建立大客户管理部就很有必要了。建立大客户管理部，并从以下几个方面做好大客户的管理工作，是管理好大客户的有效手段。

（1）优先向大客户供货。大客户的需求量大，优先满足大客户对产品的数量要求及对系列化的要求，是大客户管理部的首要任务。尤其是在销售上存在淡旺季的产品，大客户管理部要随时了解大客户的销售与库存情况，及时与大客户就市场发展趋势、合理的库存量及客户在销售旺季的需货量进行商讨。在销售旺季到来之前，协调好生产及运输等部门，保证大客户的货源需求，避免发生因货源断档而导致客户不满的情况。

（2）充分调动大客户中的一切与销售相关的因素，包括基层的营业员与推销人员，提高大客户的销售能力。许多推销人员往往认为，只要处理好与客户中上层主管的关系，就意味着处理好了与客户的关系，产品销售就畅通无阻了。客户的中上层主管掌握着产品的进货与否、货款的支付等大权，处理好与他们的关系固然重要，但产品是否能够销售到最终消费者的手中，却与基层的工作人员，如营业员、推销人员、仓库保管员等，有着更直接的关系（特别是对一些技术性较强、使用复杂的大件产品来说）。

（3）及时向大客户提供新产品。大客户在对一个产品有了良好的销售业绩之后，在所销售地区也就有了较强的商业影响力。将新产品提供给大客户进行试销，对于收集客户及消费者对新产品的意见和建议具有较强的代表性和良好的时效性。但大客户管理部应该提前做好与大客户的前期协调与准备工作，以保证新产品的试销能够在大客户之间顺利进行。

（4）充分关注大客户的一切公关及促销活动、商业动态，并及时给予支援或协助。大客户作为企业市场营销的重要环节，其一举一动，都应给予密切关注。应利用一切机会加强与客户之间的情感交流，如参加大客户的开业庆典等。

（5）安排企业高层主管对大客户进行拜访。一个有着良好营销业绩的企业营销主管每年大约有1/3的时间是在拜访客户中度过的。而大客户正是他们拜访的主要对象，大客户管理部的一个重要任务就是为营销主管提供准确的信息，协助其安排日程，以使营销主管有目的、有计划地拜访大客户。

（6）根据大客户的不同情况，与每个大客户一起设计促销方案。每个客户因区域、经营策略等的不同，所呈现出的经营环境也不同。大客户管理部应该协调推销人员及相关部门与客户共同设计促销方案，使客户感到自己被高度重视。客户是营销渠道的重要分子。

（7）经常征求大客户对推销人员的意见，及时修正推销人员的言行，保证渠道的畅通。推销人员是企业的代表，推销人员形象的好坏，是决定企业与客户关系的一个至关重要的因素。大客户管理部不但要协助负责处理大客户业务的推销人员的工作，而且要对他进行监督和考核。对于工作不力的人员要上报上级主管，以便及时安排合适的人选。

（8）对大客户采取适当的激励政策。生产企业对大客户采取适当的激励措施，如各种折扣、销售竞赛、返利等，可以有效地刺激大客户的销售积极性和主动性。

（9）保证与大客户之间信息传递的及时、准确。大客户的销售状况事实上是企业市场营销工作的“晴雨表”。一项很重要的大客户管理工作就是将销售状况及时、准确地统计、汇总、分析，上报上级主管部门，以便针对市场变化及时调整生产和销售计划。

（10）组织每年一度的大客户与企业之间的座谈会或联谊会。每年组织一次企业高层主管与大客户之间的座谈会或联谊会，听取大客户对企业的生产、服务、营销、产品开发等方面的意见和建议，对未来市场进行预测，对企业的下一步发展计划进行研讨等。这样的会议，不但对企业的决策非常有利，而且可以加深企业与大客户之间的感情，增强大客户对企业的忠诚度。

8.4.4 如何进行客户的投诉管理

据专家统计：客户对企业或产品不满意时，只有4%的客户会投诉，96%的客户会离开，其中91%的客户会永远离开。平均每位不满意的客户会把他的不愉快经历告诉8～10个身边的亲人或朋友。因为大多数人不想去这样折腾自己，不想与人争吵，不想为了一些可说、可不说的事去浪费时间。当客户向你投诉时，不要把它看成问题，而应视为天赐良机。当那些客户抽出宝贵的时间，带着他们的抱怨与推销人员接触的同时，便是在免费向推销人员提供应当如何改进业务的信息。客户会确切地告诉推销人员如何来满足他们现在和将来的需求。推销人员应倾听客户的抱怨，询问更多的信息，必要时甚至可祈求他们提出宝贵意见，直到确信真正找到了客户想要的东西，然后把他们真正想要的东西提供给他们。

美国的一位总统曾说：“危机，危机，是危也是机。”那么客户投诉也是一样的，若处理得特别好，客户非但不会流失，反而会成为搭建彼此友谊的桥梁，大大提高客户的忠诚度；若处理得不好，将直接影响推销人员的销售业绩和企业利润。所以推销人员要加强与客户的联系，倾听他们的不满，挽回给客户造成的损失，维护企业声誉，提高产品形象，不断巩固老客户，吸引新客户。

1．客户投诉的内容

因为销售的各个环节都有可能出现问题，所以投诉也包括多个方面，主要归纳为如下几点。

（1）质量投诉，主要包括产品在质量上有缺陷，产品规格不符，产品有故障等。

（2）合同投诉，主要包括产品在数量、等级、规格、交货时间、交货地点、结算方式、交易条件等方面，与合同的规定不符。

（3）货物运输投诉，主要包括货物在运输途中发生损坏、丢失或变质，因包装或装卸不当造成的损失等。

（4）服务质量投诉，主要包括对企业各类人员的服务质量、服务态度、服务方式、服务技巧等提出的不满和抱怨。

2．客户投诉的心理需求分析

（1）希望被关心。客户需要推销人员对他们表现出关心，而不是不理不睬或应付。客户希望自己受到重视和善待。他们希望与他们接触的人是真正关心他们的要求或能替他们解决问题的人。

（2）希望被倾听。客户需要公平的待遇，而不是埋怨、否认或找借口。

（3）希望推销人员专业化。客户需要一个能用心且真正肯为其解决问题的人，希望整个解决问题的程序比较正规化、专业化。

（4）希望迅速反应。客户需要迅速而彻底的反应，而不是拖延或沉默。客户希望听到“我会优先考虑处理您的问题”或“如果我无法立刻解决您的问题，我会告诉您我处理的步骤和时间”等话语。

3．有效处理客户投诉的要点

（1）道歉和聆听。让客户知道，推销人员可以因为给他带来不便而道歉。即便并不是推销人员的过错，但推销人员所要做的第一件事也应是向客户道歉。请记住：客户之所以动气是因遇到问题，推销人员漠不关心或据理力争，找借口或拒绝，只会是火上浇油，而适时地表示歉意会起到意想不到的效果。另外，推销人员应认真聆听。聆听是一门艺术，从中可以发现客户的真正需求，从而获得处理投诉的重要信息。

（2）复述和理解。用自己的话把客户的抱怨复述一遍，确信自己已经理解了客户抱怨之所在，而且对此已与客户达成一致。如果可能，请告诉客户自己愿意想尽一切办法来解决他们提出的问题。

（3）欣赏和感谢。当与客户的交流达到一定程度时，推销人员会自然而然地理解他们提出的问题，并且会欣赏他们的处理方式。推销人员应当强调：他们的问题已引起了自己的注意，并给了自己解决这一问题的机会，对此自己感到很高兴。

（4）解决和补偿。尽己所能满足客户。为解决客户投诉，推销人员可以提供给客户他们想从你这里、需要从你这里、期望从你这里得到的任何东西。在解决了客户的抱怨后，推销人员还可以送给他们一些其他东西，如优惠券、免费礼物，或同意他们廉价购买其他产品。换言之，就是做一些额外的事情，对已发生的不愉快进行补偿。

（5）跟踪和联系。在客户离开前，要看客户是否已经满意；在客户离开后，一定要与他们保持联系。在解决了投诉的一周内，给客户打电话或发微信（可以赠送优惠券），了解他们是否依然满意。

以下是某企业客户投诉管理制度中的客户投诉管理流程。

对一般意义的客户投诉，本制度规定投诉管理的主要步骤如下。

（1）记录客户投诉内容。

（2）判定投诉性质。首先确定客户投诉的类别；然后判定客户投诉的理由是否充分，投诉的要求是否合理。

（3）确定投诉处理责任。按照客户投诉内容分类，确定具体的受理部门和受理负责人。

（4）调查原因。查明出现客户投诉的具体原因和具体责任者。

（5）提出解决办法。

（6）通知客户。投诉解决办法经企业主管经理同意后，迅速地通知客户，并尽快地反馈客户的反应。

（7）责任处罚。依照投诉所造成的损失大小，扣除责任人一定比例的绩效工资或奖金。

（8）提出改善对策。

另外，在投诉处理过程中，还包括投诉管理表格的设计、填制、整理和保存，企业公关活动的展开，以及与索赔相关的技术性和法律性问题的处理等方面。

客户："怎么搞的嘛，几十万元的车才买了不到一年，发动机就漏油了。你们如果不处理好，我就要请媒体来曝光。"

推销人员："实在对不起。如果是由于这个问题给您造成了不便，还请多多海涵。"

【点评：学会向客户道歉！但清楚：向客户道歉并不表示我们存在问题，只是表明处理问题的诚意。】

客户："抱歉有什么用，能解决问题吗？你们号称是世界知名品牌，别的车都不会发生这样的问题，就你们的车会有这样的情况。今天一定要给我一个说法！"

【点评：客户继续愤怒地发泄自己的不满，此时应该充分让他们发泄。】

推销人员："我理解您的要求，主机厂给出的方案是更换密封垫，像这种情况，其他客户处理过，处理后也不再漏油，我们会帮助您解决好这个问题。"

【点评：对于这样的情况，最无助的是辩解或推卸责任，这是客户投诉处理中的大忌！这里，技巧性地把主机厂的处理方案进行了描述，同时还提到了其他同类问题客户处理后的满意情况，有利于以守为攻。】

客户："怎么解决？我不接受更换密封垫！"

推销人员："我们非常理解您的要求，说实在的，如果这件事情发生在我身上，同样也会像您这样感到不爽。"

【点评：用同理心进行换位思考，拉近与客户的距离。一旦这个距离缩小，客户能够提出的不合理要求就会减少。】

客户："就是嘛！我们花这么多钱买一辆车，就是希望买到一辆质量过硬的汽车，而不是这里有毛病、那里有问题。"

推销人员："可以理解。"

（停顿。）

【点评：再次表示理解，但不提出自己的处理意见。通过有效的"停顿"，让客户继续发泄。可以看出，在让客户充分地发泄后，客户的要求就会减少，处理的难度就会降低，这是有效的缓兵之计。】

……

客户："那就把整个散热系统全部换掉。"

推销人员："为什么您一定要求换掉整个散热系统呢？"

客户："因为我不想三番五次地来处理这个问题，而且遇到的维修人员个个能力都很差，弄得我非常不愉快。我担心如果不换整个系统，过了保修期，再加上你们的维修人员是这个样子，我哪里能够放得了心？"

推销人员："原来您不是担心汽车本身，而是觉得我们的维修人员专业能力太差，是这样的吗？"

【点评：进一步确认客户提出的问题，这是后续处理好问题的关键。只有找到真正的原因，才有可能找到解决问题的答案。】

客户："当然两方面都有，更主要的是维修人员不行。"

推销人员："我明白了。其实您多虑了，现在我们重新调整了维修人员，他们个个都是能手。如果此时我们安排技术最好的维修人员给您做检查，同时又把您的问题解决，您会同意我们进行维修处理吗？"

【点评：提出问题的处理方案，征询客户意见，同时借机展示专业维修能力，以此消除客户的顾虑。】

客户："能保证吗？"

推销人员："肯定没有问题，这一点请您尽管放心，车修好后我们会通知您。"

【点评：向客户做出承诺，消除他们的顾虑。】

练习与实训

1. 填空题

（1）产品推销具有__________、__________、__________的特点。

（2）企业经常用到的激励推销人员的方法有__________、__________、__________和__________。

（3）要激励竞争型推销人员，正确的方法是______________________________。

（4）A 企业已有四五年的历史，这时企业推销部门的工作重点应该是______________________________。

（5）推销人员的培训内容有__________、__________和__________三个方面。

2. 判断题

（1）衡量推销人员是否优秀的标准是业绩，企业无须进行推销人员管理。（　　）

（2）进行推销绩效考评时，重点是考评推销人员的业绩。（　　）

（3）通过建立应收款内部监控机制就可以实现对应收账款的管理。（　　）

（4）推销人员的工作量是由打电话、工作旅行和实施管理职能构成的。（　　）

（5）推销管理主要是对推销人员的管理。（　　）

3. 案例分析题

案例 1：李非是一家商场的推销人员。一次，有一位客户来购买某种型号的电器开关，正好商场缺货，无法满足客户的需求。李非便主动打电话帮助客户到处询问，终于询问到有一家商场有货，便热情地推荐客户去那家商场购买。客户满意地走了，但李非却受到同事的指责，认为她这样做有损商场的利益，她向客户推荐的商场正是他们商场的主要竞争对手。李非却认为自己没有错，这样做正是维护了商场的利益。

请问：你是如何看待这个问题的？

案例 2：有一位以加工牛肉为主的肉类加工企业的经理，最近收到很多客户的来信。综合来信反映的各方面情况后，他归纳出四种类型，并编制成表 8.6 所示的客户情况表。

表 8.6　客户情况表

客户代表类型	购买情况	反映情况
以一家牛肉罐头企业为代表的购买大户	每年要从企业订购大量牛肉，是企业的大客户，销售额占到 52%	产品基本符合他们的要求，希望在加工牛肉的时候再精细一点，以减少他们的劳动投入。另外，在价格上能否给予一定的优惠
以一家饭店为代表的餐饮客户	每年从企业订购的产品占到销售额的 28%	要求产品更加新鲜，对肉味提出了许多具体的要求
一些散户	购买量不固定，厂家打折的时候购买得多，占销售额的 15%	要求价格低，对牛肉的来源提出了非常明确的要求
少数挑剔客户	偶尔购买，占销售额的 5%	对产品极不满意，指责牛肉不合他们的口味，要求烹调牛肉花费的时间变短

请你浏览一下表格，给这位经理提出一些建议：针对这四种类型的客户应该采取什么应对措施，为什么。

4．课外实战

请通过各种途径，调查了解比较熟悉的行业是如何进行大客户管理的。要求学生 4 ～ 5 人为一组，利用课外时间进行调查，然后课堂讨论。

阅读材料

材料 1：娃哈哈集团的窜货管理

娃哈哈集团曾经出现过严重的窜货现象，现在已基本上控制了这种情况。那么，娃哈哈集团是怎样整治分销渠道的这个“顽疾”的呢？

1．实行双赢的“联销体”制度

娃哈哈集团在全国 31 个省、市选择了 1 000 多家能控制一方的经销商，组成了几乎覆盖中国每个乡镇的联合销售体系（“联销体”），形成了强大的销售网络。娃哈哈集团采用保证金的方式，要求经销商先打预付款，按时结清货款的经销商，集团偿还保证金并支付高于银行同期存款利率的利息。娃哈哈集团的“联销体”制度以互信、互助为前提，以共同受益为目标指向，能大大激发经销商的积极性和责任感，这些对防止窜货具有重要意义。

2．实行级差价格体系

为了从价格体系上控制窜货，保护经销商的利益，娃哈哈集团实行级差价格体系管理制度。娃哈哈集团根据区域的不同情况，分别制定了总经销价、一批价、二批价、三批价和零售价，在销售的各个环节上形成严格、合理的价差梯度，使每个层次、每个环节的经销商都能通过销售产品取得相应的利润，保证各个环节实现有序的利益分配，从而在价格上堵住了窜货的源头。

3．建立科学、稳固的经销商制度

娃哈哈集团对经销商的选取和管理十分严格。近年来，娃哈哈集团放弃了以往广招经销商、来者不拒的策略，开始精选合作对象，放弃那些缺乏诚意、职业操守差、经营能力弱的经销商，为防止窜货上了第一道保险；在合同中明确加入了“禁止跨区销售”的条款，将经销商的销售活动严格限定在自己的市场区域范围内，并将年终给各地经销商的返利与是否发生窜货结合起来。

4．采取全面的激励措施

娃哈哈集团各区域分公司都有专业人员指导经销商，参与具体销售工作；各分公司派人帮助经销商管理铺货、理货及广告促销等业务。娃哈哈集团的促销重点是经销商，会根据一定阶段内的市场变动和自身产品的配备，经常推出各种各样针对经销商的促销政策，以激发其积极性。

5. 产品包装区域差别化

娃哈哈集团和经销商签订的合同中对特约经销商限定了严格的销售区域，实行区域责任制。发往每个区域的产品都在包装上打印编号，编号和出厂日期印在一起，根本不能被撕掉或更改，除非更换包装。

6. 集团控制促销费用

娃哈哈集团经常开展促销活动，但促销费用完全由集团自己掌控，从不让经销商和企业推销人员经手操作，避免经销商和企业推销人员从促销费用中拿出一部分钱，用于低价窜货。

7. 与经销商建立深厚的感情

建立感情对防止经销商窜货也非常重要。娃哈哈集团和许多经销商的关系是非常融洽的，感情很深厚，有许多经销商都是与娃哈哈集团一起成长起来的。

8. 注重推销队伍的培养

娃哈哈集团非常注重推销队伍的建设和培养，主要表现在以下方面：① 严格人员招聘、选拔和培训制度，挑选真正符合要求的人选；② 在企业中营造一种有利于人才发挥所长的文化氛围；③ 制订合理的绩效评估和奖罚制度，真正做到奖勤罚懒、奖优罚劣；④ 实施关心人、理解人、体贴人的情感管理。

9. 制定严明的奖罚制度

娃哈哈集团对越区销售行为严惩不贷，绝不讲任何情面。而且娃哈哈集团在处理窜货上之严格，为业界之罕见。每年年底，对于没有遵守协议的经销商，集团将扣除经销商的保证金用以支付违约损失，情节严重的甚至取消经销资格。在保证金的约束和集团严厉的处罚制度下，经销商不敢轻举妄动。

10. 成立反窜货机构

娃哈哈集团专门成立了一个反窜货机构，严厉稽查经销商的窜货行为和市场价格，严格保护各地经销商的利益。娃哈哈集团把制止窜货行为作为日常工作，常抓不懈。反窜货人员经常检查、巡视各地市场，及时发现问题并会同企业各相关部门及时解决。

材料 2：华为营销铁军入职培训

华为的销售队伍大部分是国内名牌大学的毕业生，都是经过华为的“魔鬼培训”之后投入到市场第一线去的，拿的薪水是诱人的。营销是华为的核心竞争力，而华为营销的核心就是华为营销铁军。

华为营销铁军是如何锻造出来的呢？华为打造自己的营销铁军主要有五招：第一招，塑造“狼性”与“做实”企业文化；第二招，选择良才；第三招，“魔鬼培训”；第四招，制度化用人；第五招，有效激励。

华为的培训主要有三种：上岗培训、岗中培训、下岗培训。而且这三种培训来自一个体系。

1. 上岗培训

接受上岗培训的主要是应届毕业生，培训过程跨时之长、内容之丰富、考评之严格，对于毕业生来说简直是炼狱，这样的培训又称“魔鬼培训”，主要包括军事训练、企业文化培训、车间实习与技术培训和营销理论培训与市场演习等部分。

（1）军事训练。其主要目的是改变新员工的精神面貌。让员工军训不仅达到了强身健体的作用，大家还普遍有以下几点感受。第一，组织性、纪律性和集体主义意识明显增强。第二，增强了工作责任心。公司领导对军训工作严肃认真的态度，教官们高度的责任心和高标准的要求，深深影响着每个新员工，必将激励着大家在自己的工作岗位上，养成严谨的工作作风。第三，养成不怕吃苦、迎难而上的精神。这些素质对于营销人员来说是必须具备的。

（2）企业文化培训。该培训主要让员工了解华为，接受并融入华为的价值观。通过这样的培训，让新进的员工完全抛弃自己原有的概念与模式，而注入华为的理念。培养出来的营销人员本能地相信自己的产品是最优秀的，而且愿意去最困难、最偏远的地区开发市场。企业文化培训的另一个主要目的是告诉员工，华为的产品是优秀的。在华为的推销人员当中，刚出校门的学生往往比有销售经验和丰富人生经历的人做得更成功。一线推销人员通常以三年为限，也许还没等到三年，能客观认识华为产品优劣的推销人员就已离开这个岗位了。期限满了，就是想接着干也不行。“我要保证一线的人永远充满激情和活力！”任正非说。

（3）车间实习与技术培训。对于营销人员来说，这个阶段可以帮助他们了解华为的产品与开发技术，包括产品的种类、性能、开发技术的特点等，让推销人员深刻了解未来要销售的产品。对于毕业于文科类专业的学生来说，这个环节是很痛苦的：培训的内容很多，密度很大，内容是自己以前根本就不了解的，考试又很严格，如果不努力，就会在这个环节被淘汰。

（4）营销理论培训与市场演习。由于华为的新员工中想成为营销人员的人不一定是营销专业的毕业生，对于营销理论并不了解，所以营销理论知识培训是必需的。营销理论知识包括消费者行为理论、市场心理学、定位理论、整合营销传播、品牌形象理论等。理论需要与实践相结合：在营销理论知识培训结束后，华为还要给新员工搞一次市场演习，主要内容是让员工在深圳的繁华路段以高价卖一些生活用品，而且规定产品的销售价格必须比公司规定的价格高，不得降价。

经历过以上培训的人都有一种脱胎换骨的感觉。通过培训，可以基本上驱除毕业生的书生气，为派往市场第一线做好心理和智力上的准备。

2. 岗中培训

对于市场人员来说，华为的培训不仅仅限于岗前培训。为了保证整个销售队伍时刻充满激情与活力，华为内部形成了一套完整的针对个人的成长计划，有计划地、持续地对员工进行充电，让员工能够及时了解通信技术的新进展、市场营销的新方法和公司的销售策略。

主要的培训形式是在职培训与脱产培训相结合、自我开发与教育开发相结合、传统教育和网络教育相结合，通过培训提升推销人员的实际能力，以保证一线的市场推销人员具备持久的战斗力。

3. 下岗培训

由于种种原因，有些推销人员不适合本岗位，华为则会给这些员工提供下岗培训，主要内容是岗位所需的技能与知识。如果员工经过培训还是无法适应原岗位，华为则会给这些员工提供新职位的技能与知识培训，继续帮助他们成长。

材料3：淘宝店铺客户投诉处理

淘宝店铺如果生意好的话，每天成交的订单会非常多，难免出现客户投诉，因此淘宝客服要妥善处理客户投诉。

1. 客服不能说“这种问题连三岁小孩都懂”

这句话不能解决问题，反而会让客户觉得你在侮辱他的智商。客户既然来问客服，肯定是因为他对产品不了解，客服要做的是耐心回答，让客户了解清楚后下单、付款。

2. 客服不能说“我们的产品绝对有质量保证”

在客户抱怨的时候，说明事情已经发生了，客户已对产品的质量不满意，如果再这样说，会进一步激怒客户。

3. 客服不能说“你难道不知道一分钱一分货吗”

这句话明显具有讽刺意味，会让客户觉得自己只能用便宜货，花的钱少了，买了店铺的便宜产品，活该。

4. 客服不要急于否定

在客户提出某些需求和希望的时候，如果客服果断地否定和拒绝，会造成客户的不满情绪，如果不能做到也要委婉地表达，不能说“我不行”“没办法”“做不到”等。

5. 客服不能推卸责任

很多客服喜欢把产品的质量问题推给厂家和快递，不想真心为客户解决问题。如果是这样，就说明售后工作没有做好，下次客户想再买的时候绝对不会选这家店铺了。

6. 客服不能对客户提出的问题说不知道

客服对客户提出的问题如果回答“不知道”“不清楚”，那么客户就会质疑客服的专业性，连客服都不知道，客户还怎么信任店铺，也就不会购买该店铺产品了。

7. 客服不能表现出不负责任

淘宝客服不能总是说“有办法解决”“改天再联系”等，这些都是不负责任的话。

客服在遇到客户抱怨的时候，说“我一定帮您解决好”这句话的效果会好很多，能给客户一定的安抚，很多时候能起到化干戈为玉帛的作用。很多时候客户抱怨，只是希望能够解决问题，客服一定要重视。无视客户投诉肯定会增加店铺的差评，造成店铺的数据变差，对后面的转化率也会产生影响。

友情推荐

图书：华为团队工作法

拓展微课：一个销售经理的自白